高等职业教育校企合作"互联网+"创新型教材

"十三五"江苏省高等学校重点教材　2020-1-023

精益生产实务

第 2 版

乔　毅　周桂瑾　编著

U0367446

机械工业出版社

CHINA MACHINE PRESS

本书以精益管理思想五项原则"价值、价值流、连续流、拉动、持续改善"为线索，在对企业大量调研的基础上，总结理论和实践成果，分别从精益生产概述、价值流管理、连续流生产、拉动式生产、工作场地改善、精益生产物流、精益质量管理、综合提高运行效率、多能工小组与组织环境支持、精益生产评价十个方面系统地介绍精益生产管理技术和方法，具有很强的实践操作指导性，适合高等职业教育院校工商企业管理和物流管理专业教学选用，也适用于工科专业学生拓宽知识领域或企业中基层管理人员培训。课后附有练习与思考题，供读者巩固或拓展所学知识。本书配有电子课件、习题及答案、教案、试卷、模拟实验视频、教学大纲、授课计划等教师用配套教学资源，凡使用本书的教师均可登录机械工业出版社教育服务网 www.cmpedu.com，免费下载电子课件。咨询电话：010-88379375，服务QQ：945379158。

图书在版编目（CIP）数据

精益生产实务／乔毅，周桂瑾编著. —2 版. —北京：机械工业出版社，2021.10（2024.5 重印）
高等职业教育校企合作"互联网+"创新型教材
ISBN 978-7-111-69191-4

Ⅰ.①精… Ⅱ.①乔… ②周… Ⅲ.①精益生产-高等职业教育-教材 Ⅳ.①F273.2

中国版本图书馆 CIP 数据核字（2021）第 189973 号

机械工业出版社（北京市百万庄大街 22 号 邮政编码 100037）
策划编辑：孔文梅 责任编辑：孔文梅 董宇佳
责任校对：张亚楠 封面设计：鞠 杨
责任印制：单爱军
北京虎彩文化传播有限公司印刷
2024 年 5 月第 2 版·第 7 次印刷
184mm×260mm·17.75 印张·461 千字
标准书号：ISBN 978-7-111-69191-4
定价：55.00 元

电话服务 网络服务
客服电话：010-88361066 机 工 官 网：www.cmpbook.com
　　　　　010-88379833 机 工 官 博：weibo.com/cmp1952
　　　　　010-68326294 金 书 网：www.golden-book.com
封底无防伪标均为盗版 机工教育服务网：www.cmpedu.com

前　言

在经济全球化、一体化的发展趋势下，制造能力进一步扩张，产能过剩与市场需求的矛盾日益突出。制造商必须面对处于不同地域、不同文化和不同环境下的全球用户。传统制造业建立在规模经济基础之上，靠企业规模、生产批量、产品结构标准化和重复性获得低成本、高效率的竞争优势，而标准的产品设计却难以满足用户对产品多样化、个性化的需求，大批量、同一造型的产品将被多品种、小批量甚至单件定制的产品所替代。制造业面临如何应对市场环境急剧变化，做出快速反应，及时把握用户需求，有效生产和提供用户满意的产品和服务的挑战。

精益生产源于日本丰田公司，经过美国麻省理工学院詹姆斯·P. 麦沃克等学者的总结提炼，于1990年正式定义为"精益生产"，其核心是"从客户角度定义价值""杜绝浪费""只在需要的时候，按需要的量，生产需要的产品"。精益生产方式一经推出就得到企业界普遍认同，实施企业在按订单生产、缩短生产周期、减少浪费、降低库存、提高产品质量和效率方面取得显著成效。专家认为："精益生产综合了大量生产与单件生产方式的最佳特征，能降低成本、明显地改进品质，提供了更广泛的产品与更有挑战性的工作。"他们宣称："精益生产是一种'人类制造产品非常优越的方式'，它能够广泛适用于世界各个国家的各类制造企业，并成为21世纪标准的全球生产体系。"

20世纪80—90年代，我国部分企业开始学习丰田生产；21世纪初，精益生产得到我国企业和学界的高度重视。近年来，我国企业对精益生产方式有了更深入的认识，在汽车、电子、仪表制造业等流水生产企业中推行精益生产取得明显的成效。一大批民营企业为了寻求变革突破，分别从不同层面学习和应用5S管理、零库存管理、看板管理等精益管理思想和方法。但在学习和应用当中，存在着重理念不重实施、重局部不重整体、重形式不重实质，最终效果不理想的问题。究其原因，精益生产知识技能不普及是关键。精益生产与传统大批量生产在管理思想和技术方法上有显著区别，尽管企业高层容易接受和理解，但要真正组织实施并且取得成效，还需要大量懂得精益管理要旨、知道如何实施的执行者，尤其是基层生产现场管理人员迫切需要掌握相关知识和技能。《中国制造2025》明确提出，"开展质量标杆和领先企业示范活动，普及卓越绩效、六西格玛、精益生产、质量诊断、质量持续改进等先进生产管理模式和方法"，并且"鼓励企业与学校合作，培养制造业急需的科研人员、技术技能人才与复合型人才"。

当前我国正迈向社会主义现代化建设新征程，高质量发展是制造业企业的主基调。智能制造是国家产业转型升级的重要领域，降本、提质、增效、柔性化生产以适应市场需求变化是其本质。新的生产方式的形成离不开科学、技术、工程和管理的协同作用，精益生产作为一种先进的生产组织管理方式，在多品种小批量柔性化生产方面有其独特优势，其管理思想与技术方法被认为是当今世界最先进的生产组织管理方式，也是智能制造的出发点。在第十五届中国制造业国际论坛上，中国工程院院士、机械工程专家谭建荣提出："精益生产和质量工程是智能制造的前提和基础。""精益生产既是智能制造的基础，又是智能制造的目标。"

目前，市场上有关精益生产的出版物在知识的完整性、能力教学的可操作性、组织实施的系统性等方面尚显不足，适合高等职业教育教学的公开出版教材非常短缺。根据《教育部关于"十二五"职业教育教材建设的若干意见》提出的"注重吸收行业发展的新知识、新技术、新工艺、新方法""支持和引导职业院校依托企业开发适应新兴产业、新职业和新岗位要求，具有专业特色的校本教材"精神，为了适应制造企业精益生产改造需求，面向制造企业培养高素质技能型人才，编者在对精益生产实践和理论研究成果总结的基础上，于2016年编写了本教材第1版，出版后市场反应较好，受到众多大专院校和企业欢迎，2020年被评为江苏省高等学校重点教材。本次修订规范了教材编写风格，调整了编写内容，采用二维码形式链接部分教学资源，多维度展示教学内容；分别从七个方面制订能力标准，用能力要素和实作指标规定每部分应该掌握的知识技能和应具备的能力水平；总结提炼精益生产常用词汇，编制"精益生产常用词汇表"，避免由于引进渠道或翻译不同造成的用词混乱，初步形成精益生产词语规范。

教材整体构架以精益管理五项原则为基础，分别从精益生产概述、价值流管理、连续流生产、拉动式生产、工作场地改善、精益生产物流、精益质量管理、综合提高运行效率、多能工小组与组织环境支持、精益生产评价等方面分十个模块全面介绍精益生产。教学内容以工作任务为导向，注重各部分之间的系统关联，不仅重视理论学习，更注重如何实施。在教学组织上，围绕价值流管理和持续改善两条主线展开各项精益活动，特别是精益生产物流对精益生产具有重要支持作用，本教材用较大篇幅做了介绍。在每章后面附有练习题供学员检查和巩固所学知识。通过学习，学员可以比较全面地认识精益生产管理体系，学会应用主要的管理技术和方法，在生产一线组织或参与精益生产实施。学习本门课程，需要具备管理学、生产管理、质量管理、物流管理等基础知识或实践基础。本教材可以用于工商企业管理、物流管理专业教学，也可以用于工科生产制造类专业的能力拓展或选修课程教学，同样也适用于培训制造企业中基层管理人员。

本教材由无锡职业技术学院乔毅主笔，周桂瑾教授在生产管理类课程和实训室建设总体规划，精益生产与生产管理教学内容衔接，以及本教材模块三、四、五内容修改等方面做出贡献。教材编写得到北京理工大学段晓峰博士，无锡威孚高科技集团股份有限公司陈中举、倪自力，苏州职业大学机电工程学院宋飞洲副教授，无锡职业技术学院崔平教授、倪卫涛博士的鼎力支持，在此表示衷心感谢！部分内容参考了互联网资源，无法确认准确出处，在此也向相关作者表示感谢。

本书配有电子课件、习题及答案、教案、试卷、模拟实验视频、教学大纲、授课计划等教师用配套教学资源，凡使用本书的教师均可登录机械工业出版社教育服务网 www.cmpedu.com 免费下载。咨询电话：010-88379375，QQ：945379158。

由于编者学识和时间所限，教材中必然存在不足和需要完善之处，欢迎广大读者批评指导。

编　者

二维码索引

（续）

（续）

目　录

模块一
精益生产概述

学习目标

- 了解精益生产的起源与发展
- 熟悉精益管理思想和原则
- 认识精益生产对现代制造业的影响及意义
- 建立精益生产管理体系认识框架
- 了解精益生产在我国的实践，以及应用中存在的主要问题

单元一　精益生产的产生与发展

一、精益生产的起源与形成

1. 丰田生产方式

20 世纪初，从美国福特汽车公司创立第一条汽车生产流水线以来，大规模的生产流水线一直是现代工业生产的主要特征。大规模生产方式以标准化、大批量生产来降低生产成本，提高生产效率。这种方式适应了美国当时的国情，汽车生产流水线的产生，一举将汽车从少数富翁的奢侈品变成了大众化的交通工具，汽车工业也由此迅速成长为美国的一大支柱产业，并带动和促进了包括钢铁、玻璃、橡胶、机电和交通服务业在内的一大批产业的发展。大规模流水线生产在生产技术以及生产管理史上具有极为重要的意义。但是第二次世界大战之后，社会进入了一个市场需求多样化发展的新阶段，相应地要求工业生产向多品种、小批量的方向发展，单品种、大批量的流水线生产方式的弱点日渐明显。为了顺应这样的时代要求，由日本丰田汽车公司首创的精益生产，作为多品种、小批量混合生产条件下的高质量、低消耗的生产方式在实践中逐步被摸索创造出来。

精益生产的
产生与发展

二战后的日本经济萧条，缺少资金和外汇。怎样建立日本的汽车工业？照搬美国的大量生产方式，还是按照日本的国情另谋出路？丰田选择了后者。日本的社会文化背景与美国大不相同，日本的家族观念、服从纪律和团队精神是美国人所没有的，日本没有美国那么多的外籍工人，也没有美国的生活方式所形成的自由散漫和个人主义的泛滥；同时，日本的经济和技术基础也与美国相去甚远。日本当时没有可能全面引进美国成套设备来生产汽车，而且日本当时所期望的生产量仅为美国的几十分之一，"规模经济"法则在这里面临着考验。

丰田汽车公司领导者丰田英二和大野耐一进行了一系列的探索和实验，根据日本的国情，建立了一整套新的生产管理体制，即丰田生产方式（TPS）。经过 30 多年的努力，到了 20 世纪 80 年代终于形成了完整的丰田生产方式，使日本的汽车打入北美市场。从 2003 年开始，丰田超过所有汽车企业成为全球利润冠军，2008 年丰田汽车超越美国通用汽车成为世界第一大汽车制

造商。但是，就在同年，始于美国的金融危机将如日中天的丰田骤然打入亏损的冰窟，该公司出现成立 70 多年来的首次亏损，营业亏损和净亏损分别达到 4 610.1 亿日元（约 250 亿元人民币）和 4 369.4 亿日元。而且接连几年丰田饱受大规模召回、日本大地震以及泰国洪灾等不利因素的影响，2011 年销量下降到全球第三。但在 2012 年丰田奇迹般扭转乾坤，在全球销量达 974.8 万辆，超过通用的 928.6 万辆和大众的 907 万辆，重返全球第一宝座，这足以显示丰田生产方式的卓越性。

丰田生产方式是二战后日本汽车工业遭到的"资源稀缺"和"多品种、少批量"市场制约的产物，它是日本工业竞争战略的重要组成部分，反映了日本在重复性生产过程中的管理思想。丰田生产方式的指导思想是，通过生产过程整体优化，改进技术，理顺物流，杜绝超量生产，消除无效劳动与浪费，有效利用资源，降低成本，改善质量，达到用最少的投入实现最大产出的目的。

2. 精益生产与丰田生产方式的渊源

以丰田为代表的日本企业在国际市场上的成功，引起西方企业界的浓厚兴趣。西方企业家认为，日本在生产中所采用的方式是其在世界市场上竞争的基础。在这种情况下，美国麻省理工学院以詹姆斯·沃麦克、丹尼尔·琼斯、丹尼尔·鲁斯等为主要成员，通过"国际汽车计划"（IMVP），组织世界上 17 个国家和地区的专家、学者，花费 5 年时间，耗资 500 万美元，以汽车工业这一开创大批量生产方式和丰田生产方式的典型工业为例，对比研究了世界各大汽车企业，力图破解日本汽车业快速成长的秘密。

研究结果表明，北美与欧洲的汽车工业所采用的生产管理技术与当年亨利·福特使用的大量生产方式相差无几，而这些技术在市场多品种、小批量需求环境下，完全没有办法与日本企业，尤其是丰田公司采用的生产方式竞争。20 世纪 80 年代初的世界汽车市场，小批量、多品种的趋势已经非常明显，丰田公司发现了在这种市场环境下获取利润的生产方式，具有重大意义。詹姆斯等人满怀热情地把丰田生产方式的特点加以总结，提炼成了普遍适用的管理模式，并命名为 Lean Production（中文译为"精益生产"），并通过《改变世界的机器》一书向全世界推广介绍。

二、精益生产的含义

精，即少而精，不投入多余的生产要素，只是在适当的时间生产必要数量的市场需要的产品（或下道工序急需的产品）；益，即所有经营活动都要有益有效，具有经济性。之所以命名为 Lean Production，是因为丰田生产方式最令人瞩目的特点是追求零库存。丰田管理哲学认为，库存就像人身上多余的脂肪，不会给人带来任何的好处，而英文 Lean 正是瘦、无肉的意思。与大量生产方式下的庞大库存量相比，精益生产方式几乎是没有库存的，也就像人没有多余的脂肪。概括而言，精益生产是通过对系统结构、人员组织、运行方式和市场供求等方面的变革，使生产系统能很快适应用户需求的不断变化，并能使生产过程中一切无用、多余的东西被精简，最终达到生产系统的最优结果。

精益生产既是一种以最大限度地减少企业生产所占用的资源和降低企业管理、运营成本为主要目标的生产方式，又是一种理念、一种文化。其目标是精益求精，尽善尽美，永无止境地追求零浪费的目标。

精益生产的实质是管理过程，包括人事组织管理的优化，大力精简中间管理层，进行组织扁平化改革，减少非直接生产人员；推进连续流拉动生产，实现零库存与柔性生产；推行全生产过程（包括整个供应链）的质量保证体系，实现零不良；减少和降低任何环节上的浪费，实现零浪费；最终实现精益准时化生产。

精益生产的特点是消除一切浪费，追求精益求精和不断改善，以精简为核心，去掉产品开发设计、生产、管理环节中一切无用的东西。每个工人及其岗位的安排必须是增值，撤除一切不增值的岗位，旨在以最优品质、最低成本和最高效率对市场需求做出最迅速的反应。

三、精益管理思想及原则

詹姆斯·沃麦克、丹尼尔·琼斯在出版的《精益思想》一书中，从普遍意义上总结了精益管理思想最核心的五项原则，对精益管理有了更明确的表述：

1. 价值（Value）

精益管理思想认为企业产品的价值只能由用户来确定，价值也只有满足特定用户需求才有存在的意义。精益管理思想重新定义了价值观与现代企业原则，它同主观、高效率地大量制造既定产品并向用户推销的传统制造思想是完全对立的。

正确地确定价值就是以用户的观点来确定企业从设计到生产再到交付的全部过程，实现用户需求的最大满足。以用户的观点确定价值就必须把生产的全过程中的多余消耗减至最少，不将额外的花销转嫁给用户。在使用户满意的同时，企业自身也降低了生产成本，这就是精益生产的价值观。精益价值观将商家和用户的利益统一起来，而不是过去那种对立的观点。用以用户为中心的价值观来审视企业的产品设计过程、制造过程、服务过程，就会发现太多的浪费。当然，消灭这些浪费的直接受益者既包括用户也包括商家。

2. 价值流（Value Stream）

价值流是指原材料转变为成品并给它赋予价值的全部活动。识别价值流是精益管理思想的起点，精益管理思想的企业价值创造过程包括：从概念到投产的设计过程、从订货到送货的信息过程、从原材料到产品的转换过程、全生命周期的支持和服务过程。

识别价值流的含义是在价值流中找到哪些是真正增值的活动，哪些是可以立即去掉的不增值的活动。精益管理思想将所有业务过程中消耗了资源而不增值的活动叫作浪费。"识别价值流"就是发现浪费和消灭浪费，价值流管理成为实施精益管理最重要的基础工具之一。按照最终用户的观点全面地考察价值流，向前可以追溯到供货商，向后可以延续到向用户交货的活动，特别是分析部门之间交接的过程，往往存在着惊人的浪费。

3. 流动（Flow）

正确地确定价值是精益管理思想的基本观点，识别价值流是精益管理思想的准备和入门，而"流动"和"拉动"则是实现精益管理思想的中坚。精益管理思想要求创造价值的各个活动（步骤）流动起来，强调的是不间断地"流动"。"价值流"本身的含义就是"流动"的，但是由于根深蒂固的传统观念和做法，如部门的分工（部门间交接和转移时的等待）、大批量生产（机床旁边等待的在制品）等，阻断了本应流动起来的价值。精益生产将所有的停滞看作是企业的浪费，号召所有的人都必须和部门化的、批量生产的思想做斗争。

4. 拉动（Pull）

"拉动"是指按用户的需求设计投入和产出，使用户精确地在其需要的时间得到所需要的物品或服务。实行拉动以后，用户或制造的下游就可以像在超市的货架上一样取到他们所需要的东西，而不是把用户不太想要的产品强行推给他们。拉动原则能够实现生产和需求直接对应，消除了过早、过量的投入，从而减少了大量的库存和现场在制品，大大地压缩了生产周期。拉动原则更深远的意义在于企业具备了当用户一旦需要，就能立即进行设计和制造其真正需要的产品的能力，最后能够抛开预测，直接按用户的实际需要进行生产。

5. 尽善尽美（Perfection）

由于上述四个原则——定义价值、识别价值流、流动和拉动的相互作用，使价值流动速度显著加快，就必须不断地用价值流管理找出更隐藏的浪费，做进一步的改进。这样的良性循环成为趋于尽善尽美的过程，精益制造的目标是"通过尽善尽美的价值创造过程（包括设计、制造和对产品或服务整个生命周期的支持）为用户提供尽善尽美的价值"。

精益制造的"尽善尽美"有三方面含义：用户满意、无差错生产和企业自身的持续改进。因为外在市场环境处于不断变化之中，企业内部也要不断进行转变，所以"尽善尽美"永远是一个目标，但持续地追求尽善尽美，将造就一个永远充满活力、不断进步的企业。

四、精益生产的发展

精益生产是在丰田生产方式的基础上延续和发展而来的，其理论和方法是随着环境的变化而不断发展的。特别是在 20 世纪末，随着研究的深入和理论的广泛传播，越来越多的专家、学者参与进来，出现了百花齐放的现象，各种新理论和新方法层出不穷，如大规模定制（Mass Customization）与精益生产相结合、单元生产（Cell Production）、5S 管理、全员生产维护（TPM）的新发展等。很多美国大企业将精益生产方式与本企业实际相结合，创造出了适合本企业的管理体系，如美国联合技术公司（UTC）的 ACE（获取竞争性优势，Achieving Competitive Excellence）管理、精益六西格玛管理、波音的群策群力、通用汽车的竞争制造系统（GM Competitive MFG System）等。这些管理体系实质是应用精益生产的管理思想，并将其方法具体化，以指导公司内部各个工厂、子公司顺利地推行精益生产方式，并将每一工具实施过程分解为一系列的图表，员工只需要按照图表的要求一步步实施即可。每一工具对应一套标准以评价实施情况，也可用于母公司对子公司的评估。因此，精益生产虽然起源于丰田生产方式，但不能完全等同于丰田生产方式。精益生产方式是精益管理思想与丰田生产方式的有机融合。

必须提到的是，近年来精益管理思想跨出了它的诞生地——制造业，作为一种普遍的管理思想在各个行业传播和应用，先后成功地在建筑设计和施工中应用，在服务行业、民航和运输业、医疗保健领域、通信和邮政管理以及软件开发和编程等方面应用。这使精益管理具有适应多个领域的普遍意义。

单元二　精益生产对现代制造业的影响及意义

一、精益生产对传统大批量生产方式的变革

在《改变世界的机器》一书中，精益生产的归纳者从五个方面对照大批量生产论述了精益

生产企业的特征，分别是工厂组织、产品设计、供货环节、用户和企业管理。归纳起来，精益生产的主要特征为：对外以用户为"上帝"，对内以"人"为中心，在组织机构上以"精简"为手段，在工作方法上采用"团队作业（Team Work）"和"并行设计"，在供货方式上采用"多频次小批量供货方式"，最终目标为"零浪费"。

精益生产对现代制造业的影响及意义

1. 以用户为"上帝"

产品面向用户，与用户保持密切联系，将用户纳入产品开发过程，以多变的产品和尽可能短的交货期满足用户的需求，真正体现"用户是上帝"的精神。不仅要向用户提供周到的服务，而且要洞悉用户的思想和要求，才能生产出适销对路的产品。适销的产品、适宜的价格、优良的质量、迅速的交货、优质的服务是面向用户的基本内容。

2. 以"人"为中心

人是企业一切活动的主体，应以人为中心，大力推行独立自主的多功能小组工作方式。充分发挥一线员工的积极性和创造性，使他们主动为改进产品的质量献计献策，使一线员工真正成为"零浪费"生产的主力军。为此，企业应培养员工的主人翁意识，并从制度上保证员工的利益与企业的利益挂钩。下放部分权力，使人人有权、有责任、有义务随时解决碰到的问题。还要满足员工学习新知识和实现自我价值的愿望，形成独特的、具有竞争意识的企业文化。

3. 以"精简"为手段

在组织机构方面实行精简化，去掉一切多余的环节和人员。实现纵向减少层次、横向打破部门壁垒，将层次细分，转化为分布式平行网络的管理结构。在生产过程中，采用先进的柔性加工设备，减少非直接生产工人的数量，使每个工人都真正对产品实现增值。另外，采用准时化生产，大幅度减少库存甚至实现零库存，进而减少库存管理人员、设备和场所。此外，精简不仅仅是指降低生产过程的复杂性，还包括在简化生产的同时提供多样化的产品。

4. 团队作业和并行设计

精益生产强调以团队作业的方式进行产品的并行设计。团队作业是指由企业各部门专业人员组成多功能工作小组，也是企业集成各方面人才的一种组织形式。工作小组对产品的开发和生产具有很强的指导和集成能力，全面负责一个产品型号的开发和生产，包括产品设计、工艺设计、预算编制、材料购置、生产准备及投产等工作，并根据实际情况调整原有的设计和计划，这种组织方式也延伸到生产一线。

5. 多频次小批量供货方式

多频次小批量供货方式可以保证最小的库存和最少在制品数。为了实现这种供货方式，应与供货商建立起良好的合作关系，相互信任，相互支持，实现共赢。

6. 最终目标"零浪费"

精益生产所追求的目标不是"尽可能好一些"，而是"零浪费"，即最低的成本、最好的质量、无废品、零库存与产品的多样性。当然，这样的境界只是一种理想境界，但企业应无止境地去追求这一目标，才会永远保持进步，走在其他企业的前面。

精益生产的基本目的是要在一个企业里同时获得极高的生产率、极佳的产品质量和极强的生产柔性；在生产组织上，它与泰勒方式不同，不是强调过细的分工，而是强调企业各部门相互密切协作的团队合作，不限于生产过程本身，尤其重视产品开发、生产准备和生产之间的合作和集成。精益生产不仅着眼于技术，还充分考虑到组织和人的因素。

二、现代制造业应用精益生产方式的优越性

精益生产体系从企业的经营观念、管理原则到生产组织、生产计划与控制、作业管理以及对人的管理等各方面，都与传统的大批量生产方式有明显的不同，见表 1-1。

表 1-1　精益生产与大批量生产比较

比较项目	精益生产方式	大批量生产方式
生产目标	追求尽善尽美	尽可能好
管理方式	权力下放，扁平化	垂直宝塔式
工作方式	集成，多能，综合工作组	分工，专门化
产品特征	面向用户，生产周期短	数量很大的标准化产品
供货方式	多频次小批量	大库存缓冲
产品质量	由工人保证，质量高，零缺陷	检验部门事后把关
返修率	几乎为零	很大
自动化	柔性自动化，但尽量精简	刚性自动化
生产组织	精简一切多余环节	组织机构庞大
设计方式	并行方式	串行模式
工作关系	集体主义精神	相互封闭
用户关系	以用户为上帝，产品面向用户	以用户为上帝，但产品少变
供应商关系	同舟共济，生死与共	经济往来，无共赢精神
雇员关系	有主人翁意识，以企业为家	可随时解雇，工作无保障

精益生产方式在产品生产上，追求尽善尽美，保证用户在产品整个生命周期内都感到满意；在企业内的生产组织上，充分考虑人的因素，采用灵活的多功能工作小组方式，强调相互合作的并行设计方式；在物料管理方面，准时化的物流系统和零库存目标使在制品大大减少，节约了流动资金；在生产技术上，采用适度的自动化技术，明显提高了生产效率。所有这一切，都使企业的资源能够得到合理的配置和充分的利用。

根据 1990 年美国麻省理工学院学者发表的《国际汽车生产共同研究报告》，与大批量生产方式相比，日本所采用的精益生产方式的优越性主要表现在以下几个方面：

（1）所需人力资源：无论是在产品开发、生产系统，还是工厂的其他部门，与大批量生产方式下的工厂相比，均能减至 1/2。

（2）新产品开发周期：可减至 1/2 ~ 2/3。

（3）生产过程的在制品库存：可减至1/10。

（4）工厂占用空间：可减至1/2。

（5）成品库存：可减至1/4。

（6）产品质量：可提高3倍。

精益生产方式给汽车生产带来的变革是有目共睹的。随着市场环境向多样化方向变化和竞争的加剧，精益生产方式的应变能力以及对质量、成本、生产周期的有效控制方法，不仅影响汽车工业，而且对众多制造业的影响也越来越大。精益生产方式作为一种彻底追求生产的合理性、高效性，能够灵活多样地生产适应各种需求的高质量产品的生产技术和管理技术，其基本原理和诸多方法对其他制造业企业而言也都具有推广价值。精益生产的核心，即关于生产计划、控制与库存管理的基本思想，对丰富和发展现代生产管理理论也具有重要的影响。

单元三 精益生产管理体系

一、精益生产目标

1. 精益生产基本目标

工业企业是以盈利为目的的社会经济组织，因此，最大限度地获取利润是企业的基本目标。在市场瞬息万变的今天，精益生产采用灵活的生产组织形式，根据市场需求的变化，及时、快速地调整生产，依靠严密细致的管理，通过"彻底消除浪费"、防止过量生产，来达到企业的利润目标。为实现这一基本目的，精益生产必须能很好地实现三个基本目标：零库存、高柔性（多品种）、零缺陷。

精益生产
管理体系

（1）零库存。一个充满库存的生产系统，会掩盖系统中存在的各种问题。例如，设备故障造成停机、工作质量低造成废品或返修、横向推诿造成工期延误、计划不周造成生产脱节等，都可以动用各种库存使矛盾钝化、问题被淹没。表面上看，生产仍在平稳进行，实际上整个生产系统可能已千疮百孔，更可怕的是，如果对生产系统存在的各种问题熟视无睹、麻木不仁，长此以往，紧迫感和进取心将丧失殆尽。因此，日本人称库存是"万恶之源"，是生产系统设计不合理、生产过程不协调、生产操作不良的证明，并提出"向零库存进军"的口号。因此，"零库存"是精益生产追求的基本目标之一。

（2）高柔性。高柔性是指企业的生产组织形式灵活多变，能适应市场需求多样化的要求，及时组织多品种生产，以提高企业的竞争能力。面对市场多变这一新问题，精益生产方式必须以高柔性为目标，实现高柔性与高生产率的统一。为实现柔性和生产率的统一，精益生产必须在组织、劳动力、设备三方面表现出较高的柔性。

组织柔性：在精益生产方式中，决策权力是分散下放的，而不是集中在指挥链上，它不采用以职能部门为基础的静态结构，而是采用以项目小组为基础的动态组织结构。

劳动力柔性：市场需求波动时，要求劳动力也做相应调整。精益生产方式下的工人是具有多种技能的多能工，在需求发生变化时，可通过适当调整操作人员的作业来适应短期的变化。

设备柔性：与刚性自动化的工序分散、固定节拍和流水生产的特征相反，精益生产采用适度的柔性自动化技术（数控机床与多功能的普通机床并存），以工序相对集中，没有固定节拍以及物料的非顺序输送的生产组织方式，使精益生产在中小批量生产的条件下，接近大批量生产方式由于刚性自动化所达到的高效率和低成本，同时具有刚性自动化所没有的灵活性。

（3）零缺陷。传统的生产管理很少提出零缺陷的目标，一般企业只提出可允许的不合格百分比和可接受的质量水平。它们的基本假设是：不合格品达到一定数量是不可避免的。而精益生产的目标是消除各种产生不合格品的原因，在加工过程中每一工序都要求达到最好水平，追求零缺陷。高质量来自零缺陷的产品，"错了再改"要花费更多的金钱、时间与精力，强调"第一次就做对"非常重要。每一个人若在自己的工作中养成了这种习惯，凡事先做好准备及预防工作，认真对待，防患于未然，在很多情况下就不会有质量问题。因此，追求产品质量要有预防缺陷的观念，凡事第一次就要做好，建立"零缺陷"质量控制体系。过去一些企业对花费在预防缺陷上的费用能省则省，结果却造成很多浪费，如材料、工时、检验费用、返修费用等。企业应该认识到，事后的检验是消极的、被动的，而且往往太迟。各种错误造成需要重做零件的成本，常常是预防费用的几十倍。因此，应多在预防缺陷上下功夫，虽在开始时需多投入些费用，但很快便能收回成本。

2. 精益生产终极目标

"零浪费"为精益生产终极目标。典型的浪费有以下七种类型：

（1）过量生产：生产不能马上使用或出售的产品或零部件。

（2）返修或损坏：生产出有缺陷的产品或用错原材料造成的浪费，包括返修品和废品。

（3）运输浪费：物料移动不符合准时化生产要求。

（4）动作浪费：完成作业所不需要的任何动作。

（5）等待浪费：两项作业之间的等待时间，以及由于等待原材料、生产线不平衡或作业计划出错等导致的某项作业过程中的闲置时间。

（6）库存浪费：存储过量的原材料、产成品等。

（7）过度加工浪费：对产品不必要的过分加工，这是最难确定和消除的浪费。

精益生产的核心思想就是力图通过"彻底消除浪费"来实现企业的盈利目标。所谓浪费，可以认为是"只使成本增加的生产诸因素"，即不会带来任何附加价值的诸因素。七种浪费涉及生产当中的多个方面，浪费减少的另一层含义就是工作效率的提高。为了消除这些浪费，精益生产形成了一套生产管理体系。

二、精益生产管理体系构成

精益生产在总结丰田生产模式的基础上，又进一步形成了更加系统的生产管理体系。精益生产根据所处的经济、技术和人文环境创建的生产管理体系，既存在管理方式与环境之间相互需求、相互适应的关系，也存在各个管理手段之间相互支持、相互依赖的关系。在总结不同企业精益生产特点后，这里对精益生产管理体系进行归纳，如图1-1所示。

精益生产管理体系可以从以下六个方面来把握：

（1）"用户至上、追求卓越"为精益生产核心价值。

（2）"价值、价值流、连续流、拉动、尽善尽美"为精益生产管理原则或方针。

（3）"用户至上、完美质量、过程导向、透明化、柔性、拉动系统、标准作业、消除浪费、持续改进、全员参与"为精益生产管理理念或策略。

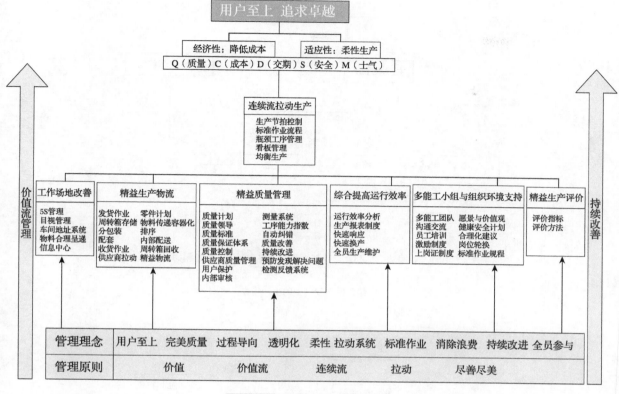

图1-1 精益生产管理体系图

(4)"工作场地改善、精益生产物流、精益质量管理、综合提高运行效率、多能工小组与组织环境支持、精益生产评价"支撑精益生产改造。

(5)"连续流拉动生产"为精益生产管理核心,直接表现在提高质量、降低成本、确保交货期、安全生产和激励士气。

(6)"价值流管理"和"持续改善"贯穿于精益生产全过程。

依据上述归纳构成精益生产的教学体系,本书后续模块将分别介绍各部分内容。

三、精益生产计划

1. 精益生产计划的特点

精益生产计划与传统生产计划相比,其最大的特点是:只向最后一道工序下达作为生产指令的投产顺序计划,而对最后一道工序以外的各个工序只出示每月大致的生产品种和数量计划,作为其安排作业的参考基准。例如,在汽车生产中,投产顺序计划指令只下达到总装配线,其余的机械加工工序、粗加工工序等的作业现场没有任何生产计划表或生产指令书这样的文件,而是在需要的时候由后道工序顺次向前道工序通过看板传递生产指令,这一特点与传统生产管理的生产指令下达方式完全不同,如图1-2所示。

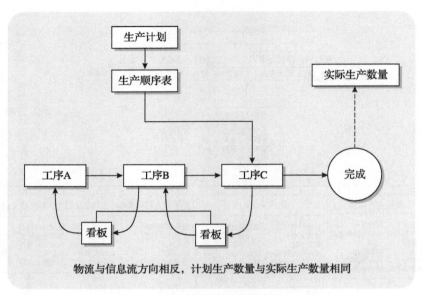

物流与信息流方向相反，计划生产数量与实际生产数量相同

a) 精益生产管理中的生产指令

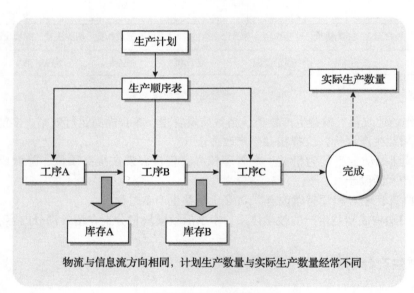

物流与信息流方向相同，计划生产数量与实际生产数量经常不同

b) 传统生产管理中的生产指令

图1-2 精益生产方式与传统生产计划方式对比

在传统的生产计划方式中，生产指令同时下达给各个工序，即使前后工序出现变化或异常，也与本工序无关，仍按原指令不断地生产，造成工序间生产量的不平衡，因此工序间存在在制品库存也是很自然的事。而在精益生产方式中，由于生产指令只下达到最后一道工序，其余各道工序的生产指令由"看板"在需要的时候向前工序传递，这就使得：①各工序只生产后工序所需要的产品，避免了生产不必要的产品；②因为只在后工序需要时才生产，避免和减少了不急需品的库存量；③因为生产指令只下达给最后一道工序，最后的生产成品数量与生产指令的

数量是一致的（在传统的生产计划下，最后这两者往往是不同的）；④生产顺序指令以天为单位，而且"只在需要的时候发出"。因此，精益生产的计划方式能够反映最新的订货和市场需求，大大缩短了从订货或市场预测到产品投放市场的时间，从而提高产品的市场竞争能力。

2. 精益生产计划编制的程序与方法

在精益生产方式中，同样要根据企业的经营方针和市场预测制订三阶段生产计划，即年度计划、季度计划和月度计划，然后再据此制订出日生产计划，并根据日生产计划制订投产顺序计划。

（1）年度、季度计划。

1）年度计划根据企业经营方针和市场预测来确定，主要是规划大致准备生产的产品品种和数量，并不具体化。

2）季度计划根据年度计划及市场需求，采用滚动计划法进行编制，即在第 $N-1$ 月制订第 N 月、第 $N+1$ 月以及第 $N+2$ 月的生产计划。这样制订出来的第 N 月生产计划为确定了的计划，第 $N+1$ 月和第 $N+2$ 月的计划只作为"内定"计划，随着时间的推移，当第 $N+1$ 月变为第 N 月时，再进行确定。

（2）月度计划。月度计划根据季度计划和月需求预测，确定月生产的产品品种及每种产品的产量。第 N 月的生产计划在第 $N-1$ 月的中旬开始时确定，到第 $N-1$ 月的中旬结束时再根据订货进行微量调整。在第 $N-1$ 月的下旬，进行所需零部件数量的计算，并确定各种产品每天的生产量。由于产品的零部件数量庞大，往往使用计算机来进行计算。为实现均衡生产，月度计划确定后，可以将产量平均分配至每个工作日，形成每日平均产出量，见表 1-2（每月以 20 个工作日计）。

表 1-2 月度计划

产品	月需求（件）	日平均产出（件）
A	1 200	60
B	400	20
C	1 600	80
D	400	20
E	600	30
F	600	30
合计	4 800	240

（3）日生产计划。以上工作完成后，才开始制订真正作为日生产指令的投产顺序计划。顺序计划每天制订，但只下达给装配线及主要协作厂家，其他绝大多数的工序都通过看板来进行产量和品种的日生产管理。

为了在日计划中均匀分配各种产品的生产，达到品种均衡，在生产中常采用混流生产模式（即混合流水线），即在一定时间内同时生产几种产品。采用混流生产需要与快速换产技术结合，使品种更换带来的设备调整或模具更换时间很短。生产现场连续小批量生产，能防止过量生产，这是精益生产计划的特点。

四、精益生产与工业工程

精益生产是当前工业工程界最佳的一种生产组织体系和方式，而工业工程则是实现精益生产方式的工程基础。

工业工程（Industrial Engineering，IE）是对人员、物料、设备、能源和信息所组成的集成系统进行设计、改善的一门学科。日本企业在推行精益生产时，运用基础工业工程中大量的作业研究、动作研究、时间分析技术，使精益生产始终站在科学的基础上，因此生机勃勃、卓有成效。日本企业在运用工业工程方面有极大的创造力，使精益生产不仅带来了生产组织方式的质变，而且带来了产品开发、质量控制、内外协作管理、与用户关系等一连串根本性的企业组织体制、管理体制方面的重大变化和企业经营价值观的重大改变，其中最受影响的还包括日本企业的企业文化。原丰田汽车公司生产调查部部长中山清孝认为，丰田生产方式就是工业工程在企业中的应用。

日本从美国引进工业工程，经过长时间的发展，形成富有日本特色的工业工程，即将工业工程与管理实践紧密结合，强调现场管理优化。我国企业在实施推进精益生产的过程中，应该结合现场工业工程，从基础工业工程的普及推广入手，进而实现精益生产。

单元四 精益生产在我国的发展现状

一、精益生产在我国的实践

精益生产在我国的发展现状

20 世纪 70 年代末，长春一汽派出一个 40 人的代表团专门前往日本访问丰田公司，进行了现场学习达半年之久，回来后在一汽各分厂推行丰田生产方式。20世纪 80 年代初，中国企业管理协会组织推广现代管理方法，看板管理被作为推广的现代管理方法之一，在全国范围内推广，并为许多企业所采用。到了 20 世纪 90年代初，一汽变速箱厂采用丰田生产方式，取得了降低在制品 70% 库存的佳绩。另外，湖北东风汽车公司的"一个流"生产，以及上海易初摩托车厂的精益生产都收效甚佳。

如今，在我国汽车、电子、仪表制造业等实行流水生产的企业中推行精益生产已取得明显的成效。例如，一汽集团、东风汽车公司、上海大众汽车有限公司、四川仪表四厂等一批企业应用精益生产，并结合我国国情、厂情进行了创造性的工作，取得了丰富的经验，创造了良好的经济效益。这些企业的主要做法是：

（1）以看板为手段，在生产组织上改"推动式"为"拉动式"生产，整个企业以市场需要为目标组织生产，使企业库存下降、流动资金减少。

（2）在劳动组织上实行多机床操作、多任务管理，培养多面手，有效地提高了劳动生产率。

（3）在质量管理上，以质量控制小组为基础，开展生产工人自我控制、创合格工序、加强质量监督、产品创优等活动，不断提高产品质量。

（4）在现场管理方面，开展不间断的"5S"活动（即整理、整顿、清扫、清洁、素养），实行定置管理及目视管理，以提高文明生产水平。

（5）在设备和工具管理上，实行机、电修理服务到现场，重点工序巡回保全维护和快速修理，以及刀具直送工位、强制换刀和线外换刀等管理办法。

精益生产模式对于我国制造企业调整产业结构、转变经济增长方式、走新型工业化可持续发展道路起到积极促进作用。目前，越来越多的国内企业开始重视精益生产，如家电行业的海尔、九阳、美的、格力等，以及酿酒行业的洋河、五粮液等。在严峻的市场环境下，一大批民营企业为了寻求变革突破，分别从不同层面学习和应用零库存管理、看板管理、5S管理等精益管理思想和方法。但在学习和应用过程中，存在着重理念不重实施、重局部不重整体、重形式不重实质、最终效果不显著等问题。究其原因，人才缺乏是关键。精益生产与传统大批量生产在管理思想和技术方法上有显著区别，尽管企业高层容易接受和理解，但要真正组织实施并且取得成效，还需要大量懂得精益管理要旨、知道如何实施的执行者，尤其是基层生产现场管理人员迫切需要具备相关的知识和技能。国务院2015年发布的《中国制造2025》明确提出："开展质量标杆和领先企业示范活动，普及卓越绩效、六西格玛、精益生产、质量诊断、质量持续改进等先进生产管理模式和方法"，并且"鼓励企业与学校合作，培养制造业急需的科研人员、技术技能人才与复合型人才。"

二、精益生产在我国应用中存在的主要问题

我国企业实施精益生产虽然取得一定成效，但是这些企业都存在一个怎样继续深入发展精益生产的问题，国内还有众多的企业试行精益生产方式未能成功，原因是多方面的，概括来说，主要有以下几点：

1. 思想观念的滞后

精益生产作为生产方式的一次重大变革，也是思想观念的一次大变革，因为精益生产方式的很多方面是逆向思维，是风险思维，有很多问题是要倒过来看的，而国内多数企业由于对持续改善的重要性没有足够的认识，在实施过程中没有建立完善的制度并坚持不懈地执行下去。

2. 质量管理的独立

质量管理不是独立存在的体系，它必须融于生产过程中。我国企业大多设有专门的质量管理部门，使质量管理形成了相对独立的管理体系，而质量管理是不能脱离生产现场的加工操作及包装、运输的全部过程的，必须融为一体，而不是独做表面文章。

3. 工业工程基础落后

工业工程是精益生产方式实现的支撑性技术体系，而我国企业的工业工程普遍基础薄弱，要推行精益生产，特别是建立适合国情、厂情的精益生产，就一定要从推行工业工程入手，否则很难成功。

4. 职能分散受限

我国许多企业在推行质量管理、工业工程、技术改造、市场研究、信息化改造等变革时都按职能部门划分，甚至成立专门的领导机构，各搞一套，不能发挥系统协调功能，形不成合力，制约了企业整体效益。

5. 普及面过窄

对于精益生产的理论研究主要集中在有关大学、科研院所和一些大型企业，理论和实践相脱离的现象十分严重，对于已经引进精益生产的企业，没有及时深入调查精益生产运行情况，收集反馈信息并认真总结经验。

6. 认识上有误区

有些企业认为精益生产只适合在汽车行业中应用，还有些企业认为实施了"看板管理"就是精益生产，对现有的生产管理方法不做任何调整和改进，单纯实施"看板管理"，结果没有达到预期的效果。

7. 实践中生搬硬套

有些企业在应用精益生产时，没有深入了解精益生产的背景及其特定环境，就生搬硬套或是孤立地应用其中的某一项技术，使精益生产的推广应用只是流于形式，不仅不能达到预期的效果，反而产生了负效应。

就现状而言，我国企业精益生产还处于起步阶段，在应用过程中出现了很多问题，因此，只有理性分析原因，有效实施和应用，才能取得真正的实质性突破。

三、企业推行精益生产的关键影响因素

精益生产实施过程中的关键性因素可归结为以下四个方面：

1. 人员因素

精益生产方式的实施是一个长期的、系统化的过程，人员在精益生产中自始至终都起着决定性作用。

（1）人员整体素质是精益生产推进的根本保证。企业实施精益生产，人员素质是关键。推行精益的小组或部门成员要对精益生产有很高的认识和具体的经验，并且要身体力行地推动精益生产，而一线员工也要能深刻体会精益生产的概念和推行精益管理的意义。

（2）团队不同层次人员共同努力是精益生产推进的关键所在。无论是精益生产所推崇的"自下而上"的决策制度还是传统的"自上而下"的决策制度，贯穿整个企业的精益生产团队需要不同层次人员的共同努力。决策层面要有一个具有前瞻性的企业家，执行层面要有一个坚决果断的职业经理人，核心层面要有一支拥护、支持变革的核心团队，基础层面要有众多敢于创新、乐于接受改变的员工，辅助层面要有实事求是的精益生产专家。

（3）人员的持续发展是精益生产持续推进、企业持续发展的力量源泉。对全企业的人员（包括精益生产推进人员）本身的职业发展以及生活上各方面的发展给予持续性的支持。制定合理的加薪及晋升制度以保证人员的忠诚度，通过一系列的培训实现"多能工、少人化"的目标，实现企业和员工的双向持续发展。

人员因素是企业实施精益生产最关键、最核心的因素，只有不同层面具有相应素质要求的人员共同协作，并不断培养人员持续发展，企业精益生产的实施才能更好地推进下去。

2. 技术因素

精益生产是一种理论与方法，各种技术与工具因素对精益生产的实施起着很大作用。精益

生产的技术应用于企业整个生产过程，包括设计、生产线、生产现场、物料流动等保障支撑的各个环节。

（1）设计阶段的精益技术因素。精益设计是精益企业的源头，是决定精益企业命运的关键环节。设计阶段的精益技术主要包括：首先是精益工厂的区位选择问题，精益生产的实施首先要有可以实现的生产来让其精益；其次是对于生产设备的布局规划，在设计阶段就应该对设备进行精益化布局；最后是产品的设计，企业应该应用调查统计、质量分析等多种既包括先验性，又包括后验性的手段和技术对用户的需求、市场的变化及时做出反应和调整，设计出符合用户和市场需求的产品。

（2）生产线与生产现场的精益技术因素。生产线和生产现场的精益技术是到目前为止精益理论研究和实践应用最为丰富也最为深入的方面。生产线应该遵循单件流，采用U形生产线，充分利用成组技术和并行工程等，从而使生产线的平衡得到最大化的保证。精益生产现场的工作重点在于目视管理工具的使用。例如，作业的标准化、5S现场管理、安顿系统等使用程度，以及是否推行看板管理等。

（3）物流精益技术因素。物料是精益生产的基础保证，企业内外物流的精益化对于精益生产的实施也有着很大的影响，而供应链的精益是物流精益的重要手段。在供应链管理中，也用到了看板等连接工具。同时，价值流程图技术的应用为识别和削减整个供应链过程中存在的浪费提供了一个有效的手段。另外，自动化、零库存管理等技术的实施，有效地控制了中间在制品数和库存周转数，既为精益生产的实施提供了很好的技术保障，也展示了精益生产实施的重要成果。

（4）生产保障及支撑的精益技术因素。精益生产的实施也需要生产保障和后勤技术支持，这一部分的技术因素比较多，主要涉及全面生产维护（TPM）、全面质量管理（TQM）、人机工程等的应用。

综上所述，整个生产过程中各个环节的技术因素对精益生产的实施都起着很关键的作用。

3. 环境因素

环境因素主要是指企业实施精益生产时所对应的外部环境，主要包括以下四个方面：

（1）企业应对变化的能力。同其他各行业一样，现代制造业及企业存在着很大的变化性，企业要想更好地推进精益生产的实施，必须具备充分应对这些变化的能力。敏捷制造（AM）、柔性生产系统（FMS）的相关理念与方法具有重要的应用价值，也是应对变化的有效手段。

（2）企业与供应商的关系。企业要实现拉动生产与均衡生产目标，与供应商建立密切及良好的联系是基本的前提，实施精益生产需要企业与供应商建立长期稳固的联系，对供应商进行培训指导，使其更好地服务企业。

（3）企业与用户的关系。"用户第一"是丰田企业哲学价值观的重要理念。精益生产所强调的拉动式生产，正是基于用户需求的拉动，是由后道工序或后续过程拉动前道工序或前端过程的生产方式。因此，保持良好的企业用户关系，精益生产的结果输出才有保障；进行有效通畅的沟通，精益生产的实施才有根据和针对性。

（4）企业与社区及自然环境的关系。精益生产的实施既是一个企业内部的工程，也是企业行业供应链上的工程，同时也是所涉及的周边整个社区及自然环境的工程。对于社区关系方面，精益企业能否与所在社区共享价值观和精益成果，会影响企业的发展壮大和对人才的吸引；而对于自然环境方面，能否推行绿色生产战略，保护生态环境，关系到企业生产的合法合规性，进一步关系到企业精益生产实施的可持续性。

4. 文化因素

企业实施精益生产不能仅学习其工具与技术，更要把握精益生产方式的本质与核心，而精益生产的本质与核心就是精益文化。沙因将企业文化分为以下三个层次：

（1）人造物品和行为：指平时我们所看到的，一个新用户、访问者或咨询者可能注意到的，如员工着装、组织结构图、外部布局、正式程度、标识、使命宣言等。这些显性的、简单易懂的文化工具，可用来营造一种更有利于精益生产实施的文化氛围。

（2）规范和价值观：指企业内部员工所说的内容，包括员工间谈及的事情为什么会这样和应该怎么样，公司理念、标准和理由。人造物品和行为的渲染进一步让大多数员工知道企业的规范和价值观。规范是被普遍接受的行为准则，它们不一定是书面的，但一定是众人皆知的基本行为准则；而价值观是企业生存的准则，形成一个组织公认的价值观，不仅对精益生产的实施有很大的影响，对整个企业的影响也是巨大的。

（3）基本隐性假设：指企业内部员工所深信和践行的，关于组织的无意识的、理所当然的理念，它们涉及工作的目标、相关人员、奖励和惩罚等。这种基本的隐性假设是一种潜意识或无意识的因素。只有将精益生产中与企业息息相关的理念形成所有员工文化因素上的基本隐性假设，精益生产的实施才能最终达到如鱼得水的程度。

四、企业推行精益生产的实施要点

1. 树立精益管理意识

精益生产方式把生产中一切不能增加价值的活动都视为浪费。强调人的作用，充分发挥人的潜力，以持续改善来消除浪费。从上到下对员工开展精益生产知识培训，包括竞争意识、用户价值观、"5S"管理、连续流拉动生产、多能工团队、全员生产维护、全面质量管理等。只有企业全员在思想意识上达成共识，精益生产改造才能顺利推行。

2. 成立项目领导小组推动精益生产改造

企业成立专门组织，总经理担任负责人总体领导项目的推动和实施，组织成员包括生产管理部门、制造部门、技术部门、质量管理部门等主要部门领导。组织部门制订战略总体计划和实施计划，明确各自职责，规定期限层层落实。

3. 树立样板工程示范引领

选择生产管理基础条件好，具有典型代表性的生产线作为样板工程建设。用价值流程图描绘生产线总体改造蓝图，按照精益生产管理思想和方法，从生产现场规划、设备布局、连续流拉动生产、生产物流系统、质量管理、设备维护等方面进行精益生产改造，通过改善前后实际效果比较使员工认同精益生产的优越性，激发员工士气，使其积极参与精益生产改造。

4. "5S"管理主导现场改善

按照"5S"管理方法（整理、整顿、清扫、清洁、素养）改善现场，保证物流与信息流的通畅，消除各种不增加产品价值的浪费，训练员工养成精益管理素质，形成健康安全的生产环境，建立用户对企业的良好印象，增强用户对产品质量的信心。

5. 精益生产技术攻关

成立项目小组针对关键技术问题开展攻关，掌握关键环节，充分体现精益生产要旨，如看板管理、均衡生产、快速换产、内部物流配送系统、多能工少人化、综合提高运行效率等。

6. 持续改进、追求完美

精益生产改进是一个持续改善、不断推进的过程，通过合理化建议、研讨会、基层参与决策等方式，持续推进精益生产改造。

| 模块小结 |

精益生产起源于日本丰田生产方式。美国管理学家詹姆斯·沃麦克、丹尼尔·琼斯等人将丰田生产系统的特点加以总结提炼成为普遍适用的管理技术，并命名为精益生产，后又总结提升为具有普遍意义的精益管理思想五项原则；精益生产多品种、小批量生产方式是对传统大批量生产方式的变革，在多样化、个性化需求的市场环境下有无可比拟的优势，被专家认为是当前工业界最佳的一种生产组织体系和方式；精益生产的终极目标是消除一切浪费，是企业全员参与的综合性活动；精益生产计划的最大特点是只向最后一道工序下达作为生产指令的投产顺序计划，其他工序靠看板拉动生产，精益生产必须与工业工程有机结合才能发挥出其应有作用；精益生产在我国有一定的实践基础，但还存在很多问题，需要在实践中不断学习改进。

| 练习与思考 |

一、单选题

1. 精益生产起源于日本，经_____学者詹姆斯·沃麦克、丹尼尔·琼斯等总结提炼而成。
   A. 美国　　　　　　B. 日本　　　　　　C. 中国　　　　　　D. 德国
2. 精益生产管理的核心是_____。
   A. 客户至上、追求卓越　　　　　　B. 经济性和适应性
   C. 连续流拉动生产　　　　　　　　D. 价值流管理
3. 大规模生产靠_____降低成本，精益生产靠消除生产过程的一切不合理的浪费降低成本。
   A. 廉价劳动力　　B. 生产效率　　　C. 先进技术　　　D. 规模效益
4. 精益生产认为，产品价值只能由_____来确定。
   A. 生产企业　　B. 零售企业　　　C. 用户　　　　　D. 市场
5. 下述活动最可能不属于增值活动的是_____。
   A. 从概念到投产的设计过程　　　　B. 从订货到送货的存储过程
   C. 从原材料到产品的转换过程　　　D. 全生命周期的支持和服务过程
6. 精益生产的终极目标是_____。
   A. 零库存　　　B. 高柔性　　　　C. 零浪费　　　　D. 零缺陷
7. 精益生产计划一般只下达到_____，其他工序只出示每月大致的生产品种和数量计划，作为其安排作业的一个参考基准。
   A. 第一道工序　　B. 最后一道工序　C. 瓶颈工序　　　D. 各道工序

8. 按工艺专业化布置设备的主要缺点是_____。

  A. 生产周期长   B. 车间管理简单

  C. 便于工人提高技术水平   D. 对产品变化的应变能力差

9. 从概念产品的产生开始直到制造出成品为止的完整过程称为_____。

  A. 产品开发 B. 生产技术准备 C. 产品设计 D. 工艺设计

10. 生产周期是指从加工对象投产起到它完工时为止所经历的_____。

  A. 日历时间 B. 工作时间 C. 有效时间 D. 制度时间

二、简答题

1. 精益生产起源于哪里？精益生产的含义是什么？

2. 传统大批量生产方式有哪些优缺点？

3. 精益管理思想的五项原则是什么？精益管理除了在制造领域，还在哪些领域成功实施？

4. 精益生产管理体系的基本目标和终极目标是什么？

5. 精益生产管理体系可以概括为哪些内容？

6. 精益生产管理计划的特点是什么？如何制订企业月度和日生产计划？

7. 精益生产在我国的实施情况如何？存在哪些问题？

8. 精益生产管理的核心是什么？为什么产品生产周期对企业非常重要？

学习参考

精益生产——21世纪标准的生产组织体系（一） 精益生产——21世纪标准的生产组织体系（二）

模块二
价值流管理

学习目标

- 理解价值和浪费的含义
- 区分增值和非增值活动
- 熟悉浪费的类型
- 掌握消除浪费的方法
- 学会价值流管理方法
- 能绘制价值流程图

01 单元一　从用户角度定义价值与消除浪费

一、从用户角度定义价值

1. 价值的含义

企业因用户而存在，用户购买企业产品的时候，产品价值才能体现出来。因此，从用户的角度讲，价值就是对用户有用的活动。工艺图档中的每一步对设计者而言也许都是有价值的，但对用户而言可能就是浪费。把粗略的钢材毛坯加工成精密的零件对用户是有意义的，而坯料在各道工序间的搬运或储存对用户就是无价值的。就制造业企业来说，增值活动更多的是改变加工物的物理状态，使其对用户具有吸引力的活动。

定义价值

任何企业的生产过程都是一个由原材料到用户认可的产品的转化过程，企业只有了解用户需求才能定义产品价值。生产过程中各工序间也是这样，下道工序是上道工序的用户，那么工序间就要彼此多沟通，熟悉对方的情况，以满足用户为目标审视工作目的，对现有生产工艺、产品规格做检查，区分哪些是增值（VA）活动，哪些是非增值（NVA）活动。

2. 增值与非增值活动

增值活动是指能够增加产品价值的活动，包括物料变形、组装、改变性能、部分包装等；此外就是非增值活动，如物料运输、走动、零件返修和检验等都属于非增值活动。非增值活动分为可以不做的作业和不得不做的作业。可以不做的作业指只增加成本而不产生附加价值的作业，如等待、寻找、返修等，是优先改善的内容；不得不做的作业指到目前为止还必须伴随着增值活动一起实施而不产生任何附加价值的作业，如更换作业程序、为取工件走动、打开零件包装等。

产品生产过程中，增值活动比例越高，生产效益就越高。仔细分析整个生产过程和操作之间的关系，就能发现实际有效增值活动惊人地少，而浪费或不增值活动占绝大多数时间。精益管理要求不断消除生产过程中的浪费，并持续不断地改善工作环境，这是保持企业竞争力的基本要求。

企业的增值和非增值活动可以用以下三个标准区分：

（1）用户愿意为活动买单。

（2）活动必须以一定的方式改变产品或服务。

（3）活动必须从一开始就要做对。

对于某项活动来说，若上述标准中的任何一条不能满足，都不能称其为增值活动。

另外，判断一个活动是否增值的简单方法，就是假设取消这个活动，如果用户认为产品价值降低了，那么这个活动就是增值的，否则就是非增值的。例如，返工和等待时间，用户是不会认为其有任何价值的。生产过程中，从用户的角度看，花费在增加产品价值活动上的时间就是增值时间，其他为非增值时间，也就是浪费，如图2-1所示。

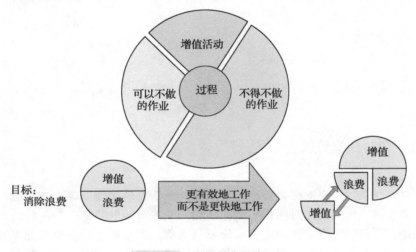

图 2-1　增值与非增值活动

二、消除浪费

1. 浪费的含义

价值和浪费是对应的，在重新认识了价值后，就要设法把用户不需要的浪费消除或减少到最小，以增加产品的利润空间。精益生产观念认为，所谓浪费是对最终产品不增加任何价值或对产品转化不起作用的活动，浪费不能为企业带来任何经济效益，只能增加生产成本，影响企业的市场竞争力。

2. 浪费的类型

浪费是指超出创造产品价值所必需的绝对最少的资源。这里包含两层含义：一是不增加价值的活动都是浪费；二是尽管增加了价值，但所用的资源超过了"绝对最少"的界限，如过量使用物料、人力等。浪费有多种，最典型的有以下七种：

（1）过量生产：生产不能马上使用或出售的产品或零部件。过量生产有两种表现形式，一是大量生产没有订单的产品，二是生产速度大于需求速度。主要原因在于各生产环节之间缺乏交流，管理不善或设备维护不及时。过量生产会增加额外的库存或搬运工作，违背"适时适量"的精益原则，过量的库存也会掩盖许多其他问题。

（2）返修或损坏：生产出有缺陷的产品或用错原材料造成的浪费，其中包括返修品和废品。废品、挑选和返工是这类浪费的主要表现形式，主要由于工艺设计、生产维护、批量过大和检验过程不合理等原因造成。产品缺陷或损坏是严重事件，一旦发生应尽快找出原因，弥补漏洞。

（3）运输浪费：物料移动不符合准时化生产要求。物料移动不对产品转换起直接作用，但又属于生产过程中不可缺少的一部分，前期生产布局不合理容易导致后期的浪费。物料移动是工序间交流联系的有效方式，予以正确利用可促进物料的合理流动，应用不当可能造成过量生产，增加不必要的搬运库存工作。

（4）动作浪费：完成作业所不需要的任何动作。明显的动作浪费是在工作台前往返寻找部件或工具；不太明显的是工人重心的变化，如伸展身体、弯腰、扭转等。动作浪费可能是由设备布置不合理、工序之间或工人与机器之间距离太远引起的。任何人或机器的动作，如果它不能直接对产品增值都属于动作浪费。

（5）等待浪费：两项作业之间的等待时间。这主要是由于等待原材料、生产线不平衡或作业计划出错等导致某项作业过程中产生闲置时间。如工人等待机器完成自动加工，或下一个零件的到来。这类浪费常常不明显，因为工人等待后仍可按照操作规程完成自己的工作。

（6）库存浪费：存储过量的原材料、产成品等。当前后工序之间或外部供应商提供零件过多时就会造成库存浪费，也会造成生产场地的浪费。库存浪费是存在加工或管理问题的直接证据，也被认为是一切浪费的源头，是"万恶之源"。向零库存挑战是理想目标，但一定是通过解决管理或生产流程问题来降低库存。

（7）过度加工浪费：对产品不必要的过分加工。这是最难确定和消除的浪费，减少这种浪费通常需要消除不必要的工作要素（包括对自动化设备的检查）。典型的例子是机器在空转，或产品超出用户的预期。

消除浪费是精益生产系统的目标，及时发现和采取对策消除浪费是一个持续改善的过程，不能寄希望于一蹴而就。

3. 造成浪费的主要原因

造成浪费的主要原因如图 2-2 所示。

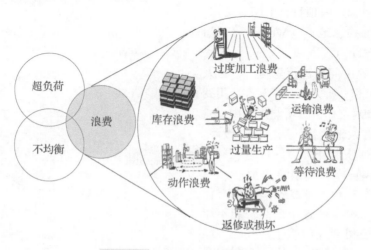

图 2-2 造成浪费的主要原因

（1）超负荷。人和机器超负荷运转将带来安全和质量方面的问题，进而导致生产浪费。企业经常遇到为了赶工期、缩短生产时间而超负荷运转的情况，这时必须清楚由此带来的后果是什么，从全局的角度权衡利弊。

（2）不均衡。由于编制生产计划不均衡，或生产计划执行不力导致产量波动，将带来不必要的物料移动、过量生产和额外库存浪费；同时还会导致机器设备负荷量、工人劳动强度、原材料供应和产品产出的波动。

4. 浪费的其他存在形式

（1）产品（设计）方面：①部件装配困难；②存在错误装配可能性的部件；③只能在难以掌控的生产环节中进行装配（需要返工）。

（2）机器/设备方面：①难以调试的设备；②可用性损失。

（3）非直接过程（如物流）：①所需要的工具集中存放；②外部服务提供商；③不可靠的运输方式。

三、分析浪费的常用方法

1. 五步法（IAPIE）

（1）识别（Identify）。收集和整理信息，以明确问题所在。这一步最困难但也最重要，如果不能清楚地界定问题，也就不能采取适当的措施加以解决。

（2）分析（Analyze）。对数据做系统化分解，以确定问题产生的原因和相互关系，进而选择最恰当的解决办法。

（3）计划（Plan）。制订解决问题的最佳方案，有明确的时间要求、资源保障和责任人。

（4）实施（Implement）。实施是计划的执行阶段，包括对计划执行情况的监督和控制。

（5）评价（Evaluate）。对目标和实施结果进行比较，发现新的改进机会，并总结经验和不足，持续改进。五步法的过程如图2-3所示。

2. 5W1H分析法

"5W1H"是对选定的项目、工序或操作，都要从对象（What）、地点（Where）、时间（When）、人员（Who）、原因（Why）、方法（How）六个方面提出问题进行思考。它为人们提供了科学的工作分析方法，常常被运用到制定计划草案上和对工作的分析与规划中，并能使工作计划被有效地执行，从而提高效率。5W1H分析法具体包括以下方面：

（1）对象（What）——什么事情？

例如：公司生产什么产品？车间生产什么零配件？为什么要生产这个产品？能不能生产其他产品？公司到底应该生产什么？如果这个产品不能赢利，是否能换一个利润率较高的产品？

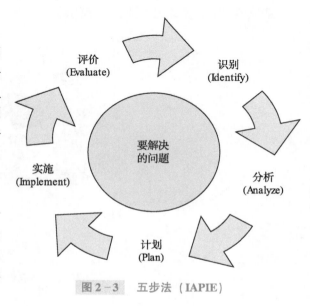

图2-3 五步法（IAPIE）

（2）地点（Where）——什么地点？

例如：公司在哪里生产？为什么要选择这个地方？换一个地方行不行？到底应该在什么地方生产？

（3）时间（When）——什么时间？

例如：这个工序或者零部件加工在什么时间进行？为什么要在这个时间进行？能不能选在其他时间？把后工序提到前面行不行？到底应该在什么时间进行？

（4）人员（Who）——责任人是谁？

例如：这个事情由谁负责？为什么让他负责？如果他既不负责任，脾气又很大，是不是可以换一个人？有时候换一个人，整个生产就有起色了。

（5）原因（Why）——什么原因？

例如：为什么采用这个技术参数？为什么不能有变动？为什么不能使用？为什么变成红色？为什么要做成这个形状？为什么采用机器代替人力？为什么非做不可？

（6）方法（How）——如何做？

例如：我们是怎样做的？为什么用这种方法？有没有别的方法？到底应该怎么做？有时候方法一改，全局就会改变。5W1H会议组织实例见表2－1。

表2－1　5W1H会议组织实例

对象	地点	时间	人员	原因	方法
What	Where	When	Who	Why	How
冲压机及模具确认修理	冲压部	3月16—20日	张、李	冲压不良尺寸大	A. 更换模块 B. 模具两侧各研磨0.05米
试模	冲压部品管部	3月21—22日	张、刘	确认尺寸修模效果	A. 试模品50个 B. 尺寸检查
量产开始	生产部	3月23—28日	黄、刘	100套	A. 工程确认 B. 装配现状确认

3. 五问法（5 Whys）

这种解决问题的方法就是多次询问"为什么"（一般是五次），直到找到问题的根源。一般来说，找到问题的根源，解决起来并不太困难。例如，调整某条生产线要比其他生产线花费更多的时间，可以通过以下问题找到问题根源：

① Why：为什么调整这条生产线需要花费那么长的时间？

答案：拆除夹具遇到困难。

② Why：为什么在拆除夹具时遇到了困难？

答案：螺栓在夹具中脱落。

③ Why：为什么螺栓会在夹具中脱落？

答案：使用的扳手不合适。

④ Why：为什么使用了不合适的扳手？

答案：合适的扳手丢失了。

⑤ Why：为什么随便丢弃扳手？

答案：没有很好地保管。

措施：用一条链子将扳手和机器牢固地连接在一起。

在以上介绍的三种方法中，五步法（IAPIE）适合于正式场合解决比较复杂的问题，5W1H分析法和五问法适合于解决现场一般问题。几种方法也可以结合起来使用，如用五问法解决五步法中的具体问题。在解决问题时，要根据轻重缓急和资源状况合理安排顺序。

单元二 价值流管理步骤与方法

一、价值流和价值流管理的含义

1. 价值流

价值流管理（一）

价值流（Value Stream）是指产品从概念设计到投产，再从原材料到交付用户整个过程的所有增值或非增值活动，包括产品设计、原材料供应、生产加工、信息处理，以及最终将产品交付用户的整个过程，价值流经常借助价值流程图来表示。

价值流程图（Value Stream Mapping）描绘产品价值的流动过程，用文字、符号和图形表示产品从订单到供应商，以及中间加工工序的物料流和信息流。绘制当前状态产品价值流程图，表示当前的生产状态；未来状态产品价值流程图基于当前状态价值流程图进行改进，以消除浪费，提高精益生产水平。

价值流环（Value Stream Loops）指整条价值流程图中的一段，价值流环是在实现理想状态过程中，从整条价值流中提取出用于分析或实施的指定部分。

2. 价值流管理

价值流管理（Value Stream Management）是指通过系统地收集、整理和分析数据，以精益思想指导计划制订并组织实施的过程，价值流管理是实施精益生产的基础。价值流管理用价值流程图作为沟通工具，建立起价值流分析框架，用于在团队成员间交流共享。

价值流可以定义在企业产品开发或者经营层次上，也可以定义在车间生产操作层次上（从原材料到发货）。价值流经理（Value Stream Manager）负责整条价值流的分析和管理，从用户的角度来定义价值，并致力于创建一条不断改善的价值流。

价值流管理不仅是一种管理工具，也是精益生产变革与规划的过程，价值流管理是企业实施精益生产的第一步。

二、价值流管理的目标和实施要点

1. 价值流管理的目标

价值流管理的作用不仅在于描绘出单个的工艺过程，更是在于呈现整个流动的生产过程。价值流管理将精益思想和管理技术有效结合，用流程图把生产各环节的物料流和信息流展示出来，组织全体成员以此为依据共同实施。未来状态的价值流程图描绘出了精益生产的蓝图，从全局分析各生产环节之间的关系，避免零散、不系统地解决问题。通过价值流管理发现浪费，并消除浪费产生的根源。价值流管理的目标包括：

（1）从用户的角度定义价值并识别价值流。

（2）用图形符号描绘产品的物料流和信息流，找出增值或非增值活动。

（3）从源头上识别浪费，促进消除七种浪费。

（4）以价值流程图为依据，在组织成员之间达成共识。

（5）为制订工作场地规划提供参考。

（6）用数据对照说明改造前后的绩效。

（7）持续改进，追求完美。

2. 价值流管理的实施要点

（1）物料流和信息流。在精益生产中，物料流包括原材料、在制品、半成品、产品，以及物料箱、废弃物和回收物等在企业内外部的流动；信息流包括产品结构、产品数量和种类、原材料供应商、生产工艺流程、设备与设施布置、用户需求等信息。价值流程图描绘产品从原材料采购、生产直至用户的物料生产和运输信息，并以时间连接这个过程中的各个环节。

价值流改进伴随流程改进，价值流改进的重点在于物料流和信息流，而流程改进的重点在于人和过程的流动。在拉动生产状况下，物料流和信息流一般是反向的，价值流改进范围可以不断向上游和下游延伸，如图2-4所示。

（2）价值流经理。价值流经理负责整个价值流的管理，从用户的角度定义价值，并跨越职能部门实施价值流管理。价值流可以从产品开发或经营层次定义，也可以从车间操作层次定义，而价值流经理是价值流的建筑师，致力于从用户的角度创建一条不断改善的价值流。价值流管理步骤如图2-5所示。

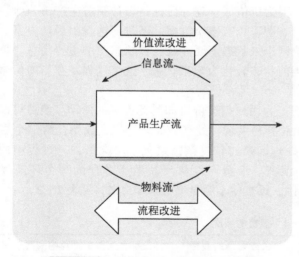

图2-4 拉动生产的物料流和信息流

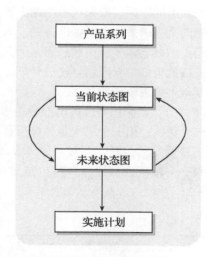

图2-5 价值流管理步骤

以往组织多按职能和生产流程管理，更多关注局部改进，不考虑是否适合整个价值流的需要；而追踪一个产品系列的价值流通常要跨越几个部门，这就需要价值流经理对产品生产的整个价值流负责，各部分按照产品价值流的要求统一协调。

价值流经理的职责包括：向上级申请批准实施价值流管理方案；绘制当前和未来价值流程

图并制订实施计划；现场监督控制计划的实施并适时调整计划；保证价值流实施在各项管理活动中具有优先权；持续不断地改进价值流。价值流经理通过提高流动性改进生产过程的价值流，一线员工通过流程改进消除浪费，人员相互关系如图2-6所示。

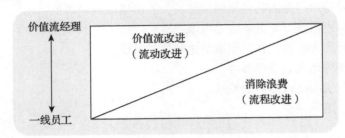

图2-6　价值流管理人员相互关系

（3）选择产品系列。开始价值流管理之前，首先要选择一个产品系列。由于时间和资源限制，不可能对所有产品做价值流分析，应该首先选择具有代表性的产品系列（或单个产品），以此为示范逐步向其他产品扩展。

要找出具有相同生产工艺的产品系列，明确产品的种类、数量、生产频率、需要的原材料和零部件等信息。企业按批量生产思维无法改进价值流。

（4）绘制价值流程图。价值流程图用于在部门和员工之间进行交流，是制订和实施改进计划的工具，要在实践中反复练习使用，直到形成使用价值流程图分析和解决问题的习惯。绘制价值流程图分四个步骤：确定产品系列（或单个产品）、绘制当前状态图、绘制未来状态图、制订实施计划。

首先是通过收集生产信息画出当前状态图，当前状态图和未来状态图相互关联，表明对当前生产状态的改进。未来状态图尤为重要，因为价值流管理的目标是设计精益生产价值流，当前状态图是为未来状态图做准备的。未来状态图可以有多个方案，经过筛选找出最佳方案。未来状态图的设想基于当前状态图，因此，绘制未来状态图要涉及当前状态图的主要信息。最后一步是按照价值流程图制订改进计划，把当前状态转化为未来状态，这个过程是在当前价值流分析基础上持续改进的过程。

（5）分层消除浪费。所谓浪费是指一切不为用户创造价值却消耗资源的活动。浪费可以划分成三个层次：第一个层次是显著浪费，相对容易发现，处理后能取得很大成果；第二个层次是加工或管理的浪费，相对不容易发现，处理起来比较复杂；第三个层次是加工过程中的微小浪费，一般不会被注意，但也造成微小浪费。浪费可以从产品生产过程的每个环节发现（如图2-7所示），然后从显著浪费开始消除，逐步使不明显浪费暴露出来，见表2-2。

表2-2　浪费的层次

第一层次　显著浪费	第二层次　加工或管理的浪费	第三层次　加工过程中的微小浪费
产品设计不合理	转换时间长	弯腰或寻找
工厂布局不合理	工作场地设置不合理	重复处理
不合格品	缺少维修	无效走动
返修品	临时性储存	寻找存货
废品	设备运转不正常	无意义的记录

（续）

第一层次 显著浪费	第二层次 加工或管理的浪费	第三层次 加工过程中的微小浪费
集装箱尺寸不合适 批量大小不合理 照明条件不好 设备不干净 材料没有送到指定位置	加工方法不正确	送料速度和频率问题 没有标准操作规程

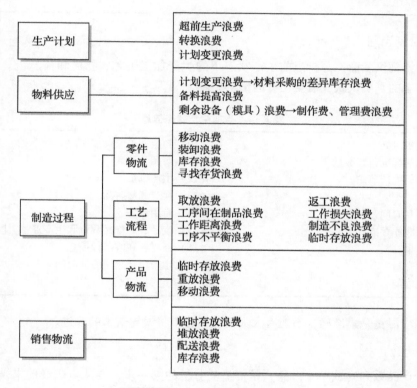

图2-7 生产过程中浪费的分解

三、价值流管理的实施步骤

价值流管理从分析当前状态开始，然后提出未来的改进状态。无论是当前状态还是未来状态都要用价值流程图描绘。

每次价值流分析应该集中在一个产品系列（或一个产品）上，这样价值流程图绘制简单、容易观察，也容易对其进行价值流优化。企业按照工艺专业化或对象专业化原则对设备布局，价值流管理特别适宜具有相同加工工艺的相似产品系列。一般选择成熟的产品系列，并且以工厂的主要产品作为价值流分析对象，范围可以根据需要扩大或缩小。价值流程图可以手工绘制，也可以借助计算机专用软件绘制，如"VISIO"。

价值流管理一般分为三个阶段，共18个步骤，见表2-3。

价值流
管理（二）

表 2-3　价值流管理实施步骤

第一阶段　绘制当前状态	第二阶段　绘制未来状态	第三阶段　组织实施
(1) 选择产品系列	(9) 明确用户需求	(16) 制订计划
(2) 组成价值流管理团队	(10) 绘制未来工艺流程	(17) 组织实施
(3) 调查用户需求	(11) 绘制改进的物料流	(18) 持续改进
(4) 绘制工艺流程	(12) 绘制改进的信息流	
(5) 绘制物料流	(13) 计算未来生产周期	
(6) 绘制信息流	(14) 改进生产操作过程	
(7) 计算生产周期	(15) 判定是否满足用户需求	
(8) 说明生产操作过程		

(一) 绘制当前状态

从订单开始到供货商，分析当前生产状态下的生产加工工艺、物流和信息流。这个过程是对当前生产状态的真实反映，需要调查的信息见表 2-4。

表 2-4　当前生产状态信息

(1) 发货和供货时间	(10) 各生产单元 (或工序) 的节拍
(2) 生产单元的标准包装数量	(11) 产品品种数
(3) 用户要求的生产节拍	(12) 生产批量
(4) 生产速度	(13) 换产调整时间
(5) 工作和休息时间	(14) 专用设备
(6) 生产停顿和库存方式	(15) 废品、返修品数量和生产停顿时间
(7) 计划生产量	(16) 原材料和零部件信息
(8) 在制品库存量	(17) 生产单元之间缓冲时间
(9) 每周加班时间	(18) 供货提前期

以上数据应尽量采集准确，不能有太大偏差，否则将误导未来的改进。

1. 选择产品系列

选择某个产品系列 (或单个产品) 是价值流分析的第一步，要从生产线的末端，即用户需求的产品中寻找。选择的产品一般加工工艺相同，使用相同的设备，把这些产品归为一个系列，按照价值流管理要求，列出产品系列的每一个零部件。

2. 组成价值流管理团队

价值流管理团队由多个部门的成员组成，实施跨职能管理。每个成员应该在自己的工作领域有丰富的经验，并且接受过价值流管理培训。团队一般由以下成员构成。

(1) 生产制造 (操作工人、生产调度、部门主管等) 人员。

(2) 生产控制与物流中心 (PC&L) 人员。

(3) 工业工程人员。

(4) 其他相关部门人员。

团队一旦成立，就要指定价值流经理，由他负责向上级汇报工作，组织价值流的构建和实施。价值流经理的工作重点在于找出浪费，协调生产流动。

价值流管理团队要提出价值流管理总体计划，用价值流程图表述未来的工作，并组织培训相关人员。

3. 调查用户需求

通过各种渠道了解用户需求，这是绘制价值流程图、明确改进目标的关键一步，如图2-8所示。

4. 绘制工艺流程

工艺流程图表示产品生产加工顺序，其中包含了表2-4中所列的生产信息。如果绘制单元生产过程，那么每个矩形框代表一道工序或设备；如果描绘产品生产全过程，那么每个矩形框代表一个生产单元的流动。明确工艺流程以后，还需计算每道工序或生产单元的生产节拍。

图2-9绘制的四道工序表示仪表盘生产装配工艺，用星形图标着重强调需要改进的工序。

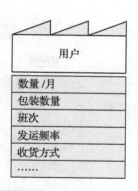

图2-8 用户需求信息

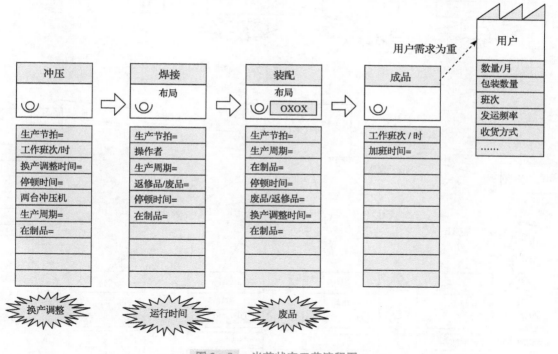

图2-9 当前状态工艺流程图

5. 绘制物料流

把供应商和产品用户需求信息绘制在价值流程图上，在图中标示出库存地点或缓冲位置，并填写相关信息，根据预测或生产需要用图标表示物料流，如图2-10所示。

6. 绘制信息流

图2-11绘制了生产控制与物流中心（PC&L）与供应商、用户和各生产部门之间的信息流动。绘制信息流应体现传递次数（一周或六周）、传送方式（生产计划表、传真、电子数据交换和采购单等），以及是预测还是订单等信息。

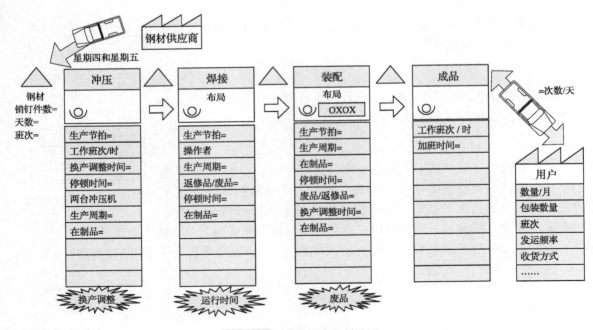

图 2-10　当前状态物料流图

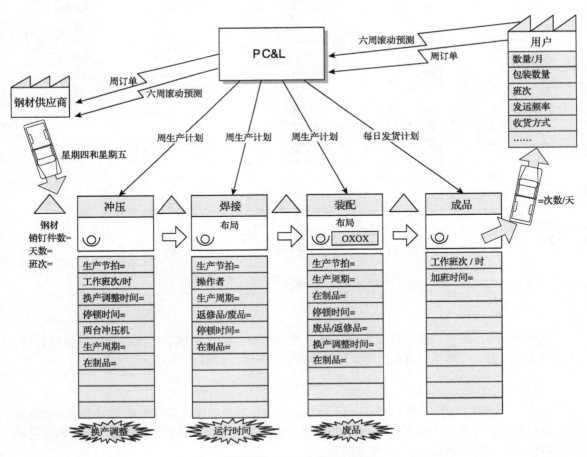

图 2-11　当前状态信息流图

7. 计算生产周期

沿着工艺流程绘制一条时间线，表示生产加工和库存时间。库存地点和关键点时间标注在线的上端，下端表示加工时间，每个库存点根据加工数量确定库存天数和库存量，时间线上的总和即产品生产周期，如图2-12所示。

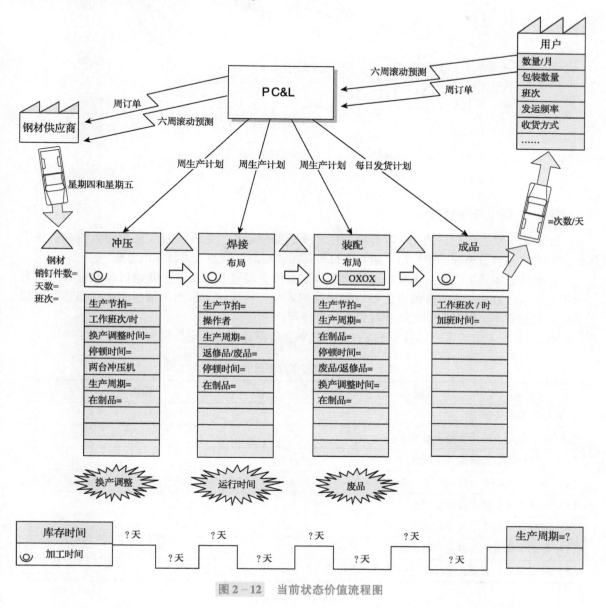

图 2-12 当前状态价值流程图

8. 说明生产操作过程

用价值流环描述局部价值流，如仪表盘装配例子中，冲压工序很大程度上依赖冲模的维护才能得以正常生产。工艺、物料（冲模）和信息的流动可以用图标表示出来，如图2-13所示。

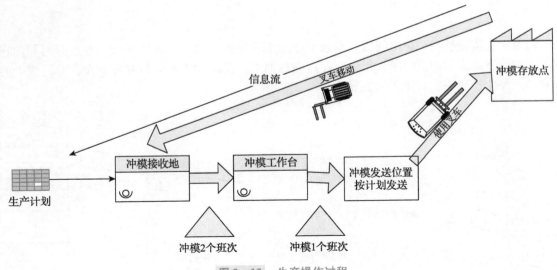

图 2 - 13 生产操作过程

（二）绘制未来状态

绘制未来状态图的目的在于掌握精益生产系统如何运作，以及项目实施前要做哪些准备工作。未来状态价值流程图描绘出了精益改进的蓝图，是制订精益改进计划的基础。

在最终方案确定之前，未来状态价值流程图也许要经过几次反复。开始可以假定采用现有的工艺和生产方法，进一步的改进可以摆脱这些限制，构建一个理想的精益生产状态。如增加供应商发货频率、限制停顿时间和改进产品设计等。

除了表 2 - 4 中的生产信息，还有许多问题需要价值流团队确定，见表 2 - 5。

表 2 - 5　未来状态图需要回答的问题

问题	回答
（1）生产节拍是多少？	
（2）设成品超市还是直接发送？	
（3）有哪些环节连续流动生产？	
（4）哪些环节用看板拉动控制上游生产？	
（5）哪些环节按预定计划生产？	
（6）怎样保持各生产环节的均衡性？	
（7）增加工作量能维持生产节拍吗？	
（8）根据未来状态图，哪些工艺改进是必须完成的？	

9. 明确用户需求

确认用户需求，安排生产。用户需求要与企业经营目标尽量结合，以保证企业经营战略的实现。

10. 绘制未来工艺流程

同绘制当前状态价值流程图一样，从用户的角度确定加工工艺，并按照实际流动方向画出矩形框，标注精益生产所需要的各类信息。图 2 - 14 用四道工序表明了仪表盘生产装配新工艺。

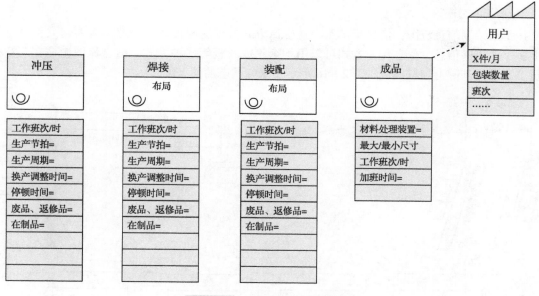

图 2-14　未来状态工艺流程图

11. 绘制改进的物料流

这一步重点关注不能连续流动的环节。如果生产不能连续流动，就要在整个系统中实施先进先出（FIFO）。图 2-15 表示了未来状态的物料流。

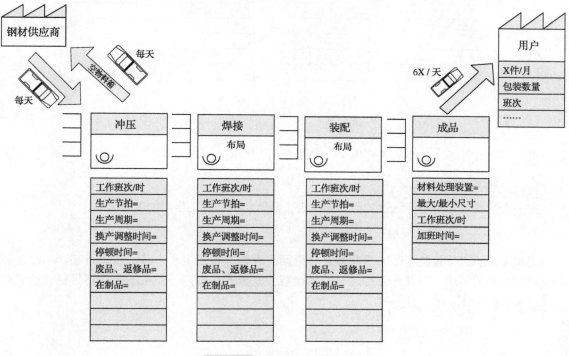

图 2-15　未来状态物料流图

12. 绘制改进的信息流

接下来绘制信息流图，信息流按照精益生产方式拉动物料流动。为此，需要建立信息系统向上游工序传递信息，信息传递方式可以用均衡箱或看板等多种方式，信息流图应该在广泛征求员工意见的基础上加以改进。图2-16表示了未来状态的信息流。

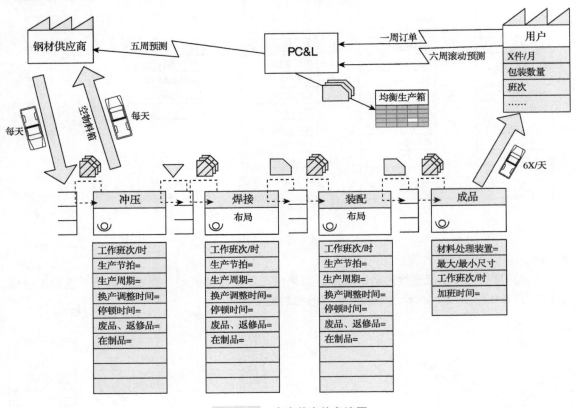

图2-16　未来状态信息流图

13. 计算未来生产周期

由时间线计算未来状态的生产周期，如图2-17所示。

14. 改进生产操作过程

这一步需要考虑对生产线上的活动做改进，从而实现对流动生产的改进。

15. 判定是否满足用户需求

完成未来状态价值流程图的绘制后，要根据改进情况判定生产产品数量是过多、不足，还是正好满足用户需求，以及是否有足够的生产能力完成产品生产。如果不能达到目标，就要重新设计价值流程图。

（三）组织实施

16. 制订计划

未来状态价值流程图描绘了精益生产所需要完成的工作，价值流实施计划规定了工作怎样

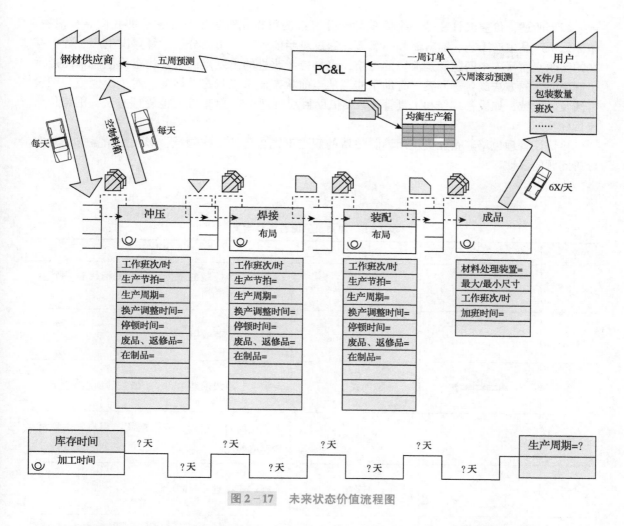

图2-17 未来状态价值流程图

开展。价值流经理负责计划的制订和实施，制订完成后应向全体成员公布，并且明确完成任务的责任人和时间。

价值流计划要做到确保满足用户需求，明确实施步骤及方法，保证生产过程的均衡性。

17. 组织实施

未来状态价值流程图的重点在于上下游相关联的生产流动循环，每次循环都伴随着精益生产的物料流和信息流。循环过程由第一道工序开始，到最后一道工序终止，周而复始、反复循环。价值流管理的目标就是使这样的循环顺畅，不间断地进行下去。

当生产过程的所有环节都确定以后，团队成员就可以把重点放在每一个具体的价值流环的改进上，但这个过程必须围绕精益改造总体目标实施。

18. 持续改进

价值流管理不可能一蹴而就，要根据环境变化持续改进。外部增强与供应商和用户的沟通，内部鼓励员工提出合理化建议，认真对待精益生产改进过程出现的每一个问题，鼓励员工追求卓越、不断进取是持续改进的有效措施。

　　综上所述，价值流管理是一个简单却十分有效的可视化管理工具。它帮助我们寻找浪费，整体认识产品生产工艺、物料流和信息流。通过对当前生产状态的分析，暴露出生产过程中存在的问题，而每一个问题既是浪费的源泉，也是持续改进的出发点。未来状态价值流程图展示了解决问题的方法或备选方案，有助于实现从当前状态向未来状态的转变。对于价值流程图没有涉及的领域，如设备维修和工具管理，要借助目视管理、5S 管理等其他管理方法，围绕价值流目标实施。

　　价值流管理也培养企业员工用消除浪费的观点审视自己的工作领域，形成用精益方法观察分析问题的习惯。

附：通用价值流程图标含义（见表 2-6）

表 2-6　通用价值流程图标含义

序号	图标	含义	说明
1		生产过程	作为生产控制的依据，每个图标代表一个生产流动环节
2		供应商或用户	表示供应商或用户
3		推动式生产	沿工艺路线推动生产，一般按计划组织生产
4		运送产品	供应商向生产商，或生产商向用户发送原材料或成品
5		库存	标注库存量和时间
6		运输车辆	运输方式和频率
7		生产控制	安排生产计划
8		人工传递信息	生产计划或发送计划
9		电子信息	电子数据交换（EDI）、传真（FAX）等
10	选择形状和类型文本。黄色手柄调整线间距	数据表	用于记录工艺生产数据，附在生产工艺下方
11		局部时间线	上端标注关键点或库存，下端标注加工时间
12		时间线汇总	上端标注库存时间，下端标注生产周期

（续）

序号	图标	含义	说明
13		生产看板	指示各道工序的生产数量
14		取料看板	指示取料数量
15		批量生产看板	指示批量生产数量
16		批量取料看板	指示批量取料数量
17		信号看板	每批次一个，当达到记录点或需要生产另一批次时，看板发出信号
18		看板架	放置看板
19		超市	受控的零件库存，可控制上游生产
20		缓冲或安全库存	使用时标注"安全"或"缓冲"库存
21	FIFO	先进先出通道	限制工序间零部件数量，确保先进先出，应标注最大允许数量
22		拉动箭头	表示流动方向
23		拉动箭头	同上
24		拉动箭头	同上
25		改善点	标记需要改进的生产工序，重点关注目标
26		物理拉动	沿工艺路线拉动物料移动，通常从超市拉动
27		顺序拉动球	功能相当于生产看板
28	OXOX	均衡生产	平衡产品产量和种类

| 模块小结 |

　　价值就是对用户有用的活动，任何企业的生产过程都是一个由原材料到用户认可的产品的转化过程，企业只有了解用户需求才能定义产品价值。生产活动分为增值活动和非增值活动，区分是否增值活动的标准有三个，即：①用户愿意为活动买单；②活动必须以一定的方式改变产品或服务；③活动必须从一开始就要做对。

　　对最终产品不增加任何价值或对产品转化不起作用的活动都称为非增值活动，精益生产定义的浪费类型有七种：过量生产、返修或损坏、运输浪费、动作浪费、等待浪费、库存浪费、过度加工浪费，造成浪费的主要原因是超负荷和不均衡。除了上述七种类型，浪费还有其他多种存在形式。超负荷和不均衡生产都可能导致浪费的产生。消除浪费的常用方法有五步法、5W1H 分析法和五问法。

　　价值流是指产品从概念设计到投产，再从原材料到交付用户整个过程的所有增值或非增值活动。价值流管理是实施精益生产的基础，价值流程图是价值流管理的有效工具，可以借助计算机软件绘制价值流程图。价值流管理是一项系统性工作，分为 18 个步骤完成。

价值流管理职业能力标准

职业功能	工作内容	能力单元要素	实作指标
1.价值流管理	1.1 定义价值	1.1.1　掌握区分增值与非增值活动的方法，熟悉浪费的多种形式	1.1.1　能区分车间生产过程中增值与非增值活动，找出各种浪费
		1.1.2　掌握浪费分层方法，选择重点改进对象	1.1.2　能从显著浪费、加工或管理的浪费、加工过程中的微小浪费三个层面分类，找出重点改进对象
		1.1.3　能够结合车间生产实际，分析浪费产生的原因	1.1.3　能用五步法、5W1H 分析法和五问法等方法分析浪费产生的原因
	1.2 价值流管理	1.2.1　熟悉价值流管理步骤和方法，组织实施车间价值流管理，减少生产浪费	1.2.1　能选择产品系列、调查用户需求、组建团队、分析当前生产状况、提出改进方向、制订改进计划
		1.2.2　掌握当前价值流程图绘制方法，结合生产过程绘制当前价值流程图	1.2.2　能用 VISIO 软件绘制当前状态价值流程图，描述当前生产实际
		1.2.3　掌握未来状态价值流程图绘制方法，提出改进方案	1.2.3　能用 VISIO 软件绘制未来状态价值流程图，提出改进方向
培训后达到水平			
水平综述	结合车间生产组织过程，综合分析车间生产过程的增值与非增值活动，对浪费做分层处理，合理选择重点改进对象，提出消除浪费改进建议；掌握价值流管理方法，能结合实际用当前状态价值流程图描述现状，用未来状态价值流程图描述如何改进，制订和实施价值流管理改进整体方案		

（续）

职业功能	工作内容	能力单元要素	实作指标
		学习水平（培训对象获得学习成果）	能力水平（培训对象展示能力）
1. 价值流管理		熟悉车间生产过程中各种浪费形式，掌握浪费分层与浪费消除方法；熟悉价值流管理步骤和内容，掌握当前状态与未来状态价值流程图绘制方法，制订价值流管理改进方案	能区分车间生产组织过程中的增值与非增值活动，选择重点消除浪费；能组织实施车间价值流管理，用价值流程图描述改进过程，制订价值流管理方案

| 练习与思考 |

一、单选题

1. 以下不用于区分是否为增值活动的是_____。
   A. 用户愿意为活动买单
   B. 产品附加额外功能
   C. 活动必须以一定的方式改变产品或服务
   D. 活动必须从一开始就要做对

2. 超负荷和不均衡生产都可能造成_____种浪费。
   A. 3　　　　　B. 5　　　　　C. 7　　　　　D. 8

3. 消除浪费可以采用下述哪种方法？_____
   A. PDCA循环　　B. 头脑风暴法　　C. 五步法　　D. 鱼骨图法

4. 价值流分析是识别生产过程中由原材料到产成品过程中所有的增值和非增值要素，从而消除生产过程中的_____。
   A. 不良因素　　B. 不必要的步骤　　C. 非生产时间　　D. 浪费

5. 价值流分析生产过程的_____。
   A. 商流和物料流　　　　　　B. 资金流和信息流
   C. 物料流和信息流　　　　　D. 商流和信息流

6. 价值流分析可以把浪费分为三个层次，加工或管理浪费属于_____浪费。
   A. 第一层次　　B. 第二层次　　C. 第三层次　　D. 均不属于

7. 绘制当前状态价值流程图，应当重点关注哪几个问题？_____
   A. 原材料供应、生产工艺、瓶颈工序、产品发送
   B. 订单拉动、看板管理、物料流动、缓冲超市
   C. 生产节拍、生产周期、使用设备、标准作业
   D. 生产工艺、设备布置、人员配置、管理制度

8. 绘制未来状态价值流程图，应当重点关注哪几个问题？_____
   A. 原材料供应、生产工艺、瓶颈工序、产品发送
   B. 订单拉动、看板管理、物料流动、缓冲超市

    C. 生产节拍、生产周期、使用设备、标准作业

    D. 生产工艺、设备布置、人员配置、管理制度

9. 价值流管理是一种简单有效的管理工具，用_____方法帮助我们找出并消除浪费。

    A. 可视化　　　　B. 绘图　　　　　C. 逻辑分析　　　　D. 固定程序

10. 价值流程图中"↘→"代表什么意思？_____

    A. 人工传递信息　B. 电子信息　　　C. 拉动式生产　　　D. 拉动箭头

二、简答题

1. 什么是价值？为什么价值要由用户定义？

2. 如何区分增值和非增值活动？浪费有几种形式？

3. 价值流管理的有效工具是什么？价值流管理实施步骤是什么？

4. 浪费可以分成几个层次？如何消除？

5. 简述绘制价值流程图的过程。

学习参考

实验模拟：用VISIO绘制价值流程图

微课视频：精益生产价值流管理

模块三
连续流生产

学习目标

- 掌握连续流生产的含义和支持要素
- 理解连续流生产的管理目标、实施要点和改造步骤
- 掌握生产周期、节拍等相关概念
- 学会分析生产作业流程
- 能编制标准作业规程
- 掌握单元生产实施要点和步骤

01 单元一 连续流生产概述

一、连续流生产含义

连续流生产概述

连续流（Continuous Flow）是指在生产和传递产品时，尽可能地使系列工序连续化，即每个步骤只执行下一步骤所必需的工作。连续流生产是指在价值流分析的基础上，运用精益生产管理技术和方法，利用企业现有资源，有效消除浪费，按用户需求完成由原材料到产成品的转化过程。

连续流生产以时间控制为核心，这是因为物料在生产组织过程中耗费的时间与生产成本和资金使用效率紧密相关，原材料、在制品、产成品均会占用存储空间，需要储存保管，而这些物料在存储过程中不增加价值，反而增加库存成本。连续流生产通过流程改造、节拍控制、缓冲超市、同步化生产等措施，保持生产的连续性，实现原材料到产成品的不断增值，并达到缩短生产周期、降低生产成本、保证满足用户需求、增强企业竞争力的目标。

与传统的大规模流水线生产不同，连续流生产实施多品种、小批量（或单件）生产，各道工序围绕消除浪费、增加产品价值开展活动，这就需要改变大规模生产按职能划分部门的组织结构，下放职责权限，以价值流为主线，安全、高效地利用企业制造资源，在"需要的时候生产需要数量的需要产品"，快速响应用户需求。与大批量生产的推动式生产不同，连续流生产实际上是指连续流拉动生产，为了便于理解，拉动式生产将在下一模块做具体介绍。

二、连续流生产与传统大批量生产的比较

精益生产的核心思想之一就是要尽量使工序间在制品数量接近甚至等于零。也就是说，前道工序加工一结束就立即转到下一道工序进行加工，建立一种不间断的流程，这种连续流生产是实现精益生产的基本原理。而传统大批量生产主要存在以下问题：

1. 在制品多

因工序需要有换模辅助时间，批量生产可以使分摊到每一件产品的辅助时间较少，因此在大批量制造一种产品时生产效率很高，但在制造不同的混合产品时会产生大量的在制品库存。

2. 生产周期长

生产周期就是产品从开始生产到完成加工的时间。在大批量生产中，由于按批量组织生产，即一批中第一个生产出来的产品，要待整个批量产品加工完成后，才能流到下道工序进行加工，从而导致整体的生产周期延长。

3. 质量问题多

大批量生产方式中，尤其是机械加工行业，设备多采取机群式（或工艺专业化）布置，即依设备的功能集中布置。由于批量生产是以一个批量为单位，由前一道工序流向下一道工序，只要下一道工序的某台设备是空闲的，就可以安排生产，这种"不唯一"的流动方式又被称为"乱流方式"。工序越多，则乱流的程度也越高，一旦有不合格品产生，由于乱流的缘故，则难以追溯其是由哪台设备或哪个人员制造的。换句话说，每一批产品都有可能在每一台设备上进行加工，造成物流路线不唯一，质量问题难于控制。

4. 搬运多

在传统的机械加工行业中，机器设备采用机群式布置，为了完成产品的加工，需要对生产过程中的在制品在各工序之间进行搬运，这就使工序间增加搬运浪费，物料流和信息流产生断点。为了减少这种浪费，工厂普遍采取集中生产、集中搬运的方法来减少搬运的次数。这样不仅产品的加工周期变长，同时在制品和生产所需的空间也增大了。

上述四种浪费均是因为采用机群式批量生产方式所造成的。而精益生产则完全不同，它根据产品的类别将机器设备按工艺加工顺序依次排列，即按产品专业化原则布置，每个工序被紧密地衔接在一起，形成一个不间断的流程。连续流生产使得零部件的运动就像是水流过一根管子一样顺畅而无间隔，消除了工序内部和工序之间的物料停滞，所有相关流程彼此更靠近，物料和信息在各流程之间的输送更加顺畅，更重要的是建立起了适应市场需要的多品种、小批量高效生产方式。

三、连续流生产的支持要素

企业领导重视和员工积极参与是连续流生产的前提，多能工小组作业、工作场地改善、精益生产物流是连续流生产的基础，精益质量管理和综合提高运行效率是连续流生产的保证，这些要素对连续流生产起到支持作用，如图3-1所示，详细内容将在随后模块中分别介绍。

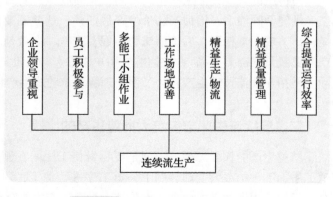

图3-1　连续流生产的支持要素

四、连续流生产的组织

1. 连续流生产的管理目标

（1）按精益生产管理思想和方法设计产品流水线，用较少的投入改造现有生产线。

（2）实施多品种、小批量（或单件）柔性生产，满足用户不同需求。

（3）在保证质量的前提下，有效配置企业资源，实现均衡生产，最大限度地消除浪费、降低生产成本。

2. 连续流生产的实施要点

（1）价值流分析指导生产改造活动。

（2）工作场地改善支持连续流拉动生产。

（3）结合精益生产评价指标设计改造方案。

（4）生产周期应明显缩短并持续改善。

（5）节拍控制生产速度。

（6）工序间尽可能相邻，最好实现"一个流生产"。

3. 连续流生产的改造步骤

（1）组建团队。团队成员包括操作工人、辅助生产工人、销售人员、技术人员、车间主管、企业生产主管，同时需要产品设计、质量管理、安全管理、工业工程、包装材料、财务管理等部门或人员的支持。

（2）对产品进行价值流分析，用价值流程图描绘当前和未来的生产状态。

1）价值流分析是实施连续流生产的关键环节，能帮助系统识别和消除生产过程的非增值要素。

2）对现行生产过程的价值流分析，可从产品（或生产线）价值流分析、车间价值流分析、企业价值流分析、全过程价值流分析几方面展开：

①产品价值流分析首先要选择某个（或多个）产品，按生产路径对当前状态做分析，再根据连续流生产要求描绘未来状态，明确改进目标。

②车间价值流分析是在产品价值流分析的基础上，按照连续流生产要求改善工作场地，在车间实现连续流生产。

③企业价值流分析指产品从进料到出货，包括供应商、销售商和用户的供应链管理。

④全过程价值流分析是从产品概念设计到销售给用户的全过程价值流分析。

3）绘制产品价值流程图，找出当前状态和未来状态之间的差距，与工作场地组织等相关活动结合，实现连续流生产。价值流分析帮助确定生产过程哪些是增值活动，哪些是非增值活动，哪些方面存在改进的可能，以及如何系统地改进，最终实现连续流拉动生产目标。

（3）设计新生产线或制订现有生产线改造方案，达到安全、高效、低成本生产目的。①用较少的投入提升产品制造水平；②模拟改变生产加工过程；③比较产品成本、质量和数量。

（4）建设新生产线或改造老生产线。①连续流生产能有效消除浪费，为用户创造价值；②员工认识到缩短生产周期的意义，为此而积极努力。

单元二　连续流生产改造技术

连续流生产改
造技术（一）

一、选择改造对象

连续流生产改造，首先要选择某个产品或某条生产线作为改进目标，一般可以按照 20/80 法则选择产量大或价值高的产品，也可以选择具有相同或相似生产工艺的不同产品。

如果用户对某种产品有特殊要求，那么就首先选择这类产品作为改进目标，否则可以采用产品产量和路径分析方法选择改进目标。

1. 产品产量分析法

从产品产量分析着手（见表 3 - 1），确定零部件生产数量是否达到足够大的量，且对企业经济效益产生明显影响。用帕累托分析图可以找到生产品种少、数量多的产品，如图 3 - 2 所示。

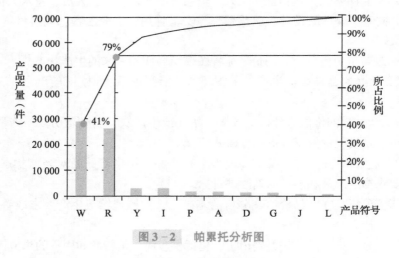

图 3 - 2　帕累托分析图

表 3 - 1　产品产量分析表

序号	项目（产品符号）	产量（件）	累计产量（件）	百分比（%）	累积百分比（%）
1	W	29 000	29 000	41	41
2	R	26 500	55 500	38	79
3	Y	3 000	58 500	4	83
4	I	3 000	61 500	4	87

（续）

序号	项目（产品符号）	产量（件）	累计产量（件）	百分比（%）	累积百分比（%）
5	P	2 000	63 500	3	90
6	A	2 000	65 500	3	93
7	D	1 500	67 000	2	95
8	G	1 500	68 500	2	97
9	J	1 000	69 500	1	99
10	L	1 000	70 500	1	100

由图 3-2 可见，产量高、品种少的 W、R 两种零件种类只占全品种的 20%，其产量占总产量的近 80%，两种产品可以作为选择对象。

2. 产品路径分析法

如果产品产量分析法不能做明显的区分，还可以采用产品路径分析法。在进行产品路径分析时，需要编制一份产品加工路径表，以表明哪些产品或部件具有相似的加工路径。用同一台设备加工出来的产品或经过同一道工序加工出来的产品可以归在一个类别中。

产品路径分析法的步骤如下：

（1）按产量高低顺序，列出每种产品的加工顺序，见表 3-2。

表 3-2　按产量排列的加工顺序

产品	产量（件）	加工路径						
W	20 000	rc	c	m	d	od	g	i
R	12 000	rc	c		d	od		i
Y	10 000		c	m	d			i
I	3 600	rc	c	m	d	od	g	i
P	3 300		c		d		g	i
A	3 100	rc	c	m		od		i
D	2 600	rc	c	m		od		i
G	2 300	rc	c	m	d	od		i
J	2 100		c	m	d			
L	1 000	rc	c	m	d			
设备编号		10A	10B	10C	10D	10E	10F	10G

注：rc = 初步切割，c = 切割，m = 研磨，d = 钻孔，od = 外部直径加工，g = 测量，i = 检查。

（2）将具有相同加工路径的产品组合在一起，见表3-3。

表3-3 按过程排列的加工顺序

产品	产量（件）	加工路径						
W	20 000	rc	c	m	d	od	g	i
I	3 600	rc	c	m	d	od	g	i
Y	10 000		c	m	d			i
J	2 100		c	m	d			
A	3 100	rc	c	m		od		i
D	2 600	rc	c	m				i
G	2 300	rc	c	m	d	od		i
L	1 000	rc	c	m		d		
R	12 000	rc	c		d	od		i
P	3 300		c		d		g	i
机器编号		10A	10B	10C	10D	10E	10F	10G

注：rc＝初步切割，c＝切割，m＝研磨，d＝钻孔，od＝外部直径加工，g＝测量，i＝检查。

（3）分析组合加工路径。从表3-3中可以看出，W和I，Y和J，A和D有相近似的加工路径，见表3-4。

表3-4 按过程汇总的产品分类

具有相同或近似加工路径的产品	需要的总产量（件）
W和I	23 600
Y和J	12 100
A和D	5 700

在三种产品组合中，选择哪一组合作为改进对象还需要综合考虑以下因素：

①市场潜力。如果未来市场潜力巨大，即使目前产量不大，从企业长期发展看也应选择市场潜力大的产品组合。

②产品工艺成熟度。产品生产工艺成熟度高，应作为连续流生产改造初期的首选对象。

③工人的技术水平。工人的团队合作精神、知识和技能掌握程度也是重要的影响因素。

二、计算生产节拍

节拍是设计流水线的基本依据，具体可以分为计划节拍、生产节拍和装箱节拍。

1. 计划节拍

计划节拍是指满足用户要求的生产速度，可以经过计算得出。计划节拍反映流水线和每道工序的生产速度。

（1）计划运行时间，计算公式为

$$计划运行时间 = （有效生产时间） – （计划停顿时间）$$
$$有效生产时间 = （每班生产时间） – （计划休息时间）$$

其中，计划停顿时间指计划安排的作业停顿时间（如班前会议、设备维护），计划休息时间指计划内的休息时间。

（2）计算计划节拍，计算公式为

$$计划节拍 = \frac{计划运行时间}{用户要求的交货量}$$

例题　某项生产作业每天运行 8 小时，其中包括一次 10 分钟班前会议时间，中间有两次 10 分钟的休息时间，以及 50 分钟的午餐时间。

$$计划运行时间 = （8 \times 60 – 10 – 2 \times 10 – 50） \times 60 = 24\ 000\ （秒）$$

如果用户需求量是每天 400 件产品，那么，

$$计划节拍 = \frac{24\ 000}{400} = 60\ （秒/件）$$

即每分钟生产 1 件产品。

2. 生产节拍

生产系统出现设备停工、工人缺勤、用户需求突然变化等因素，实际计算时，计划节拍应小于 60 秒。如果考虑生产过程中出现废品、返修品以及时间浪费等因素，往往不能按计划节拍组织生产，因此，就要重新计算节拍，以保证用户需求，这时的节拍就是生产节拍。计算公式为

$$生产节拍 = 计划节拍 \times \frac{运行效率}{质量负荷因子}$$

（1）运行效率，计算公式为

$$运行效率 = \frac{实际运行时间}{计划运行时间} \times 100\%$$

其中，实际运行时间 = 计划运行时间 – （LT + DT + C/O）

LT = 损失时间（非设备原因造成的时间损失，如等待、废品、缺勤）

DT = 停顿时间（仅由于设备原因造成的时间损失，如设备维修、故障）

C/O = 换产调整时间

注：按序排列的一组设备停顿时间（DT）大于单台设备各自的平均停顿时间。如有 3 台设备，每台设备的平均运行效率是 92%（DT = 8%），如图 3 - 3 所示。

则整条生产线运行效率 = 0.92 × 0.92 × 0.92 = 78%，即损失 22% 的效率。

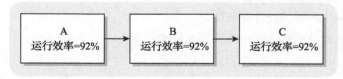

图 3 - 3　组合设备对生产停顿时间的影响

因此，为了实现生产线上产品的有效流动，单台设备的有效运行时间必须达到较高水平。

（2）质量负荷因子（Quality Load Factor，QLF），反映的是工序生产额外产品的能力，以便能够补偿产品下游工序出现的废品或返修品。该因子应当始终大于等于1。产品质量问题应当仔细检查，尽力消除。

质量负荷因子 = $(1 + S + R)$，其中：S = 废品（从本工序至所有下游工序），R = 返修品（本工序的返修品），如图 3-4 所示。

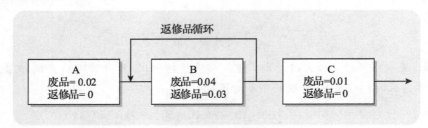

图 3-4   计算质量负荷因子

QLFA $= 1 + 0.02 + 0.04 + 0.01 = 1.07$　　　　（包括每道工序的废品）
QLFB $= 1 + 0.04 + 0.01 + 0.03 = 1.08$　　　　（工序 B 和 C 的废品 + 经过 B 的返修品）
QLFC $= 1 + 0.01 = 1.01$　　　　　　　　　　（仅是工序 C 的废品）

需要指出的是，精益生产追求"质量零缺陷"，一旦发现不合格品，整条生产线就要停止运行，直到找出问题才开始生产。如果精益生产改造完成后，不合格品为零，计算生产节拍可以不考虑这项。理想状态下计划节拍与生产节拍应该一致，不一致则表明存在改进机会。

3. 装箱节拍

用户订购产品往往是按包装箱批量订货，这时要把计划节拍转化为装箱节拍，计算公式为

$$装箱节拍 = 计划节拍 × 装箱批量$$

例如：计划节拍是 60 秒，而每批装箱 20 件产品，则

$$装箱节拍 = 60 × 20 = 1\ 200 （秒）= 20 （分钟）$$

三、分析生产作业流程

1. 生产作业流程的含义

分析生产作业流程即对每项作业要素进行识别、分类、细化和排序。

（1）生产作业流程用图表表示，可以直观地发现浪费和消除浪费。
（2）通过对每项作业进行分析，找出浪费产生的原因。
（3）每项作业是生产系统设计的依据。
（4）生产作业流程分析是编制生产管理文件的依据。

2. 实施步骤

（1）生产作业现状调查。生产作业分析表列出产品加工经过的每道作业，对零部件的加工

步骤、数量和时间进行组合分析。这些数据可以来自价值流程图、工作说明、操作规程、工艺路线或现场测量，见表3-5。

生产作业分析需要分别得到机床加工时间、工人操作时间及二者交互作用的时间，如果用秒表测量，则要采集多个样本取平均值，并将数据计入分析表。在采样时，应分别针对不同的工人、班次和时间段进行测量，这样数据才具有可用性。生产作业时间是平衡生产工序、配置工人等各种生产资源的依据。

表3-5 生产作业分析表

序号	加工步骤	数量（件）	设备时间（秒）	操作时间（秒）	来自资料和实际测量的时间（秒）									
					1	2	3	4	5	6	7	8	9	10
1	制作环氧树脂芯	1	10											
2	传递环氧树脂芯至组压	1		2.1	2.2	2.1	2.1	2.2	2.3	2	1.9	2.1	2	
3	组压	1	4.7		4.7	4.7	4.8	4.8	4.6	4.7	4.6	4.6		
4	卸下压台后组件	1		1.2	1.1	1.3	1.2	1.3	1.1	1.3	1.1	1.2	1.1	1.1
5	装/卸绕线装置	1	5.2	5.2	4.8	5.1	5.5	5.0	5.5	5.1	5.2	5.3	5.3	5.2
6	绕电枢	1	8.2		8.1	8.1	8.2	8.3	8.2	8.3	8.1	8.2	8.1	8.3
7	焊接电枢	1	11.5		11.3	11.5	11.4	11.6	11.5	11.7	11.5	11.4	11.4	11.6
8	集中装配	1	7.2	7.2	7.1	7.3	7.4	7.2	7	7.1	7.3	7.2	7.3	7.1
9	集中检验	100		1.2	130	110								
10	交换装潢成品的衬板	100		0.7	65	74	71							
11	更换绕线装置的导线	100	2.2	2.2	206	234								

（2）编制生产作业流程表。在生产作业分析基础上，编制生产作业流程表，掌握整个生产线的流动过程。生产作业流程表标示某个零件从原材料到成品的流动过程中所经历的每项作业及其花费的时间，这些作业可以是加工、搬运、检测、延误和储存，见表3-6。

在生产作业流程表中应标明如下细节问题：

①生产作业流程表有关信息：如零件名称、生产班组、填写日期等。

②当前或建议的作业：表示零部件在生产制造过程中经历的每个作业，可以是当前的，也可以是建议的。按照先后顺序进行排列，尽可能准确地描述。

表 3-6　生产作业流程表

零件名称：×××××　　　　　生产班组：×××××　　　　　填写日期：×××××

当前/建议的作业	加工	搬运	检验	延迟	存储	增值(小时)	非增值(小时)	零件移动距离(米)	零件移动数量(件)	修正损坏	过量生产	运输浪费	动作浪费	等待浪费	库存浪费	过度加工浪费	备注
原材料储存					▼		72		7 200	×				×			
移动到工序1		➡					0.12	1 000	3 600			×	×	×			
等待/换产				▶			0.12							×		×	
加工1	●					0.005										×	
批量等待				▶			2.88							×	×	×	
移动至检验		➡					0.12	50				×					
检验			■				0.04			×							
移动到加工2		➡					0.12	80	1 800			×					
等待/换产				▶			0.24							×		×	
加工2	●					0.01							×			×	
批量等待				▶			0.24							×	×	×	
移动至库存		➡					0.12	100				×					
储存					▼		48							×	×		
库存检验			■				0.04			×				×			
移动至加工3		➡					0.04	100				×					
等待/换产				▶			0.12							×		×	
加工3	●					0.01						×				×	
批量等待				▶			0.2					×				×	
移动至清洗		➡					0.12	200				×					
清洗零件	●					0.33										×	
储存					▼		96				×			×	×		
检验			■				0.08			×							
移动至加工4		➡					0.04	50				×		×			
加工4	●					0.008						×				×	
批量等待				▶			0.12				×			×	×		
检验			■				0.04			×							
装配前储存					▼		72				×			×	×		
移动至总装		➡					0.12	100			×						
等待转换				▶			0.24				×			×		×	
汇总						0.36	293.16	1 680		生产周期 = 增值时间（V）+ 非增值时间（NV）							

③表示符号：用深色符号代表正在进行的作业，符号含义见表3-7。

表3-7　作业表示符号

作业	符号	含义	举例
加工	○	改变形状、性质的装配、加工等增值作业	铣削、钻削、磨削、焊接和装配等
搬运	⇨	改变位置、移动、运输和走动	移动到存储地点、移动到下一工位或移动到发运地点等
检验	□	与标准进行对照检查	产品检验
延迟	D	操作当中的等待、加工过程的停滞时间	批量等待、换产调试和工序间移动等
存储	▽	等待（存储当中），仅记录物料流动过程中不加工的时间	原材料库存、缓冲区的在制品库存，先进先出（FIFO）通道和成品库存等

④时间：计算增值或非增值时间，通常以小时为单位，小数点保留两位。在填写数据时，注意不得混淆计量单位，如以秒计算加工过程，而以天计算存储时间。

如表3-6中，生产一个标准包装的零件，根据数量和加工步骤，其时间分配为：

存储：存储过程中等待288小时。

搬运：从存储地点到加工地点的运送0.8小时。

延迟：生产过程中因换产调整而引起的等待0.72小时。

延迟：等待零件装满包装箱3.44小时。

检验：零件检验0.2小时。

加工：加工0.36小时。

其中增值时间为：0.36小时，非增值时间为293.16小时，总生产时间为293.52小时。

⑤零件移动距离：从一个加工地点到另一个加工地点的零件移动距离，以米为单位。

⑥零件移动数量：从一个加工地点移动到另一个加工地点零件的数量。除非中间发生变化，第一个加工地点移出的数量就是整个生产过程中移动的数量。

⑦浪费的类型：浪费类型分为七种，分别在表格中用"×"表示。

浪费类型与作业内容有关，如：原材料储存是因为过量生产造成的库存浪费，工序间移动物料造成运输浪费和动作浪费。检查零件是要防止出现返工或废品，生产加工作业存在过度加工浪费、动作浪费和批量生产时过量生产浪费。

产品积压时间的计算方法有很多，最典型的是按每天的需求量和在制品数量进行比较。如用户每天需求量是500件，而平均库存件数是1 200件，那么，产品积压时间就是2.4天或57.6小时。

⑧备注：在生产作业流程表中保留空位用于标注说明或提出改进建议。

⑨汇总：在生产作业流程表的底部各栏，对零件移动距离、总的增值和非增值时间进行汇总。

（3）分析生产作业流程表。

①从延误产品生产周期最长、影响最大的作业开始，反复询问为什么，直至找到解决问题的方法。

②非增值活动有些是可以消除的，而有些是在现有生产技术条件下无法避免的（如装夹工件、视觉检查、预防性维护），但是如果改变操作方法或生产工艺就能避免非增值活动，或缩短时间，从而减少或避免浪费。

③跟踪产品流动过程，发现出现停滞询问为什么，从中找到问题的根源，并加以解决。顺着产品流动线路寻找，完成所有交叉路线的检查。在寻找问题时要发挥团队的作用，让每个人都积极参与、提出改进建议，这将大大提高工作效率。

四、编制标准作业规程

（一）标准作业规程

1. 标准作业规程的含义

连续流生产改造技术（二）

标准作业规程（Standard Operation Procedure，SOP）是把最佳操作方法文件化，并用于指导操作者高效、安全生产的综合性文件。一套好的标准作业规程是确保产品或服务质量的前提，标准作业规程不仅是一套技术范本，更重要的是其中蕴含了管理理念和管理手段。借助标准作业规程，操作者可以发现并消除浪费。

2. 标准作业规程的作用

（1）创造良好工作环境，确保安全第一。

（2）充分挖掘员工潜能。

（3）促进持续改进，提高生产效率。

（4）保持不同班次之间产品质量的稳定性。

（5）及时发现和消除浪费。

（二）实施步骤

1. 作业要素分析

以生产作业流程表为依据，找出可转换的作业要素。可转换的作业要素是指分解为最简单的单一作业要素，这样就能在不同操作者之间进行转换，以平衡操作者的加工时间，适应各工序生产节拍的要求。

如果存在可转换的作业要素，那么就要：

（1）确定零件的哪些加工特性可以在不同设备上完成。

（2）安排每个可转换作业要素的加工顺序，明确加工误差和零件质量要求（例如，钻孔、铰孔和镗孔等）。

（3）确定每个作业要素的加工时间。

（4）确定哪些作业要素可以转移到生产流程的上游或下游。

（5）列出加工过程中出现的问题清单，诸如加工过程中的争议、基准和紧固等问题，予以特别关注。

将可转换的作业要素记录到作业组合表中，把工艺过程文本化。作业组合表要不断扩展，直到包含全部作业流程，然后将所有作业组合汇总在一起，见表3-8。

2. 操作时间测定与分配

记录与每个作业要素相关的时间数据，并将其分配到操作、设备加工或走动上。精度一般应达到1/10秒。

3. 绘制作业组合图

根据前两步的结果绘制作业组合图，如图3-5所示。

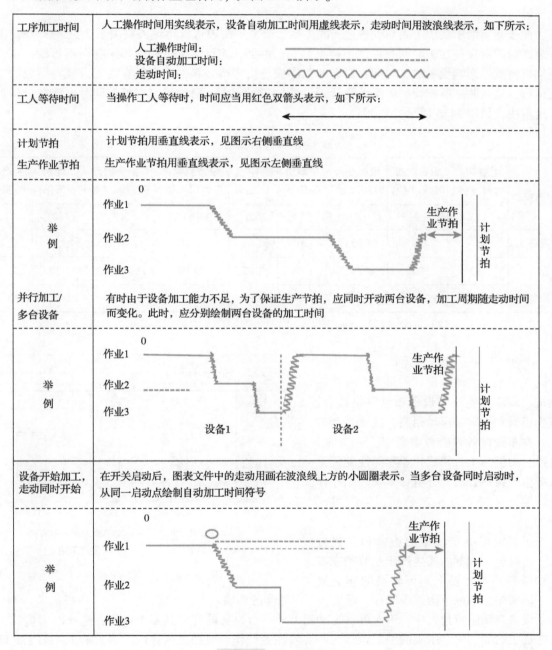

图3-5 作业组合图

分析非周期性生产要素，并记录在作业组合表的适当位置上。

4. 计算工人数量

按生产节拍分配操作时间（包括走动时间和非周期性生产时间），以此计算保证正常生产运行所需工人近似数量。工人近似数量（向上取整成最接近的整数）用来作为分配工作任务的依据。这一数字可能会受质量负荷因子和运行效率的影响而略有增加。

5. 编制设备平衡表

此步骤有助于认识工人与设备之间的关系，设备平衡表可以协调人机关系，见表3-8。工人装卸时间对设备加工时间有可能不产生影响，例如，连续加工过程中如果物料不短缺，工人装卸材料就不影响设备加工时间；而有些工序设备需等待装料，并且只有在工人装料完成后才能运行，这时装卸所需要的时间就要计入设备加工时间中，两种情况有可能同时出现在设备加工过程中，如图3-6所示。

表3-8 设备平衡表

设备	装卸时间（秒）	设备加工时间（秒）	设备生产时间（秒）	质量负荷因子	停顿损失效率	设备实际占用时间（秒）	损失的无效时间（秒）	计划节拍	生产节拍
	(1)	(2)	(3)	(4)	(5)	(6)	(7)	(8)	(9)
设备1	5	25	30	1.05	0.08	34.02	4.02	32	30
设备2	8	20	28	1.04	0.03	29.99	1.99	32	30
设备3	3	27	30	1.02	0.01	30.91	0.91	32	30

注：(3) = (1) + (2)，(6) = (3) × (4) × [1 + (5)]，(7) = (6) - (9)。

6. 向工人布置工作任务

在生产工艺流程设计的早期，要把连续流、同步化生产与设备布置有机结合，减少工人和物料的移动距离，优化生产工艺。在布置设备时应考虑实施"一个流"生产、柔性加工、集成作业和弹性配置工人等生产组织方法，分析每个生产工序作业内容，使得走动距离最短，生产柔性最大。

工艺流程决定设备的组合和摆放方式，使每个工人都能按生产作业节拍完成工作任务。同时要识别可转换的作业要素，以便向上游或下游工序转移，保证各工序之间的均衡。

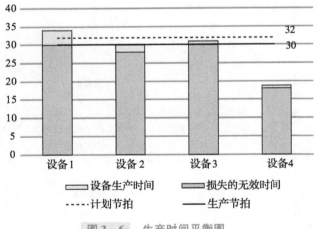

图3-6 生产时间平衡图

设备自动运行过程中，工人可以走动到另外一台设备前完成其手工操作，走动时间应计入工序加工时间。每个工人的手工操作活动必须在生产作业节拍之内完成，工人的工序加工时间是其操作时间与走动时间之和。

$$工人加工时间 = \sum 工人手工操作时间 + \sum 工人走动时间$$

连续流生产目标是确保生产与用户要求相一致。为了保证生产不过量，就要求每个工序都按生产作业节拍生产。如果不能使所有工人按生产作业节拍生产，那么就要尽可能使大部分工人与生产作业节拍相一致，而最后一道工序适当空闲，如图3-7所示。这样，工作负荷不满的工人就可以承担其他的工作，并尽可能安排其临近的工作。

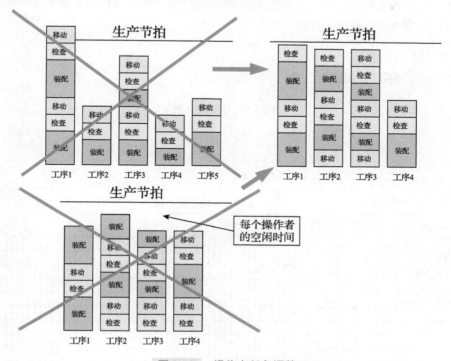

图3-7 操作者任务调整

改进方案可对转换的作业要素进行组合，以使工作负荷不满的工人能更充分地发挥作用。持续不断的改进活动应当均衡工人的作业量，或者在生产线中能够有效地安排每一个操作者。随着改造不断推进，向工人分配的作业任务也必须做相应的调整。

如果由于走动时间或特定作业要素组合等原因，生产线不能让所有工人与生产作业节拍保持一致，这时就需要额外增加操作工人并对加工过程进行重新平衡。增加操作工人之前应当对其他改进方案进行研究，如考虑从工作项目中消除非增值要素，或者将非周期性的作业转移给生产工序之外的人去做。

对重复性操作的岗位可以做工业工程分析，以合理限定个人操作时间。有些人机问题可以通过设备改进措施（如调整工作台高度、安装零件自动装卸装置，或者使用其他辅助装置等）来减少作业时间。需注意的是：

（1）如果最后一道工序操作者的作业量太少，就需要重点注意消除系统中的非增值操作，减少工人数量。如果不能减少，就要明确最后一道工序工人的额外作业。当工人提前完成任务还有很多空闲时间时，现场工作气氛就会受影响，操作工人可能会到另一条生产线去放松或者做其他随机性事情。

（2）任何特定作业的时间都可能随人的变化而变化，作业规程的标准化有助于减少这种变化。但是，人工操作时仍然会有所变化，当按照生产作业节拍评价工作内容时就必须考虑这种变化。要专门检查工人的操作时间，使其尽量接近生产作业节拍，重点要对最复杂的装配作业操作步骤进行检查。

（3）由于物理分割或节拍时间太短而不能通过组合来满足生产周期要求的作业，可采用缓冲库存改进策略进行调整，即允许工人按节拍的 N 倍生产而中间设置缓冲超市。这种方法对于设备加工数量大且节拍短的工序最为有效。

如果多个生产单元的最后一道工序的工人都只承担部分负荷的操作，将若干单元中的最后一道工序进行组合也是一种可行办法。

7. 编制作业组合表

作业组合表的编制样例见表3－9。

表3－9　作业组合表

公布日期：<u>11/29/20××</u>
修改日期：<u>　　　　</u>

工厂及部门：<u>　　　　　　　　</u>　　　　产品：<u>　　　　　　</u>　　　　典型零件号：<u>　　　　　　</u>

操作描述：<u>　　　　　　　　　　　　　　　　　</u>　　　　用户需求：　2979件/天　　　| —— 人工操作
用户：<u>　　　　　　　　　</u>　　　　　　　　　　　　　生产节拍：　24.4秒　　　| ▪▪▪ 设备加工时间
　　　　　　　　　　　　　　　　　　　　　　　　　　　作业组合表　　　| ∿ 走动

序号	周期性操作工步	工步时间（秒）			1　5　10　15　20　节拍25　30　35　40　45　50　55　60　65
		人工	设备	走动	
1	装焊件(工序10)并进行焊接	4	20		
2	拿取成品零件	4			
3	走动到泄漏检验处　Ⓐ			4	Ⓒ Ⓑ
4	装测试件(工序20)并测试	6		15	
5	走回到焊接处(工序10)			4	

非周期性操作内容					操作流程图	操作说明
描述		时间	件数	等级		
Ⓓ					仪表板　仪表板　零件 工序20 泄漏测试　工序10 焊接　Ⓔ ④ ← ③ ② ① ⑤ →	

表3－9说明：

（1）A部分：将工人重复性操作过程填写到表中，使与操作有关的人工、设备时间以及走动时间文本化。

（2）B部分：用垂直线表示生产节拍，表示在此时间内必须完成所有操作。

（3）C部分：在作业组合表的绘图区绘制人工操作、设备加工和走动时间。

（4）D部分：将人工占用和设备加工的非周期性作业时间填写在表格中，标明完成每项工作所需时间及频率。

（5）E部分：完成作业流程图，用平面图标明设备位置、物料移动和工人行走路线。

8. 编制作业平衡表

用图表描述工人工作任务与生产周期和节拍之间的关系，如表3-10、图3-8所示。编制作业平衡表应注意以下问题：

表3-10 生产工人作业平衡表

工人	人工操作时间（秒）	走动时间（秒）	非周期性作业时间（秒）	工人生产时间（秒）	质量负荷因子	停顿损失效率	工人实际生产时间（秒）	损失的无效时间（秒）	计划节拍	生产节拍
	(1)	(2)	(3)	(4)	(5)	(6)	(7)	(8)	(9)	(10)
工人1	12	2.5	2	16.5	1.05	0.08	18.71	2.21	19.5	18.5
工人2	14	3.5	0	17.5	1.04	0.02	18.56	1.06	19.5	18.5
工人3	10	4.5	0.5	15	1.02	0.01	15.45	0.45	19.5	18.5
工人4	13	3	0	16	1.01	0.03	16.64	0.64	19.5	18.5

注：(4) = (1) + (2) + (3)，(7) = (4) × (5) × [1 + (6)]，(8) = (7) - (4)。

（1）用图表描述获取的相关数据。

（2）填写每个工人的手工操作时间。

（3）填写每个工人的走动时间。

（4）填写工人的非周期性作业时间。

（5）可能的情况下，填写质量负荷因子和停顿损失效率。

（6）根据表中数据绘制直方图。

（7）标注计划节拍和生产节拍。

（8）根据图表思考以下问题：①工人任务量充足吗？②是否有工人不能按节拍生产？如果有，为什么？如果是质量负荷和停顿的原因，是否能克服？

（9）如果有必要，应对工作进行重新平衡，编制新的标准作业规程。

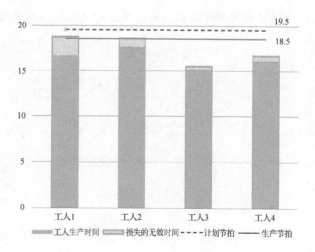

图3-8 工人作业平衡图

9. 瓶颈工序

（1）瓶颈工序的含义：

瓶颈工序指流水线上生产能力低的工序，对整条生产线的节拍形成制约。瓶颈工序管理的关键是在工序间提前准备一定数量的在制品，保证生产线物料流动顺畅，不出现停滞等待。

（2）瓶颈工序的实施步骤：

①计算标准在制品量。标准在制品量（SWIP）指开始或结束生产时，工序中的零件数量。

标准在制品量是保证各工序生产正常进行的最小数量，在制品量是生产现场的主要控制指标，合理的在制品量有助于保证生产的连续性。

连续多台设备加工的产品，每台设备需要一件在制品。如图 3-9 所示，4 台设备需要人工装夹具和自动卸载，在制品量为 4（每台设备 1 件）。

完全手工操作的工序间不需要在制品，如图 3-10 所示。如装配工序，操作者在工序 1 完成手工操作，然后带工件到工序 2 完成操作，直到完成工序 4 的加工。这时在制品量为零。

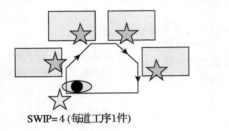

SWIP=4（每道工序1件）

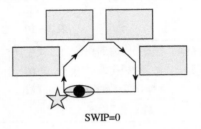

SWIP=0

图 3-9　多台设备的在制品量　　　**图 3-10**　手工操作的在制品量

②解决生产线工序能力不平衡的办法是增加缓冲库存和延长生产时间。如果瓶颈工序加工时间大于生产节拍就不能按期交货，造成交期延误，这就需要中间不休息或加班，在瓶颈工序增加缓冲量，当然瓶颈工序也是精益改进的重点对象。

如生产节拍是 26 秒，而瓶颈工序节拍为 28 秒，这时就需要安排加班以增加额外产量。

$$流水线产量 = \frac{8\ 小时 \times 3\ 600\ 秒/小时}{26\ 秒/个} = 1\ 108\ 个/天$$

计算在制品缓冲数量时，用缓冲区在制品耗尽的时间除以生产节拍得到在制品量。

$$缓冲区在制品量 = \frac{(瓶颈工序节拍 - 流水线节拍) \times (流水线产量)}{生产节拍}$$

$$= \frac{(28\ 秒 - 26\ 秒) \times 1\ 108\ 个}{26\ 秒/个} = 85\ 个$$

$$加班时间 = \frac{85\ 个 \times 28\ 秒}{60\ 秒/分钟} = 40\ 分钟$$

因此，两班之间需要有 40 分钟的加班时间。

五、整体实施

在完成生产线设计后，就要完整、规范地实施改造方案，推动生产效率提高。实施步骤如下：

（1）改造方案得到上级批准。

（2）重新布置设备。①用比例尺标出设备的准确位置；②组织车间生产物流；③工作场地改善；④确定缓冲超市或存储位置。

（3）在工作现场发布标准作业规程。

（4）培训工人熟悉新的生产系统。

（5）更新质量文件。

（6）移动调整设备。

（7）改造方案试运行。方案实施初期，应多给工人提供指导和帮助，出现问题时能及时帮助解决。

（8）改造方案正式运行。

（9）持续改善。

生产过程改进是持续不断追求完美的过程，改进应该成为企业文化的一部分，从而不断增强企业竞争力。

03 单元三　单元生产

一、单元生产的含义

单元生产

单元生产（Cell Production）是连续流拉动生产的典型方式，机器设备按 U 形生产单元布局，能有效地减少动作浪费、物流浪费，根据用户需要灵活控制产品品种和数量。企业掌握连续流拉动生产改造技术后，在可能的情况下应该尽量向单元生产转化。

单元生产有两种形式：一是完全意义上的一个流，即单个零件在工序间流动；二是受生产条件限制无法做到一个流时，则将多个零件装在专用容器中，在生产工序之间小批量流动，并且通过持续改进不断减少零件数量，直至实现一个流生产。多数情况下，单元生产表现为第二种形式。

单元生产通过车间布置的一个个生产单元实现，按照生产流程排列机器设备、工序和配备人员，每个生产单元完成全部或部分产品加工，要求工人具备多种操作技能。如在生产单元内完成某个带孔轴体零件的加工，需要经过钻孔、车削、钳工处理等工艺，单个零件（或小批）按照加工工艺经过每道工序，生产工人要掌握多项技能，完成多道工序的操作。

二、单元生产的实施要点

1. 一个流

单元生产的关键在于使产品生产的各道工序做到几乎同步进行，实现单件一个流（或小批）生产。一个流不以大批量为单位进行加工，前道工序加工一结束就立刻转到下一道工序，从而使得工序间在制品的数量接近于零。

2. 按加工顺序 U 形布置设备

单元生产要求按照加工顺序排列机器设备，避免"孤岛现象"出现，尽可能使设备按产品加工流程布置，真正做到只有一个流，实现工序作业同步化。机器设备排列从入口到出口形成一个完整的 U 形或 C 形，加工对象按逆时针方向流动，这样可以大量减少由不同工序之间的传递造成的不必要走动和多余动作，减少时间和搬运浪费，提高生产效率。

3. 按节拍生产

对各工序生产负荷、生产计划安排实行多频次、小批量的均衡化，时间上实行生产节拍的同步化。一个流生产要求各道工序严格按照规定的节拍生产进行。工序生产节拍不一致，将会出现产品积压和停滞，无法形成一个流。

4. 培养多能工

为了实现工序同步化、少人化生产，需要一个人同时操作两台或多台设备，作业人员走动作业，掌握多种技能，能完成多道工序作业。企业要通过岗位轮换和业务培训培养多能工。

5. 作业标准化

作业的标准化要求每一个岗位、每一道工序都有标准作业规程，员工遵照执行，以保持生产的连续性，并不断改善工作效率。

6. 快速换产

为应对多批、小量、多品种订单要求，要实行快速换产作业。生产切换时间是在同一设备上生产多个品种的障碍，大批量生产是把生产切换时间的成本分摊到每个产品上，由此带来库存增加、生产周期延长等问题。多品种、小批量生产条件下的快速换产成为实施精益生产的关键。理想状态是在很短的时间内完成换产，不延长生产作业周期。

7. 自働化

自働化（日语：JIDOKA）指支持单元生产工艺的半自动化设备，它们在完成一个生产节拍后会自动停止，出现问题时能自动报警。当工人不必一直监控设备防止出现问题、控制产出时，他们就有更多的时间去完成其他作业。

这里的"自働化"与通常意义上的"自动化"有所区别，表示工人操作过程中尽量借助仪器或设备识别产品质量或生产故障问题，意味着给予设备更多的"智力"，减少人为的主观判断。

8. 设备小型通用化

由于大型设备的生产能力很强，很容易让后续工序无法及时跟上，从而导致大量的中间产品积压。此外，大型设备还会造成投资和占地面积的增加。因此，精益生产不主张采用自动化程度高、生产批量大的设备，而主张采用小型、通用的设备。在不影响生产的前提下，越便宜的设备越好，这样不但投资少，而且灵活性高。

9. 职能一体化

现场人员参与计划、设计和管理决策，在组织上实行职能一体化。实行集体计件工资制，废除金字塔式的官僚组织结构，采取扁平化管理，降低信息传递的损耗。

10. 精益生产物流

单元生产能有效减少生产过程中的运输和延迟，减少库存和仓库面积，使物料盘点更加方便、准确，从而提高物流精益化管理水平。

三、单元生产的实施步骤

（一）调查当前状况

调查当前状况能帮助实施团队选择改善目标，为评价改善建立基准。

1. 收集产品和生产信息

分析产品品种和数量最好用 P/Q（产品/数量）分析图，观察品种和数量的分布状况，如图3-10所示。

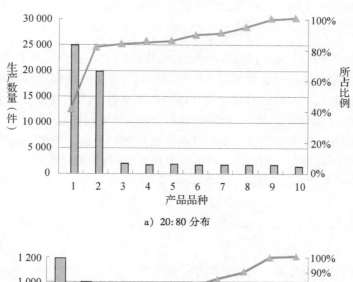

a) 20∶80 分布

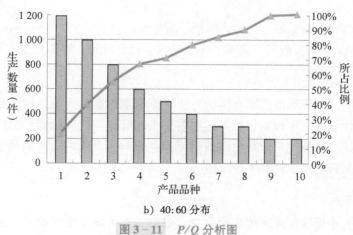

b) 40∶60 分布

图 3-11　P/Q 分析图

图3-11a、b展示了 P/Q 呈 20∶80 和 40∶60 分布的两种不同的生产类型。单元生产改造目标是尽量减少在制品和产成品库存、缩短生产周期，但侧重点上又略有不同：少品种大批量生产主要关注经济效益的直接体现，而多品种小批量生产更多关注快速换产等生产实施问题。因此，两种生产类型后期在设备选型和布局上会有所不同。

除了了解产品组合，精益生产实施团队还要收集有关生产的基础信息，如：每天生产班次、每班工作时间、有效工作时间、每月工作日、每月产品需求数量、产品批量和周转次数、加工对象在工序间的传递方法等。

2. 生产流程分析

分析产品工艺流程，找出使用相同工艺的产品，使这些产品能在同一个生产单元生产。这一步对于多品种小批量生产尤为重要。

3. 绘制生产流程图

生产流程图通常在标准工作表中绘制，标注出工人、在制品缓冲超市、质量检验位置以及安全警示标识。同时记录加工路径的距离、在制品和工人数量。在绘制生产流程图时邀请现场工人参与讨论，掌握每一个细节，以对生产流程做全面了解。

4. 测算作业时间

绘制完成生产流程图后，就要观测生产中的时间因素，这一步必须在生产现场完成。

测量人员首先要测算每台设备加工零件的周期时间，并将完成作业所需的动作或事件记录在标准工作表中。设备加工零件的过程中还伴随着取放零件、调试设备、定位等动作，应该分别记录。一般是在测量多个观测值后，取平均值作为设备作业时间。

在完成每一个动作时间测量以后，分析各项活动的时间，比较增值时间在整个生产周期中的构成，会发现增值时间所占比例极低。有的企业只有5%的有效增值时间，如图3-12所示。

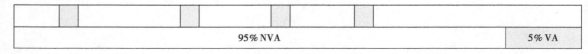

图3-12　生产作业时间构成

增值时间（VA）：如贴标签、焊锡、印章、组装等。

非增值时间（NVA）：如收料、入库、多余动作、设定时间、等待、包装等。

5. 计算产能和节拍

测算完作业时间后，即可按前面介绍的方法计算每项作业每天能生产多少件产品，用一张作业流程表把每项作业的手工作业、设备运行时间及相邻作业之间的走动时间标示出来。同时分析哪些动作是必要的，哪些可以剔除或改进，找到影响生产周期的瓶颈环节，作为改善工作流程的依据，并根据订单要求计算生产节拍。

6. 编制标准作业流程表

在上述基础上，用标准作业流程表指示生产过程，作为单元生产改进的依据。以上详细过程可参照上一节介绍的内容实施。

（二）组织实施

1. 生产现场管理要素

掌握当前生产状况后，下一阶段就是实现单元生产。实施过程的关键就是做到人（Man）、机（Machine）、料（Material）、法（Method）、环境（Environment），简称"4M1E"的有机结合。

（1）人：为单元生产配备最合理的人数，实现多能工、少人化生产，为工人提供必要的专业训练。

（2）机：提高机器设备及工作站使用的灵活性。对不同产品的适用性，采用必要的自働化设备。同时做好机器设备的维护保养、水电气供给、设备布置和移动等事宜。

（3）料：对原材料、在制品、成品、周转箱、回收物和废弃物等各种物料实施有效管理，控制物料周转周期，不造成生产现场的拥堵和库存浪费，持续改善，向零库存挑战。

（4）法：采用多种生产管理技术和方法，体现在生产组织和标准作业流程上，保证生产过程的流畅性，不断缩短生产周期。

（5）环境：重视工人的安全健康，按照工业心理学要求设计生产现场地面、墙壁、设备、标识的颜色，根据人体生理和机器设备保障要求控制温度、湿度和照明度，通过各种展示方式向工人发布信息。

2. 实施步骤

（1）对机器设备重新布置。在对现有生产状况进行全面调查的基础上，按单元生产要求对机器设备重新布置：

①按产品工艺流程布置机器设备。

②尽量减小相邻作业之间的距离。

③ U 形布置设备，零件入口和出口靠近，缩短走动时间。

④零件按逆时针方向移动，方便工人取放零件和操作，减少不必要的动作浪费。

⑤保持最小的在制品缓冲空间，设计合理的物流线路。

（2）编制新的生产作业流程和标准作业规程。按照新的设备布局和单元生产作业要求，编制生产作业流程和标准作业规程，并对工人做培训指导。

（3）初步实施。在新的生产环境下作业，通过对各项评价指标的检测，检验单元生产改造的有效性，发现问题及时调整。

（三）持续改善

完成单元生产改造并不是终点，而是生产流程改造的起点。即使单元生产改造取得显著成效，仍会有改善的余地，生产现场改善无止境。通常从以下四个方面进行改善：

1. 缩短生产周期

缩短生产周期的关键在于发现瓶颈作业。当某项作业出现在制品堆积，即说明该项作业就是瓶颈作业。一般采取取消（Eliminate）、合并（Combine）、重排（Rearrange）和简化（Simplify）的方法加以改进，见表 3-11。

表 3-11　改进生产作业的四种方法

符号	名称	内容
E	取消	取消任何无价值的作业，如寻找工具、往返搬运等
C	合并	设法合并无法取消而又必需的作业，达到省时、简化的目的
R	重排	重新排列作业顺序
S	简化	采用简单的设备和方法，以节省人力、时间及费用

也可以通过适当增减设备数量，保持生产节拍的一致性。

2. 缩短生产切换时间

生产切换时间是指在同一台设备上切换生产不同品种产品所需要的时间，可采用快速换产法缩短生产切换时间。

3. 消除不合格品

不合格品会损坏企业声誉，浪费宝贵资源。单元生产对质量控制以预防为主，通过加强生产过程的管理，减少不合格品的产生。安顿系统是防止不合格品出现的有效措施，一旦某个生产环节出现问题，生产线全部停止，用灯光、声音等报警，直到问题解决后才恢复生产。

4. 减少机器设备故障

由于没有大量在制品缓冲，单元生产不允许长时间停工维修机器设备，因此对机器设备使用的可靠性要求较高，一线生产工人在其中也发挥着重要作用。

四、单元生产的组织

1. 单元生产的类型

单元生产有屋台式、逐兔式、分割式三种生产类型，实施单元生产时可根据企业特点选择。

（1）屋台式。如图 3 - 13 所示，一个作业员拥有一条完整的生产线，一人完成全部作业。生产线按 U 形布置，可以缩短工人从最后一个作业到第一个作业的距离。屋台式单元生产均衡性最好，但对员工技能要求较高，设备投资费用大。

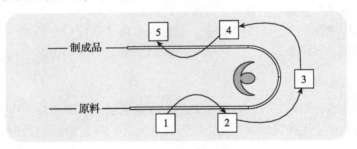

图 3 - 13　屋台式

（2）逐兔式。如图 3 - 14 所示，仍是由一人完成全部作业，但是多人共享一条生产线，作业并不进行工序分割，而是你追我赶地进行作业。相比屋台式，逐兔式设备投资少，但生产线不够均衡，作业快的人受制于作业慢的人，对员工技能要求高。

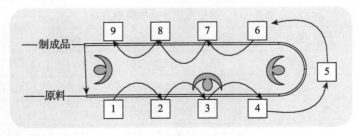

图 3 - 14　逐兔式

（3）分割式。如图3-15所示，分割式类似逐兔式，不同的是，分割式中每个人完成部分作业，一个完整的工艺流程由几个工人共同完成。分割式设备投资少，对工人技能要求不高，但生产线不够均衡。

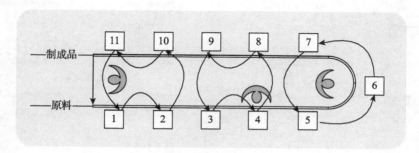

图 3-15 分割式

2. 调整生产能力

通常一个生产单元生产一种产品，通过快速换产技术，一个生产单元也可以生产具有相似生产工艺的不同产品，但要控制好生产批量和物料供应。逐兔式和分割式可通过增减工人数量控制生产节拍和产量，如图3-16所示；采用快速换产技术调整产品品种。屋台式可增减开工生产单元数量控制产量，如图3-17所示；安排不同的单元生产不同产品以应对品种变化，如图3-18所示。

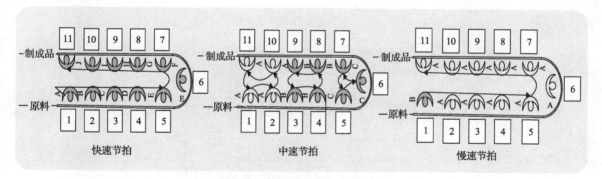

图 3-16 逐兔式和分割式产量调整

3. 单元生产物流设计

设计生产物流的基本要求是不能出现物流停滞。要考虑生产现场缓冲库存的存放位置、堆积方法、搬运路径等因素，保证物流的先进先出、快速流动、相关作业尽量靠近、动作最省。为此要做到：

（1）一个流：生产过程实现一个流，避免出现在制品堆积，保证产品质量。

（2）用周转箱传递物料：原材料、零配件等尽量使用周转箱传递，根据传递数量设计周转箱尺寸，方便物料的流动。

（3）内部配送：车间内部物料配送路径通畅不受阻碍，没有迂回和交叉，有明显的路径标识。

（4）辅助作业人员完成物料配送：辅助人员定期、定量完成物料配送，尽量减少作业人员的非增值时间，零配件放置符合动作经济原则。

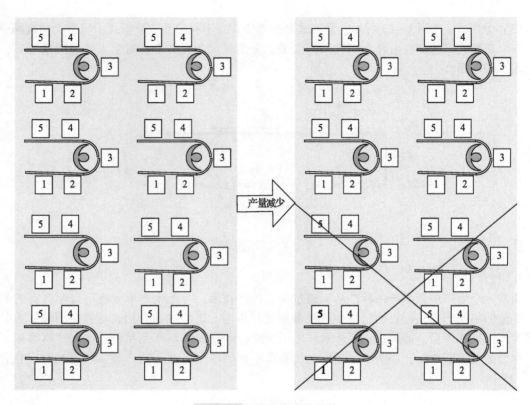

图 3 - 17　屋台式产量调整

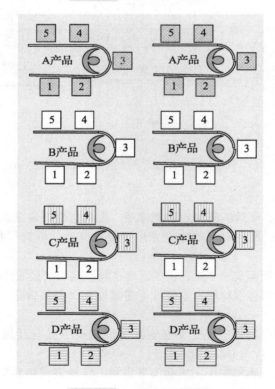

图 3 - 18　屋台式品种调整

4. 设备要求

（1）适用性：选择通用性好的机器设备，可以根据生产要求逐步附加一些必要的功能。尽量购买小型设备，使其恰如其分地完成生产要求，不造成产能过剩。

（2）流动性：设备应有滚轮或方便搬运，设备管线整齐并有柔性，有水电气快速接头、插座。零配件在加工时出入口保持一致，有自动弹出装置。

设备布置要保证前道作业出口是后道作业的进口，尽量缩短彼此距离，作业面高度、深度适宜，方便工人站立作业，以减少不必要的动作浪费。

（3）灵活性：设备有较好的灵活性，改变某些部位就能转变用途。产品一有变化，仅需改变部分结构或组件就能生产该产品，实现快速换产。设备尽量标准化，不需要花时间调整或调试。

5. 实施"5S 管理"

建立良好的工作环境是单元生产必不可少的内容，实施"5S 管理"和"目视管理"是改善现场环境的有效办法，保证安全健康高效生产。

6. 多能工作业与团队合作

单元生产要求工人能操作多种设备，完成产品流程的各项作业。同样，能否成功实施取决于团队合作，单元生产中现场操作人员和辅助人员要相互协作、密切配合，保持所有作业过程的顺畅。同时还要发挥团队合作精神，发挥集体智慧，持续不断地改善作业活动。

| 模块小结 |

连续流生产是指在价值流分析的基础上，运用精益生产管理技术和方法，充分利用企业现有资源，有效消除浪费，按用户需求完成从原材料到产成品的转化过程。多能工小组作业、工作场地改善、精益生产物流、精益质量管理和综合提高运行效率是连续流生产的保证。连续流生产改造从价值流管理开始，根据用户要求或产品产量大小选择改进对象，按照生产节拍组织生产，连续流生产是拉动式生产。

连续流生产组织实施通过生产作业分析，绘制生产作业流程图表，科学合理地编制标准作业规程，指导现场工人操作。在生产实施过程中，要注意区分计划节拍、生产节拍和装箱节拍之间的关系，均衡各道工序之间的生产能力和工人数量，通过增加在制品量或加班管理瓶颈工序，提高生产线的柔性生产能力。

单元生产是连续流生产的典型表现形式，主要特点是"一个流""柔性生产""多能工"，能很好地实现产品数量和品种的柔性，是精益生产采用的主要生产组织方式。

| 练习与思考 |

一、单选题

1. 实施精益生产更应当重视下面哪个观点？_____
   A. 应变能力　　　　　B. 节奏性　　　　　C. 效率　　　　　D. 同步性
2. 控制流水线生产速度的基本指标是_____。
   A. 生产周期　　　　　B. 节拍　　　　　C. 批量　　　　　D. 生产间隔期

3. 库存积压不能掩盖什么问题？_____

    A. 资金占用多　　　　　B. 生产周期长　　　　C. 设备不正常运转　D. 产品更新慢

4. 计划节拍、生产节拍和生产线的固有节拍，三者之间的关系是_____。

    A. 生产节拍≥计划节拍＞固有节拍　　　　B. 生产节拍≥固有节拍＞计划节拍

    C. 计划节拍＞生产节拍≥固有节拍　　　　D. 生产节拍＞固有节拍≥计划节拍

5. 连续流生产要求各道工序生产作业节拍保持一致，是为了保证生产的_____。

    A. 连续性　　　　　　　B. 均衡性　　　　　　　C. 快捷性　　　　　　D. 适应性

6. 精益生产要求工人操作按照_____加工零件。

    A. 生产作业流程表　　　B. 生产节拍　　　　　　C. 标准作业规程　　　D. 作业组合表

7. 以下哪种措施对减少在制品量没有显著作用？_____

    A. 工序同期化　　　　　B. 一个流生产　　　　　C. 缓冲超市　　　　　D. 设备自动化

8. 企业每年法定工作时间可以达到_____。

    A. 2 000 小时　　　　　B. 4 000 小时　　　　　C. 6 000 小时　　　　D. 8 000 小时

9. 精益生产通过_____实现柔性生产，使产品生产速度与用户需求保持一致。

    A. 调整生产单元　　　　B. 减少或增加设备　　　C. 加班或停机　　　　D. 改进生产工艺

10. 单元生产 U 形布置设备的根本目的是_____。

    A. 减少厂房占用面积　B. 缩短生产路径　　　　C. 减少工人数量　　　D. 减少走动浪费

二、简答题

1. 什么是连续流生产？支撑连续流生产的要素是什么？

2. 连续流生产为什么要与价值流管理结合？

3. 计划节拍与生产节拍有什么区别？计算生产节拍应考虑哪些因素？

4. 实施连续流生产的步骤是什么？应注意哪些问题？

5. 单元生产设备布置有什么特点？有哪些类型？

6. 单元生产如何实现产量和品种转换？请画图说明。

7. 单元生产物流设计要注意哪些问题？

8. 什么是"4M1E"？改进生产作业的方法有哪些？

三、计算题

    1. 在推动式生产管理方式下有一个著名的利特尔法则，即：产品生产周期＝存货数量×生产节拍，利用此公式计算产品生产周期。存货数量是指生产系统中的原材料、在制品量。

    （1）如图 3-19 所示，已知客户订单为 20 个产品，生产流程中的周转库存为 1 200 个在制品，生产工序主要有 A、B 两个，且生产节拍均为 10 秒/个。试计算在不调整生产顺序的情况下，生产 20 个产品的生产周期。

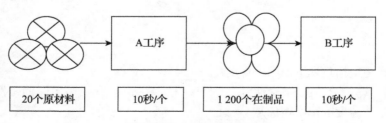

图 3-19　生产流程图 I

（2）如果 B 工序生产节拍调整为 20 秒，试计算 20 个产品的生产周期。

（3）如图 3-20 所示，如果 A、B、C、D 四道工序生产节拍均为 10 秒，每道工序上的在制品量分别为 500 个、600 个、300 个、100 个，试计算生产 20 个产品的生产周期。

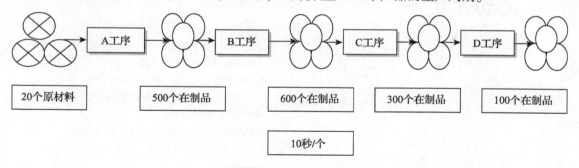

图 3-20　生产流程图 II

2. 产品经过 A、B、C 三道工序，废品和返修品系数如图 3-21 所示，每台设备的运行效率为 92%，产品计划节拍为 30 秒/个，设每道工序的固有节拍相同，试计算三道工序的生产节拍，并说明应按照哪道工序的节拍组织生产。

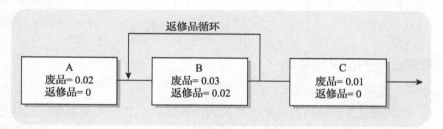

图 3-21　产品质量情况

模块四
拉动式生产

学习目标

- 理解拉动式生产的含义、特点及其与推动式生产的区别
- 了解拉动式生产的支持要素
- 熟悉看板管理的含义、原则及运行机制
- 掌握看板的功能、种类和使用方法
- 能够组织实施看板管理
- 理解均衡生产及其对拉动式生产的作用
- 掌握均衡生产的组织方法

单元一 拉动式生产概述

一、拉动式生产的含义与特点

1. 拉动式生产的含义

拉动式
生产概述

拉动式生产指通过补充已消耗的生产原料，达到控制物料流动的生产组织方式。其目的是在需要的时间，按需要的品种、需要的数量，生产需要的产品。拉动式生产与连续流生产构成精益生产的核心，合称为连续流拉动生产。

2. 拉动式生产的特点

（1）适合多品种、小批量生产，能满足用户的不同需求。

（2）生产与需求一致，物料流和信息流一致。

（3）消除生产、储存、质量控制过程中的浪费。

（4）降低制造成本和经营成本，为用户创造附加价值。

（5）找出改进机会，追求完美，持续改善。

二、推动式生产与拉动式生产的比较

生产组织管理有两种指导理论，即计划推动和需求拉动生产，两种方式适应于不同的生产组织要求。传统的生产方式采用"推动式生产"，而精益生产采用"拉动式生产"。在多品种、小批量的市场需求环境下，只有拉动式生产才能真正做到准时化生产。

1. 推动式生产

典型的推动式生产如图 4-1 所示，图中 P_k 为第 k 道工序；$O_1 \sim O_3$ 为生产指令，倒三角表示在制品库存。

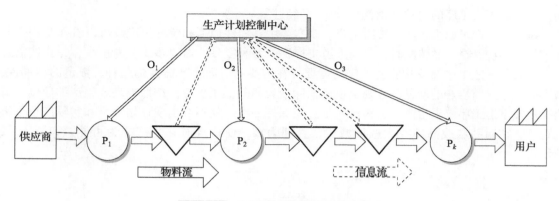

图4-1 典型推动式生产系统示意图

推动式生产由生产计划控制中心在生产开始之前，根据产品结构将零部件展开，计算出每种零部件的需要量和各生产阶段的生产提前期，确定每个零部件的投入产出计划，然后按计划向各工序发出指令。投料以后，各工序按预先制订好的计划完成其承担的加工任务，然后将完工的零件批量运送到下一道工序，在那里排队等待加工。依此类推，从第一道工序开始逐级向下道工序推进，使物料形成稳定的流动。在这种生产方式下，物料是由上一道工序推向下一道工序，故称为"推动式生产"。推动式生产系统，每道工序只按控制中心发出的指令生产，零件批量生产出来后再转移到下道工序，而不管下道工序是否需要，很容易造成工序间只按自己的能力生产而不管"用户"（下道工序）的需要，因而系统中经常存在大量当下并不需要的在制品。

推动式生产适合于市场需求稳定的大批量生产，车间大量在制品或成品造成的资金积压，以及品种切换带来的时间浪费等成本分摊在了每件产品上，当单一或少品种、大批量生产时，分摊到每件产品上的成本并不明显。但在多品种、小批量的市场需求环境下，推动式生产的弊端就显现出来，主要表现在以下两个方面：

（1）物料流和信息流分离。由于生产计划同时下达给各道工序，工人在时间上追求提前完成任务，在数量上追求超额完成任务。生产线上工人各干各的，当后道工序由于某种原因不能正常生产时，其他工序不受影响而继续生产，从而产生中间在制品库存，产生搬运和堆积浪费，延长了生产周期。

（2）库存费用增加。在制品增加带来库存设备和建筑面积增加，更主要的是库存掩盖了生产中的许多问题，如设备故障、质量缺陷、物料短缺以及工序加工等问题，企业没有持续改进的动力。

由于上述问题的存在，推动式生产周期很难确定，生产计划品种、产量和实际经常不符，企业生产浪费严重，交期不能保证，满足不了用户需求。

2. 拉动式生产

当企业生产多种产品，用户的需求范围很大，每种产品又有多个系列，产品构成又有很多公用件或替代件，每个零件的生产周期和库存情况又不相同，这时只有通过 MRP（物料需求计划）计算才能获得较理想的生产计划和采购计划。但是，用户需求变化越来越多样，也越来越快，对同种产品的需求批量也越来越小，而在每次需求发生变化后都重新计算 MRP 是不现实的，所以需求拉动就成了解决这一问题的首选方法。简单地说，指导一个加工点或采购点的驱动因素是其下道工序的需求（消耗），而不是经过复杂计算的结果。

拉动式生产可以真正实现按需生产。现实当中，零件加工和装配生产线可以看作是一个拉动式生产系统。在产品装配时，要到上道工序提取各种零件，需要多少提取多少，完全按需进行，如果每一道工序都按其后道工序的需要，在需要的时间生产需要的品种、数量的零部件，就不会发生提前生产的问题，客观上也就消除或大幅降低了库存。按照拉动式生产的原则，每道工序按下道工序要求生产，物料流和信息流保持一致，就不会出现计划产量和实际产量不符的现象，在制品和成品库存大幅度减少，直到为零，使得准时化生产成为可能，如图 4-2 所示。

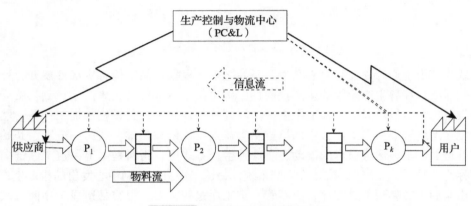

图 4-2 拉动式生产系统示意图

三、拉动式生产的支持要素

1. 看板管理

看板管理是以看板为载体，由前道工序向后道工序发出物料传递和生产指令，看板作为拉动生产系统的信息载体，为保证适时适量生产发挥着主导作用。看板也可以替换为其他目视化方法，如彩色乒乓球、物料周转箱、小型运输车等。

2. 均衡生产

拉动式生产往往用于多品种、小批量产品生产，如不能均衡地组织生产，则容易造成生产线混乱、在制品积压，导致增加产品成本、不能保证用户需求。因此，做好品种数量、设备负荷、人员配置的均衡是有效实施拉动式生产的关键。

3. 快速换产

快速换产是指工序加工品种的快速转换，如更换刀具、夹具或模具，调试设备等。这期间生产工人和设备都处于无效状态，不为产品增加价值。在大批量生产条件下，每批产品的批量大，有规模优势，即使品种切换时间长，也可以把由此造成的损失分摊到每件产品上，而单件小批量生产则不然。由新乡重夫创造的"快速换产法"（Single Minute Exchange of Die，SMED）能把以前几个小时，甚至几天的换产切换时间缩短在几分钟内完成。

4. 自働化

采用能够发现异常或缺陷并且能够使生产线或者机器停下来的自働化装置，一旦发生异常情况，生产线自动停止运行，工作人员必须查明原因并采取措施防止再次发生，因此也有预防质量问题的功能。另外，自働化装置还能做到每完成一个生产加工周期后，能自动停止运行，这是工人同时操作多台设备的必备条件。

5. 精益生产物流

拉动式生产的物料流和信息流需保持一致，物料要做到多频次、小批量运送，建立完善的物流系统是实施拉动式生产的保证。在产品价值链上，直接生产工人加工产品创造价值，因此要尽量减少他们的非作业时间，把搬运物料、清理生产垃圾等任务交给辅助工人完成。

本模块重点介绍看板管理和均衡生产，快速换产、精益生产物流将在后面的模块中分别介绍。

单元二 看板管理理论

一、看板管理的含义

看板管理是指在生产线上工序之间以看板为指令，完成物料流或信息流传递。生产拉动系统从最后一道工序开始，以看板为载体向上一道工序发出物料运送和加工信息。在生产拉动系统中，看板犹如巧妙连接各道工序的神经而发挥着重要作用。

看板管理理论

看板最初是大野耐一从超市的运行机制中得到启示，作为一种生产、运送指令的传递工具而被创造出来的。经过长期的发展和完善，已经成为比较成熟的生产组织管理工具。

二、看板的功能

1. 生产及取料指令

生产及取料指令是看板最基本的功能。生产物流部根据订单及市场预测而制定的生产指令只下达到总装配线，前工序根据看板来进行生产。看板中记载着生产和取料的数量、时间、目的地、放置场所、搬运工具等信息，从装配工序逐次向前追溯，实现"后工序领取"和"适时适量生产"。

2. 防止过量生产和过量运送

看板必须按照既定的规则来使用。其中规则之一是"没有看板不能生产，也不能运送"。根据这一规则，各工序如果没有看板，既不进行生产，也不进行运送；看板数量减少，则生产量也相应减少。由于看板所标示的只是必要的量，因此运用看板能够做到防止过量生产、过量运送。

3. "目视管理"的工具

看板的另一条使用规则是"看板必须附着在实物上，前工序按照看板取下的顺序进行生产"。根据这一规则，作业现场的管理人员对生产的优先顺序能够一目了然，很容易管理。只要通过看板所表示的信息，就可知道后工序的作业进展情况、本工序的生产能力利用情况、库存情况以及人员的配置情况等。

4. 改善的工具

在制品和库存的改善主要通过减少看板的数量来实现，看板数量减少意味着工序间在制品量的减少。如果保持较高的在制品存量，即使设备出现故障、不良产品数目增加，也不会影响后工序的生产。精益生产通过不断减少看板数量来减少在制品量，通过这样的改善活动不仅解决了在制品库存的问题，还使生产线的"体质"得到加强。

三、看板管理的原则

看板管理必须制订严格的制度，否则就会陷入形式主义的泥潭，达不到应有的效果。在采用看板作为管理工具时，应遵循以下五个原则：

（1）后工序只有在必需的时候，才向前工序领取必需数量的零件，彻底改变推动式生产的管理流程和方法。①如果没有看板，领取一概不能进行；②超过看板数量的领取一概不能进行；③看板必须附在实物上。

（2）前工序只生产被后工序领取的零件数量。在下述两条原则下，生产系统自然结合为输送带式系统，生产时间达到同步：①生产数量不能超过看板规定的数量，没有看板不能生产；②当前工序生产多种零件时，必须按各看板的顺序进行生产。

（3）不良品不送往后工序。一旦发现次品必须停止生产，直到找到问题根源。①如果遵守这条原则，就要及时发现本工序的不合格品；②不合格品积压在本工序中，使工序的问题立即明显化，管理人员就不得不制定防止再发生的对策。

（4）看板的使用数目应该尽量减少。看板的数量代表零件的最大库存量，看板数越少代表在制品库存越少。通过有计划地主动减少看板，可及时发现问题并找出原因。①当需要找出某工序生产存在的问题时，减少发出的工序内看板；②当需要找出搬运方面或后工序工作点存在的问题时，减少发出的工序间领料看板数量；③通过不断减少看板数量，使现场改善活动持续进行。

（5）通过调整看板数量，适应生产计划小幅度调整。市场需求变化和出现生产紧急状况，可以通过看板数量的调整来适应这种变化。看板的主要功能之一是作为生产和搬运的指令，因此实施看板管理不需要另外提供工作计划表、出入库计划表等额外信息，操作者只按看板生产。

通过看板进行微调仅在小幅度变化的情况下可以采用，比如产量在10%的范围内变化，只改变看板取送的次数即可，如果产量变化大，则必须重新计算节拍或者增减看板数量。

四、看板管理的形式

（一）看板的种类

看板的本质是在需要的时间，按需要的量对所需零部件发出生产和运送指令的一种信息媒介体，实现这一功能的形式可以是多种多样的。看板总体上分为三大类：取料看板、生产看板和临时看板，如图4-3所示。

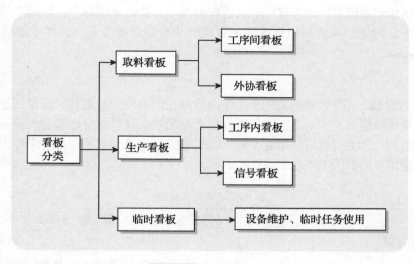

图 4-3 看板的种类

1. 取料看板

（1）工序间看板。工序间看板是指后工序到前工序领取所需的零部件时使用的看板。表 4-1 为典型的工序间看板，前工序为部件 1 号线，本工序为总装 2 号线，需要的零件编号为 A232-6085C，用看板就可以到前工序领取。

工序间看板挂在从前工序领来的零部件的箱子上，当该零部件被使用后，取下看板，放到在作业场地的看板回收箱内。看板回收箱中的工序间看板所表示的意思是"该零件已被使用，请补充"。现场管理人员定时来回收看板，集中起来后再分送到各个相应的前工序，以便其领取需要补充的零部件。

表 4-1 工序间看板

前工序： 部件 1 号线	零件示意图	使用工序：总装 2 号线
	零件编号： A232-6085C（上盖板）	
	零件代号：H1339QNL	
出料口位置号： POSTION. 10. 1	装载容器：3 号箱（蓝色）	入料口位置号： POSTION. 10. 1
	标准容量：12/箱	
	运输工具：人力	
	看板编号：5/15	

（2）外协看板。外协看板是针对外部协作厂家所使用的看板。用于对外订货的外协看板上必须记载进货单位的名称和进货时间、每次进货的数量等信息。外协看板与工序间看板类似，只是"前工序"不是内部工序而是外部供应商。在看板管理中，由最后一道工序往前拉动，直至供应商，由此也推动供应商进行精益生产改造。

外协看板的摘下和回收与工序间看板基本相同。回收以后按各协作厂家分开放置，等厂家派人来送货时由他们带回去，成为该厂下次生产的指示。在这种情况下，该批产品的进货至少会延迟一批以上。因此，需要按照延迟的批数发放相应的看板数量，这样才能顺利实施拉动循环。

2. 生产看板

（1）工序内看板。工序内看板是用于工序内指示生产而使用的看板，通常用于只生产一个型号的零件或很少换模的工作中心。这种看板用于装配线以及即使生产多种产品也不需要实质性的作业更换时间（作业更换时间接近于零）的工序，例如机加工工序等。工序内看板需要与取料看板配合使用，典型的工序内看板见表4-2。

表4-2 工序内看板

零部件示意图		工序	前工序——后工序			
			热处理		机加1#	
		名称	A233-3670B（联接机芯辅助芯）			
管理号	M-3	包装数量	20	发行张数	2/5	

工序内看板的使用方法中最重要的一点是看板必须随实物（即产品）一起移动。后工序来领取零件时摘下挂在物料箱上的工序内看板，然后挂上领取的工序间看板。该工序再按照看板被摘下的顺序以及这些看板所表示的数量进行生产，如果工序内看板数量变为零，则停止生产，这样既不会延误也不会过量生产。

（2）信号看板。信号看板是在较长距离的空间搬运或频繁换模的情况下，不得不进行批量生产的工序使用的看板。由于换模或搬运，前工序需要一定的调整和等待时间，这时使用信号看板可以保证后工序依然能够正常生产。

信号看板通常挂在前工序的成品超市上，采用三角卡片的形式，信号位置用醒目的颜色标识。其内容除一些基本要素外，还包括传递批量、再订购点等。典型的信号看板如图4-4所示。

信号看板挂在成批加工的产品上面。如果该批产品的数量减少到基准数，就摘下看板，送回到生产工序，然后生产工序按照该看板的指示开始生产。没有摘牌则说明数量足够，不需要再生产。

3. 临时看板

临时看板是在进行设备保全、设备修理、临时任务或需要加班生产时所使用的看板。与其他种类的看板不同的是，临时看板主要是为了完成非计划内的生产或设备维护等任务，因而灵活性比较大。

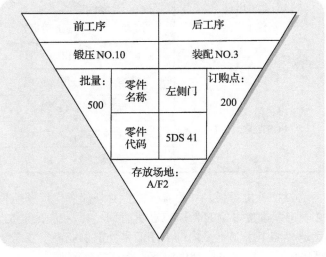

图4-4 信号看板

　　临时看板由高层主管授权，张数受到严格控制，仍可采用取料看板和生产看板的形式，用完立即收回。

（二）代替看板发出生产请求的其他目视化方法

　　看板管理的形式并不局限于记载有各种信息的卡片形式，在实际生产当中，还有很多种代替看板发出生产请求的目视化方法，如彩色乒乓球、物料箱、地面空格标识和信号灯等，见表4-3。

表4-3　其他目视化方法

目视化方法	说明
彩色乒乓球	在彩色乒乓球上标明生产的品种、数量，使用时只需将彩色乒乓球放到前工序，前工序就可知道所需的产品
物料箱	使用空物料箱作为周转箱，每个周转箱中放置一定数量的产品或在制品，使用时将装有在制品的箱子拿走，并补放相应的空箱，后工序就可知道前工序的需求
地面空格标识	在地面绘制空格，将产品放置在格子中间，一旦格子中的产品被取走，则进行生产补足空格
信号灯	由于很多任务工序不在同一个车间之内，这时就可用信号灯来传递信息，当信号灯亮起，前工序迅速将产品送到后工序，并重新生产新的产品

五、看板管理的运行机制

　　如图4-5所示，工序3与工序2属于单件小批量生产类型的看板衔接，工序2与工序1是单件小批量生产与大批量生产类型之间的看板衔接。看板拉动从最后一道工序向前拉动，当工序3需要领料时，带空物料周转箱和取料看板到工序2缓冲超市处，将工序2加工完的零件物料箱上挂的生产看板取下，按序放置到生产看板回收处，把空物料箱放置在指定位置，将领料看板挂在装满零件的物料箱上运回工序3缓冲超市。

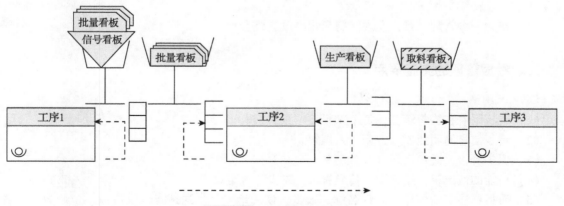

图4-5　看板管理运行机制

同时工序 2 按生产看板摆放顺序，到工序 2 入口处用生产看板替换物料箱上的批量看板，开始按生产看板指示的品种和数量生产。当工序 2 缓冲超市物料用到一定量（工序 2 的小批量生产批次）时，就到工序 1 用批量看板领取物料。当工序 1 物料消耗到三角信号看板处，工序 1 开始批量生产。工序 1 的物料消耗到一定量（一个运输批次）时，用外协看板向供应商发出供货请求。

需要指出的是，看板管理属于准时化生产方式中最独特的部分，因此也有人将准时化生产称为"看板方式"，这种认识并不正确。准时化生产的本质是一种生产管理技术，而看板只是实现准时化生产的工具之一。如果错误地认为准时化生产就是看板方式，不对现有的生产管理方法做任何变动就单纯地引进看板管理，则无法达到预期的效果。

03 单元三 看板管理的组织实施

一、看板管理的实施目标

看板管理的
组织实施

看板拉动分为取料拉动和生产拉动两部分，取料拉动是指用看板拉动物料从前工序（或物料库）向后工序运送；生产拉动是指生产工序按照后工序的看板指令进行生产加工或装配。取料拉动和生产拉动构成了整条生产线的物料流和信息流系统。

取料拉动和生产拉动可以用单看板方式，这时取料看板和生产看板一致，后工序到前工序取料用 N 个生产看板，多用于批量生产；双看板方式的取料看板和生产看板不同，分别发出取料和生产指令，多用于单件小批量生产。这里主要介绍双看板拉动，现实当中，可以根据实际情况灵活应用。

看板管理实施目标为：

（1）在生产线上建立一套完善的物料流动目视管理方法，以平衡各类资源的有效流动。

（2）看板用作连接工序之间物料和信息流动的指示符，支持精益生产价值流改善。

（3）有效的看板管理可以消除生产加工、在制品库存、产品跟踪过程中造成的延时、返修、库存过量或短缺等浪费。

（4）作为一种管理工具，发现问题和找出改进机会。

二、看板管理的实施要点

1. 使用看板

（1）看板附着在物料箱上，每个物料箱一张看板。

（2）看板信息简明扼要，方便工人理解。

（3）保护看板，避免污损（如加塑料套）。

（4）可能的情况下，用斜滑道传递看板，减少工人走动。

（5）看板标注当前信息（零件名称、数量、使用地点、发送地点、供应商、包装数量、看板编号等）。

（6）用色彩区分不同工序所使用的看板。

2. 调节在制品数量

通过计算看板数量计算在制品库存，实现在制品库存优化目标。

3. 标准作业要求

（1）生产线上只供应订单产品所需物料。
（2）多频次、小批量、定期运送物料（以小时为单位）。
（3）传送物料箱时去掉盖子、绷带、包装纸等附加物。
（4）物料员负责回收空物料箱和零件包装衬垫，并在指定位置存放。
（5）物料员定期、多频次回收取料看板（最大周期1小时）。

4. 制订标准作业流程

编制看板管理作业指导书，放在工作场地或存储区，供全体学习查阅。

5. 在制品或产品库存

根据看板数量将在制品库存控制在最小。

6. 过程管理

（1）看板管理运行过程描述。
（2）实时监控及调整看板运行状态。
（3）及时补充和替换丢失或污损的看板。

7. 画出内部配送路线

车间内部运输路线用颜色区分，不同产品和工序间的物料配送按对应的路线行走，避免混乱。

8. 其他

（1）建立车间地址系统。
（2）用电瓶车或定制小推车运送物料，物料用周转箱盛放。
（3）没有看板不运送物料。
（4）根据运送频率和零件特性选择其他形式的信息载体。

三、取料看板拉动

1. 取料看板拉动的类型

按照信息载体划分，有看板拉动、物料箱或小推车置换、电子信号拉动；按照看板组合类型划分，有取料看板与生产看板组合（多品种、单件小批量生产）拉动和取料看板与信号看板组合（批量生产）拉动。

2. 取料看板拉动的实施条件

实施取料看板拉动前，应做好以下准备工作：
（1）已下达产品季度或月度生产计划。

（2）产品生产工艺资料。

（3）标准操作规程。

（4）均衡生产。

（5）零件计划（PFEP）。

（6）车间地址系统。

（7）工序间用物料周转箱传递零件。

（8）精益生产物流。

相关内容见教材模块三、模块五、模块六。

3. 取料拉动的实施步骤

（1）组建看板管理实施团队。包括车间负责人、价值流经理、产品工程师、生产工程师、采购人员、操作工人等。

（2）价值流管理。识别生产过程的增值和非增值要素，提出改进建议。

（3）计算节拍。根据未来状态价值流程图、连续流生产要求计算生产节拍。

（4）计算零件需求量。借助物料需求计划计算产品零部件需求量，由拉动节拍计算各种零件的需求量。

（5）制订零件计划。根据零件计划掌握零件相关信息，如日需求量、标准包装数、生产周期、产品装配需求量等。

（6）设计取料看板拉动循环系统。①设计车间内部物料配送线路；②制订看板拉动运行规则，包括看板投放和回收、看板与零件数量的吻合、领取地点等；③设计看板的格式和内容；④计算拉动循环过程看板数量。

不同工序间需要的看板数量不同，因为看板数量与看板放入周转箱到物料送达的时间成正比，计算公式为

$$N = \frac{\overline{D} \times (T_m + T + T_s)}{C}$$

式中，$\overline{D}$ 为零件平均日需求量；T_m 为生产时间，由加工时间、等待时间、搬运时间、看板回收时间构成（其中：①加工时间是从发出生产指示开始到生产结束的时间间隔，这个间隔相当于在生产线上存放的在制品看板数量；②看板回收时间是把后工序摘下的看板从接收点取出与前工序发出生产指令之间的时间间隔，与后工序领取的看板数量一致）；T 为订货周期，即两次领取的时间间隔（以小时计算），也称为看板周期；T_s 为安全库存时间，相当于零部件在存放点的停留时间。这些库存是为了应对不合格品和设备故障而准备的（为了确定安全库存基准，还要分别预测各种不正常因素发生的概率）；C 为物料周转箱包装数量。

例题 某企业某产品日需求量为 2 100 件，包装箱数量为 50 件，每天实际工作时间为 7 小时，安全库存系数为 0.01，如果 1 小时完成一次生产循环，试计算生产看板数量。

每小时产品需求量 = 2 100/7 = 300（件）

看板数量 $= \dfrac{300 \times (1 + 0.01)}{50} = 6.06$，取整为 7 张看板。

（7）工序间缓冲超市。计算工序间物料缓冲量和占用空间：

①接收点物料备用量能按最快生产速度维持到下一次运送，同时要考虑运送过程中不确定

的安全因素。

②最坏情况下的备用量（最大量）等于取料看板数加标准包装量。当某种原因导致生产停顿时间较长，所有看板都停留在生产线上，容易发生这种情况。当只有一两个取料看板（标准包装数量很大）时，这种情况出现会更频繁。

③物料缓冲装置不必按最大备用存放能力设计。

（8）人员培训。对生产操作员进行看板运行原理、流程及岗位职责培训。

（9）现场改造。根据看板管理需求改造工作场地，包括看板存放盒、目视管理标识、地址系统等。

（10）制订看板管理制度。制订和发布看板管理制度和作业指导，为生产工人、送料员、配料员制订标准作业规程。

（11）物料箱管理。检查物料周转箱包装单位，必要时重新定制。

（12）人员培训。在实施看板管理之前，对所有相关工作人员进行培训，讲解看板管理的运作程序，研讨发生问题（如"没有看板拉动信号时该怎么办"）时应当采取的对策。

（13）系统正式投入运行。

（14）更新零件计划（见模块六"精益生产物流"）。

（15）系统检查和维护。①验证运行数据；②通过增加或减少看板数量，适应生产波动；③与现场工人讨论看板管理遵循原则；④发现运行当中存在的问题；⑤确保负载物料箱中有看板；⑥确保空物料箱中没有看板；⑦检查拉动系统中看板数量；⑧验证看板管理的有效性；⑨检查运送路线；⑩工人是否需要再次培训；⑪当前工作流程是否需要调整；⑫是否还有更好的改进办法。

四、生产看板拉动

1. 生产看板拉动的实施条件

同取料看板拉动。

2. 生产看板拉动的实施步骤

（1）组建看板管理团队。成员包括车间负责人、价值流经理、产品工程师、生产工程师、采购人员、一线工人等。

（2）价值流管理。识别生产过程的增值和非增值要素，提出改进建议。

（3）计算节拍。根据未来状态价值流程图、连续流生产要求计算生产节拍。

（4）计算零部件需求量。根据拉动节拍计算各种零部件的需求量。

（5）制订零件计划。根据零件计划掌握零件相关信息，如日需求量、标准包装数、生产周期、产品装配需求量等。

（6）制订看板作业标准。①生产看板收集；②核对零件种类和数量；③换产调整作业；④看板附着在物料周转箱；⑤物料周装箱放置到货架上。

（7）设计看板样式并填写内容。

（8）计算看板数量。生产看板的数量可以根据产品的平均日需求量、生产周期、生产批量和安全库存计算得到，计算公式为

$$N = \frac{\overline{D} \times L_n \ (1 + \alpha)}{C}$$

式中，N 为生产看板数量，$\overline{D}$ 为零件平均日需求量；L_n 为生产过程时间，由加工时间、等待时间、运输时间和看板回收时间构成；α 为安全系数，是考虑设备故障、来料异常、质量问题而设的安全库存。

例题 某企业某产品日需求量为 2 100 件，包装箱数量为 50 件，每天实际工作时间为 7 小时，安全库存系数为 0.02，如果取料循环时间为 0.5 小时，试计算取料看板数量。

每小时产品需求量 = 2 100/7 = 300（件）

看板数量 = $\dfrac{300 \times (0.5 + 0.02)}{50}$ = 3.12，取整为 4 张取料看板。

看板数量也可以根据目标库存计算得到，计算公式为

$$N = \frac{目标库存}{C}$$

如上例中，如果企业希望把在制品库存控制在 150 以内，则看板数量 = 150/50 = 3。

目标库存可以根据换产调整时间、生产周期、用户需求变化、运输时间、批量或批次以及未来改进目标决定。目标库存设定要与当前库存做比较，以判断目标库存的合理性。目标库存可以检验看板管理的有效性，看板拉动系统在调试运行当中能把生产过程存在的问题暴露出来，促进企业进行改进。

（9）看板放置。指定生产看板摆放位置，尽量靠近物料发送点。

（10）物料周转箱。核对现有物料周转箱包装数量，或者根据生产需要重新设计，物料周转箱要有放看板的位置。

（11）制作生产看板。

（12）建立生产看板拉动运行系统。

（13）定制物料周转箱。

（14）设置缓冲超市。设计缓冲超市位置，物料架可以人工移动。

（15）改善工作场地。实施 5S 管理，适应新的生产要求。

（16）制订看板管理制度。规定系统运行应遵循的原则和管理制度，为生产操作工人制订标准操作规程。

（17）人员培训。实施看板管理前要对所有相关工作人员进行培训，介绍看板管理的运行程序，研讨发生问题时应当采取的对策。

（18）实施拉动系统。在前期准备完成的基础上开始试运营看板拉动系统，持续改进和完善，逐步减少看板数量。

（19）控制库存。检查在制品库存减少情况，是否实现预定的降库存目标。

（20）系统检查和维护。参考取料看板拉动。

五、实施看板管理的注意事项

1. 基本注意事项

（1）看板管理是车间生产拉动系统的一部分，不能简单理解为生产拉动就是看板管理。

（2）工作人员必须遵守看板管理原则，每个人要养成习惯、自觉执行。

（3）大量成批生产不适合看板管理。

（4）员工认同并主动参与是看板管理成功实施的保证。

（5）实施看板管理要能真实有效地降低库存。

（6）尽量发挥现有工作人员的作用，一般不增加人员。

（7）通过减少看板数量，推动生产过程的持续改进。

（8）管理者懂得看板管理，并能有效指导实施。

（9）前期可以设立示范区，用于对工人进行培训。

（10）看板管理与车间物料配送系统结合才能发挥作用。

（11）对看板要不断进行维护。

（12）看板管理改进生产是持续不断的过程。

2. 看板运行常见问题

主要问题是早摘、迟摘、丢失，具体包括：

（1）没有在拿取第一个部件之前摘取看板。

（2）摘掉的看板没有放到看板回收箱中，造成看板丢失。

（3）忘记摘看板，造成看板和空箱一起返回厂家。

（4）看板回收不及时，造成看板晚发出。

（5）大零部件（无看板附着位置）被运送上线时看板跌落，造成看板丢失。

附：看板管理示例

某企业实施双看板管理（如图4-6所示），取料和生产过程经过六个步骤完成。

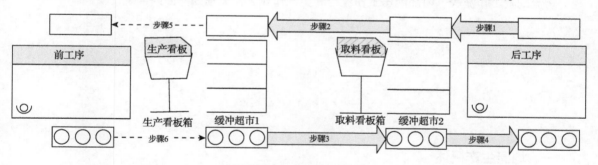

图4-6　双看板运行系统

第一步：后工序摘下的工序间取料看板寄存在取料看板接收箱中，当达到规定数量时，物料配送人员把看板接收箱中的取料看板和空物料箱装到搬运车上，走向前工序的缓冲超市1。

第二步：物料配送人员在缓冲超市1领取零部件，取下附在物料箱内零部件上的生产看板，并将这些看板放入前工序生产看板接收箱，同时配送人员把空物料箱放到前工序指定的区域位置。

第三步：配送人员在取下每一张生产看板时，需换取一张取料看板附到物料箱上。在交换两种看板的时候，要注意仔细核对工序间看板和同种物品的工序内看板是否相符，然后将装载零部件的物料箱运送至缓冲超市2。

第四步　在后工序，工人每开始使用一箱物料时，就必须把附在物料箱上的工序间取料看板摘下并放入取料看板接收箱中。

注： 每箱是在用前还是用完后摘下看板与所需要的看板数量有关。如图4-7所示，每箱中

有 8 个零件，如果在使用每箱部件之前摘下看板，箱中还留着 7 个部件，若搬运工在这几个部件没有用完之前，拿着被摘下的看板到前工序去取部件（同时生产节拍也允许的话），那么一张看板就可以了。若在用完每箱最后一个零件之后再摘下看板，则是空箱摘下看板，为了保持生产的连续性，生产现场必须还有一箱零件用于生产，这样就需要两张看板来维持运转，如图 4-8 所示。

图 4-7 取用第一个零件时摘取看板

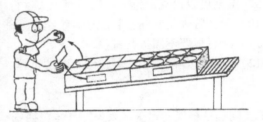
图 4-8 取用最后一个零件时摘取看板

第五步：后工序领取零件之后，摘下生产看板放入看板接收箱，前工序按照放入工序内看板箱的顺序进行生产。

第六步：在前工序零部件加工完成装满一箱后，附上工序内看板，一起放到物料存放地，以便后工序配送人员随时领取。

由于各企业的生产特点不同，看板管理的实现形式也有所区别，在具体的实施过程中，应在领会看板管理要旨的基础上灵活应用。在设计看板管理工作流程时，应考虑看板回收工作流程、物流配货工作流程、内部配送工作流程和生产作业工作流程四方面因素。

单元四 均衡生产的组织实施

一、均衡生产概述

均衡生产的
组织实施

均衡生产是指在完成计划的前提下，产品的实物产量或工作量，在相等的时间内完成的数量基本相等或稳定递增。均衡生产是准时化生产的前提，均衡不仅是指数量，还包括品种、工时、设备负荷的全部均衡。设备、工装始终处于良好状态，材料、毛坯供应准时，工人技术水平和出勤率良好且稳定等都是实现均衡生产的前提和保证。均衡性有利于最充分地利用企业各个环节的生产能力、技术能力、物料供应能力和设备能力。均衡生产的优点是尽量减少能力需求波动，但可能增加库存储运成本。这里重点介绍在实行看板管理的环境下，生产过程如何保持产品品种、数量的均衡。

均衡生产的组织实施要在一定的成品库存条件下，编制均衡稳定的生产计划，保持生产过程均衡有序、连续流动，实现多品种、小批量生产，满足用户不同的需求。

均衡生产是精益生产看板管理的基础，生产不均衡是造成浪费和设备负荷过重的主要原因。在生产中有时出现工作量超出人员或机器设备负荷的情况，即负荷过重；有时出现工作量不足的情况，即浪费。不均衡的问题来自不合理的生产排程，或是因为内部问题而导致的产量波动。因此，去除不均衡是杜绝浪费和消除负荷过重问题的保证。图4-9中C和J工序生产能力最小，容易造成设备超负荷运转；D和I工序生产能力最大，容易造成库存积压和工作负荷的不均衡。不均衡生产与均衡生产的比较如图4-10所示。

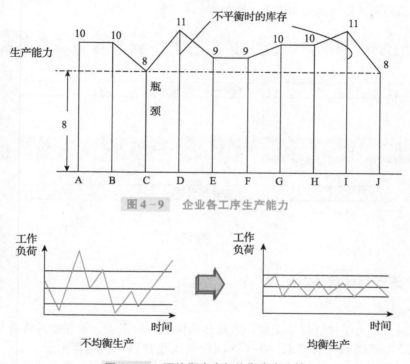

图4-9　企业各工序生产能力

图4-10　不均衡生产与均衡生产比较

用户需求的变化会造成"牛鞭效应"，即下游用户少量需求变动将通过整个价值流，对每个生产作业步骤造成影响且影响程度依次扩大。这种扩大的效应需要更多的资源，方能应对显著的变化。这种效应也使得实行标准作业、控制质量、人员安排等都变得更加困难，所以必须实现均衡生产。

生产不均衡不仅导致工厂在不同时期产生浪费，还会导致工序之间不均衡而产生浪费。前工序为了准备后工序在高峰期的领取量，需要将设备、人员、库存等按高峰期配置，最终装配工序的总量波动也会使零部件供货厂家的人员、设备和库存按高峰期配置，因此造成不同工序间的浪费。

均衡生产在生产组织中主要表现为数量均衡和品种均衡。

1. 数量均衡

数量均衡是指将计划期间的总订单量平均化，即将连续两个单位期间的总生产量的波动控制在最低程度。对于批量生产的某种产品，要按照预测需求确定以月为单位的生产总数，按这个月的劳动天数进行平均，即可得出每天的生产数量。

2. 品种均衡

品种均衡是指在生产计划期间内生产的产品组合平均化，使生产不会出现品种波动，生产各种产品时所需前工序的零部件数量不产生波动。传统大批量生产排程较常见的是以月为单位来安排生产，这时往往采用分段生产的排程方式。虽然这种方法可以节省作业转换时间，但是与市场需求会出现很大的差异。在一个时间段内，会使一部分产品供大于求，造成积压；另一部分产品生产不足，供不应求，发生缺货。品种均衡常用的方法是多个品种的产品混流生产，以保持生产线品种和数量的连续和稳定，如图4-11所示。

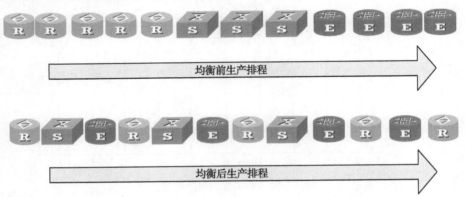

图4-11 均衡生产排程

二、均衡生产与传统生产比较

1. 在制品与成品

传统大批量生产为了保证订单交期，成品必须保证用户需求，而在制品库存不受限制。为了应对不同用户对不同品种的需求，各工序间存储大量在制品；均衡生产为了应对订单波动，允许有一定的成品库存，生产线上在制品向"零库存"看齐，在制品数量非常少，二者区别如图4-12所示。

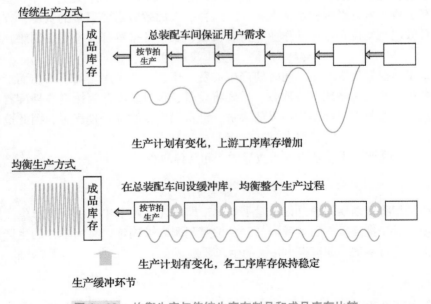

图4-12 均衡生产与传统生产在制品和成品库存比较

2. 物料供应

如图 4-13 所示，传统生产在星期一、二、三接收物料 A，星期四、五接收物料 B、C、D，显然，由于每种物料供应不均衡，必然导致生产不均衡；而均衡生产则安排周一至周五各种物料均衡供应，如图 4-14 所示。

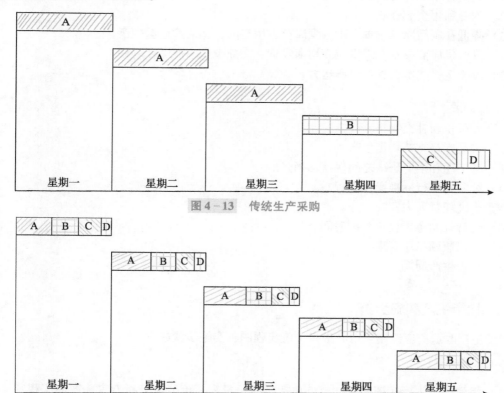

图 4-13　传统生产采购

图 4-14　均衡生产采购

3. 生产过程

传统生产按市场预测制订生产计划，虽然能按期交货，但必须维持较高的在制品库存，生产系统经常处于一种不均衡状态，越往上游波动幅度越大、库存越多，生产改进困难；均衡生产按节拍生产，根据用户需要发货，即使用户需求不稳定，生产始终处于均衡稳定状态，通过降低库存发现改进机会。

4. 品种切换

传统批量生产，品种切换时间长，经常造成后续工序停工等待，生产方式决定了局部工序改善品种切换时间，解决不了生产系统性问题，所以没有改善动力；均衡生产采用快速换产技术，在很短时间内完成品种转换，而且为了提高生产效率、降低库存，不断改进生产切换技术。

5. 供应商

传统生产对供应商的需求波动大，经常由于零件短缺而紧急订购，对供应商造成很大影响；均衡生产物料需求稳定，供应商可以按计划运送，推动供应商实施精益生产。

三、均衡生产的管理目标和实施要点

1. 均衡生产的管理目标

(1) 提高订单准时完成率。

(2) 均衡利用企业资源。

(3) 降低在制品库存成本。①减少库存占用空间；②消除过量生产。

(4) 降低供应商成本。①供应商均衡发货；②减少供应商库存。

(5) 减少运输成本，有效协调运力。

2. 均衡生产的实施要点

(1) 看板拉动补充物料。

(2) 成品库存支持均衡生产。

(3) 各工序和生产班次之间保持均衡。

(4) 编制和执行标准操作规程。

(5) 合理配置人力资源。

(6) 生产计划考虑设备维护时间。

(7) 重视瓶颈工序管理。

(8) 核定生产周期。

四、均衡生产实施步骤

均衡生产改造前应绘制当前和未来价值流程图，实施步骤如下：

1. 前期准备

(1) 组建均衡生产实施团队。成员包括车间负责人、价值流分析专家、产品工程师、生产工程师、采购人员、一线工人等。

(2) 收集数据。①当前生产工艺流程；②确定计划方法；③明确物料种类和数量；④计算生产节拍；⑤明确加工要求；⑥标准包装数量及变动范围；⑦生产能力，包括实际生产能力（非设计能力）、生产切换时间、切换频率等。

(3) 收集以前和现在用户订货资料（依此确定成品库存）。

(4) 确定发货需求。

(5) 计算生产节拍。

(6) 用电子表格整理数据，见表4-4。

表4-4 数据收集表格

生产安排	零件编号	可用库存（件）	目标库存（件）	生产周期（天）	标准包装数量	每周需求（件）	每日需求（件）	发送频率
天	9355109	100	150	44.9	5	266	53	每天
天	9355119	60	180	44.9	5	340	68	每天
天	9355129	80	180	44.9	5	323	65	每天

（续）

生产安排	零件编号	可用库存（件）	目标库存（件）	生产周期（天）	标准包装数量	每周需求（件）	每日需求（件）	发送频率
天	30019810	304	288	44.9	4	389	78	星期二、五
天	30019811	796	672	44.9	4	837	167	星期二、五
天	30019812	416	416	44.9	4	560	112	星期二、五
批	21022540	144	144	67.5	72	72	14	每周
天	21022998	216	432	67.5	72	648	130	星期一、六
天	21023038	216	648	67.5	72	1296	259	星期一、六

（7）按 12~16 周预测需求量。

（8）按 5 天滚动周期推算日需求量（除非生产能力要求 6~7 天）。

（9）按用户需求决定成品发送频率。

（10）编制 4 周生产计划。滚动考虑 12~16 周的预测，决定每种零件的日平均需求量。

（11）由需求情况确定按期还是按批生产（按天比按批生产所需库存量少）。

（12）根据零件种类确定成品目标库存。可参考以往生产数据，但更重要的是根据当前实际情况判断。

（13）编制均衡生产计划。

①根据设备情况排出产品日加工顺序。具体实施时分析多种影响因素，综合平衡后再做决策。

②把日生产量换算成标准包装数量。

③设计均衡生产表格。

④先按天再按批安排每天的生产任务。

⑤生产日程排定后，用目视管理工具控制生产节拍，如使用均衡箱。

2. 滚动更新周生产计划

生产物流控制中心检查成品库存状况，根据 12~16 周的需求预测判断是否修订下一周生产排程，以维持或减少成品库存。工序之间用均衡箱拉动生产，实现品种均衡和目视管理。

均衡箱，又称"平准化生产"箱，是各工位间生产沟通的有效工具，基于时间安排产品生产顺序和产量，能及时反映各道工序生产提前或延后信息。生产控制与物流中心按生产排程每天把拉动看板放在均衡箱中，作为拉动生产的依据。

3. 注意事项

（1）均衡生产必须储备一定成品。

（2）均衡生产要有效降低生产波动。

（3）均衡生产与看板管理结合，发挥应有作用。

（4）避免偏差较大的生产情况出现。

（5）减少周转箱盛放数量有助于提高均衡生产。

（6）采用相关生产技术（快速换产、设备运行效率、一次检验合格、节拍生产等）可促进均衡生产。

（7）安排均衡生产排程应考虑全员设备维护。

（8）没有绝对正确或错误的生产计划，要结合具体情况和多能工小组意见制订生产计划。

五、均衡生产排程的常用方法

1. 轮排法

轮排法常用于均衡生产组织的按时排序。如某企业生产 X、Y、Z 三种产品，每月需求量分别为 X 产品 1 000 件，Y 产品 600 件，Z 产品 400 件，设每种产品的生产周期为 4.2 件/分钟，每月有效工作日为 20 天，每日有效工作时间为 420 分钟。如果按传统计划方法，则用 10 天生产 X 产品，6 天生产 Y 产品，4 天生产 Z 产品，生产排程见表 4－5。

表 4－5　传统生产轮排表

品种	产量（件）	1	2	3	4	5	6	7	8	9	10	11	12	13	14	15	16	17	18	19	20
X	1000																				
Y	600																				
Z	400																				

如果进行日均衡生产排程，则每天生产 X 产品 50 件，Y 产品 30 件，Z 产品 20 件，见表4－6。

表 4－6　按日均衡轮排表

品种	产量（件）	1	2	3	4	5	6	7	8	9	10	11	12	13	14	15	16	17	18	19	20
X	1 000										50 件/天										
Y	600										30 件/天										
Z	400										20 件/天										

如果按时均衡排程，则用轮排法安排 X－Y－X－Z－X－Y－X－Z－X－Y 为一个生产循环，每天 10 个循环，如图 4－15 所示。

考虑到生产过程中可能出现的意外，可增加一个自由位以留出时间应对，这时每个循环的时间要适当调整，如图 4－16 所示。

图 4－15　无自由位轮排图

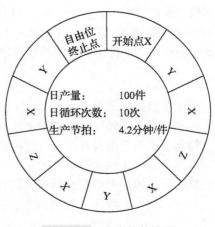

图 4－16　自由位轮排图

2. ABC 分类法

在品种较少时轮排法更适用，在品种较多时就比较烦琐，这时可用 ABC 分类法。如某条生产线每天生产 10 种规格的产品，根据产量做 ABC 分类，见表 4-7。

表 4-7　产品产量 ABC 分类

产品	日产量（件）	累计日产量（件）	累积百分比（%）	分类
a	500	500	33	A 类
b	300	800	53	
c	200	1 000	67	B 类
d	150	1 150	77	
e	100	1 250	83	
f	70	1 320	88	C 类
g	60	1 380	92	
h	50	1 430	95	
i	40	1 470	98	
j	30	1 500	100	

对于 A 类产品尽可能每天排产，B 类产品可以按周排产，C 类产品可以根据实际情况统筹安排。

A 类产品 800 件，按最小批量 400 件排产；B 类产品 450 件，按最小批量 150 件排产；C 类产品 250 件，按最小批量 50 件生产，见表 4-8。在按日均衡排产基础上，可用前述轮排法安排产品的加工顺序。

表 4-8　ABC 分类均衡排产

品种	1	2	3	4	5	6	7	8	9	10	11	12	13	14	15	16	17	18	19	20
a	800	400	400	400	800	400	400	400	800	400	400	400	800	400	400	400	800	400	400	400
b		400	400	400		400	400	400		400	400	400		400	400	400		400	400	400
小计	800	800	800	800	800	800	800	800	800	800	800	800	800	800	800	800	800	800	800	800
c	300	150	150	300	150	150	300	150	150	300	150	150	300	150	150	300	150	150	300	150
d	150	150	150	150	150	150	150	150	150	150	150	150	150	150	150	150	150	150	150	150
e		150	150		150	150		150	150		150	150		150	150		150	150		150
小计	450	450	450	450	450	450	450	450	450	450	450	450	450	450	450	450	450	450	450	450
f	100	100	50	50	100	100	50	50	100	100	50	50	100	100	50	50	100	100	50	50
g	100	50	50	50	100	50	50	50	100	50	50	50	100	50	50	50	100	50	50	50
h	50	50	50	50	50	50	50	50	50	50	50	50	50	50	50	50	50	50	50	50
i		50	50	50		50	50	50		50	50	50		50	50	50		50	50	50
j		50	50			50	50			50	50			50	50			50	50	
小计	250	250	250	250	250	250	250	250	250	250	250	250	250	250	250	250	250	250	250	250
总计	1 500	1 500	1 500	1 500	1 500	1 500	1 500	1 500	1 500	1 500	1 500	1 500	1 500	1 500	1 500	1 500	1 500	1 500	1 500	1 500

3．均衡箱

均衡箱有一系列的看板插口，行和列分别指示产品品种和加工时间，看板则不仅指示生产的品种和数量，而且指示生产时间，如图4-17、图4-18所示。

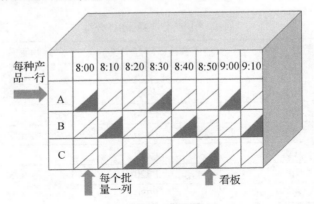

图4-17　均衡箱示例

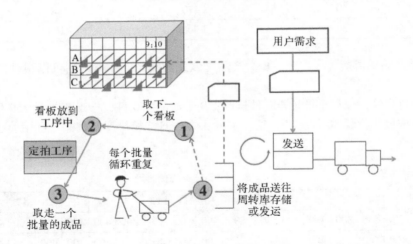

图4-18　均衡箱看板循环过程

4．指定座

对于涂装、电镀等实行批量生产的工序，可采用指定座的方法实现均衡生产。改造之前和改造之后的对比如图4-19、图4-20所示。

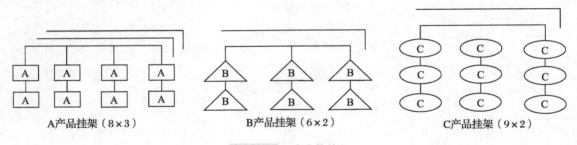

图4-19　改造前状况

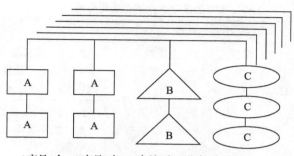

A产品4个，B产品2个，C产品3个，共有6个挂架

图 4－20　改造后状况

5. 均衡生产分支方式

当产品工时差别较大时，可采用分支方式，即在正常的生产线中再设立一条分支生产线，将超出主生产线作业量的部分产品转移到分支线加工，然后再汇集到主生产线，如图 4－21 所示。

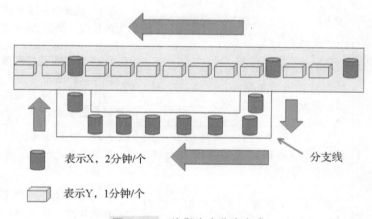

■ 表示X，2分钟/个

▢ 表示Y，1分钟/个

图 4－21　均衡生产分支方式

| 模块小结 |

拉动式生产是精益生产体系的核心，可以保证"在需要的时候，按需要的量生产用户所需的产品"；传统的生产方式采用推动式生产，在多品种、小批量的市场需求环境下，只有拉动式生产才能真正做到准时化生产；实现拉动式生产需要看板管理、均衡生产、快速换产、自働化、精益生产物流等要素支持。

看板管理是实现拉动式生产的主要手段，从最后一道工序开始，以看板为载体向前工序发出物料发送和加工信息；看板作为信息载体，分为取料看板和生产看板，充当传递物料流和信息流指令的角色；实施看板管理必须遵守相关规则，否则不能实现真正意义上的精益生产。

均衡生产指生产过程中产品品种、数量的均衡，是实现连续流拉动生产的关键；均衡生产允许有一定的成品库存，以保证生产线的均衡，而生产线上的在制品库存要严格控制在最小；不均衡生产是造成负荷过重和浪费的主要原因，看板管理和均衡生产相互结合，才能实现精益生产。均衡生产排程常用方法有轮排法、ABC 分类法、均衡箱、指定座等。

连续流拉动生产职业能力标准

职业功能	工作内容	能力单元要素	实作指标
2. 连续流拉动生产	2.1 连续流生产	2.1.1 掌握流水线作业组织方法，能编制流水线作业计划，保证生产线的连续流拉动生产	2.1.1 能根据订单安排生产任务，能按节拍控制生产速度，能按标准作业规程实施作业，能解决瓶颈工序问题
		2.1.2 掌握节拍控制生产速度方法，能调整工序作业活动以平衡生产，不出现停滞和等待	2.1.2 能按节拍快慢控制生产速度，能计算产线平衡率，能调整工序间作业活动以平衡生产线
		2.1.3 掌握作业活动分析方法，能编制标准作业规程，要求工人按标准作业	2.1.3 能根据生产工艺流程对作业活动做动作分析和时间测量，能根据作业活动分析编制标准作业规程
		2.1.4 掌握瓶颈工序管理方法，能改进瓶颈工序工业，不出现在制品积压和作业等待	2.1.4 能通过增加班次、增加人工、增加平行作业或技术改进提高瓶颈工序作业效率
	2.2 拉动式生产	2.2.1 掌握拉动式生产特点和组织方法，能组织实施拉动式生产，按订单组织生产	2.2.1 能按订单从最后一道工序开始向前工序拉动，每道工序按拉动指令生产
		2.2.2 掌握看板管理组织方法，能组织实施看板管理，保证订单完成、降低在制品库存	2.2.2 能按看板管理原则组织拉动式生产，能用取料看板和生产看板发出取料和生产指令，能计算看板数量，根据生产实际控制看板数量
		2.2.3 掌握均衡生产组织方法，能编制均衡生产计划，减少不均衡导致的生产浪费	2.2.3 能用轮排法、ABC 分类、均衡箱、指定座等方法在品种、数量和排程上组织实施均衡生产
	2.3 单元生产	2.3.1 掌握单元生产组织方法，能制订单元生产改造方案，以提高生产效率、减少浪费	2.3.1 能通过生产线 U 形布置、节拍生产、标准作业、快速换产、自働化、设备小型通用化、准时化物流、多能工作业等技术改造，制订单元生产改进方案
		2.3.2 熟悉单元生产实施步骤，能组织实施单元生产，由物料周转箱传递向"一个流"生产过渡	2.3.2 能按单元生产实施步骤与方法组织实施单元生产
培训后达到水平			
	水平综述	熟悉连续流拉动生产组织方法，能编制生产作业计划并组织实施；掌握动作分析和时间测量方法，能做作业活动分析并编制标准作业规程；熟悉瓶颈工序管理方法，能制订瓶颈工序改进方案；掌握看板管理和均衡生产组织方法，能组织实施看板管理；掌握单元生产组织方法，能制订单元生产改造方案	
	学习水平（培训对象获得学习成果）		能力水平（培训对象展示能力）
	掌握流水线生产组织和生产作业计划编制方法；掌握动作分析和时间测量方法，熟悉标准作业规程编制步骤与方法；掌握看板管理、均衡生产组织方法；掌握单元生产组织实施方法		能制订车间流水线作业计划，能组织看板管理和均衡生产，编制标准作业规程，改进瓶颈工序，组织"一个流"单元生产

| 练习与思考 |

一、 单选题

1. 拉动式生产适合_____的市场需求。
   A. 生产批量大、品种多
   B. 生产批量大、品种少
   C. 生产批量小、品种多
   D. 生产批量小、品种少
2. 推动式生产适合_____的市场需求。
   A. 生产批量大、品种多
   B. 生产批量大、品种少
   C. 生产批量小、品种多
   D. 生产批量小、品种少
3. 看板分为取料看板、生产看板和_____三类。
   A. 外协看板
   B. 信号看板
   C. 临时看板
   D. 工序看板
4. 信号看板适用于_____情况。
   A. 工序间的取料指令
   B. 工序间的生产指令
   C. 批量生产工序的取料指令
   D. 批量生产工序的取料和生产指令
5. 看板管理可以做到_____，避免了推动式生产计划与实际生产脱节的问题。
   A. 物料流和信息流保持一致
   B. 生产计划与用户需求一致
   C. 前工序与后工序一致
   D. 产品品种、数量和质量一致
6. 下述哪项不是看板作业原则？ _____
   A. 没有看板不能生产也不能搬运
   B. 前工序只能生产取走的部分
   C. 看板必须和实物一起
   D. 看板数量越少越好
7. 大量生产靠_____调节市场波动，实现生产均衡。
   A. 原材料库存
   B. 在制品库存
   C. 成品库存
   D. 供应商库存
8. 精益生产靠_____调节市场波动，实现生产均衡。
   A. 原材料库存
   B. 在制品库存
   C. 成品库存
   D. 供应商库存
9. 本模块介绍的均衡生产主要指_____的均衡。
   A. 生产能力、人员配置、工作时间
   B. 工作场地、人员配置、工作时间
   C. 产品品种、数量、生产排程
   D. 产品品种、质量、生产排程
10. 下述哪个选项与均衡生产在制品数量直接相关？ _____
    A. 生产节拍
    B. 快速换产
    C. 生产物流
    D. 缓冲超市

二、 多选题

1. 与大批量生产方式相比，丰田生产方式具有哪些特点？ _____
   A. 准时化生产
   B. 按需要管理
   C. 看板管理
   D. 员工参与
2. 根据生产指令下达方式不同，生产方式可以分为_____两大类型。
   A. 推动式生产方式
   B. 特殊生产方式
   C. 拉动式生产方式
   D. 一般生产方式
3. 准时化生产与传统生产相比较，具有哪些优点？ _____
   A. 库存量低
   B. 准备时间短
   C. 生产提前期短
   D. 搬运量小
4. 看板按用途可以划分为_____。
   A. 生产看板
   B. 取料看板
   C. 管理看板
   D. 临时看板

5. 看板具有哪些功能？ _____
    A. 指示功能   B. 指导功能   C. 目视管理的功能   D. 现场改善的功能

三、简答题

1. 什么是拉动式生产与推动式生产？各有什么特点？
2. 拉动式生产的技术支持是什么？
3. 看板有哪些种类？各自发挥什么作用？
4. 看板的功能是什么？看板管理遵循什么原则？
5. 什么是均衡生产？均衡生产的常用方法有哪些？

四、计算题

某加工车间每小时对零件的需求量为 200 件，一个标准的物料周转箱可放置该零件 30 件。取料看板的循环时间为 0.5 小时，生产看板的循环时间为 1 小时，其中等待时间和加工时间的允许误差时间均为 0.1 小时，试计算取料看板和生产看板的数量。

学习参考

实验模拟一：看板
管理运行过程

实验模拟二：精益
生产改造过程

模块五
工作场地改善

学习目标

- 熟悉工作场地改善的内容
- 掌握 5S 管理的含义和实施步骤
- 掌握目视管理的含义和实施步骤
- 了解车间地址系统与物料呈递
- 熟悉车间信息发布
- 学会办公场地 5S 管理

01 单元一　工作场地改善概述

一、工作场地改善的含义

工作场地是企业为用户提供服务、完成生产加工活动、创造产品价值的主要载体，是生产现场管理的直接对象。Kaizen（改善）在日语中意为"为了更好而改变"，是一种企业经营理念，用以持续不断地改进工作方法和效率。

工作场地
改善概述

工作场地改善是以促进物料和信息流动、消除浪费为目的，按照作业流程布置工作场地并持续改善和优化的过程，其间不断发现问题、找出原因、制订方案进行改进。精益生产的基础是改善，管理人员的作用尤为重要，必须将物料、设备和人员有机结合，消除现场不合理现象。

如果现场使用工具没有标识、摆放凌乱，工人无法迅速找到，则必然影响工作效率；如果工作场地周围放满零件和在制品、走道拥挤凌乱，则很难有效组织同步化生产。只有工作场地井然有序，才有可能随时发现生产异常情况。工作场地改善并不是简单的清扫，而是为消除浪费所做的持续改善活动，它为工人提供了安全、清洁和有序的工作环境，有助于人机协调、缩短生产周期、保证生产的顺利进行。

二、工作场地改善的管理目标和实施要点

1. 工作场地改善的管理目标

（1）支持精益生产。按照动作经济原则摆放物品，产品移动路线清晰，方便工人取用，最大限度地减少浪费，缩短生产周期。

（2）保证员工的健康和安全。员工按标准作业规程生产，有明显的行走路线和紧急情况处理标识，地面用油漆画线框标注物品的摆放位置，按工业工程原理改进物料呈递方式并保证安全，工作环境保持清洁卫生。

（3）促进工人之间的协调配合。作业规程标准化，现场工人能及时处理异常情况，小组工

作目标明确，培养团队精神，鼓励持续改进。

（4）提高产品质量。遵守先进先出原则，按加工顺序摆放零件，便于生产切换，能快速辨别出不合格品并迅速采取措施。

（5）降低成本。有效减少走动和寻找时间，消除工作场地任何不增加产品价值的因素；产品包装标准化，能识别库存过量或不足；物料、工具摆放有序，有明显的识别标志，便于寻找；支持精益生产。

（6）快速响应。根据用户需求按照节拍和标准操作规程生产；车间信息中心和区域信息公告板用于生产现场沟通；工作场地改善与单元生产、看板管理、快速换产、均衡生产有机结合；能迅速发现生产异常，及时采取措施。

2. 工作场地改善的实施要点

（1）目标明确、职责分明，按工作流程布置场地，以消除浪费为目标开展5S活动。

（2）实施目视管理，目视判断生产状况是否正常，目视管理成为企业文化的一部分。

（3）建立车间地址系统，用纵向和横向坐标标注设施、设备或物料所在位置，员工普遍理解并能有效利用。

（4）物料合理呈递，符合动作经济原则，根据生产变化不断改进。

（5）车间信息中心清洁敞亮，用于展示各类荣誉证书、产品和设备，内容经常更新。

（6）生产现场信息传递渠道畅通，出现问题能及时沟通协调、迅速解决。

三、工作场地改善体系

1. 5S 管理

现场管理标准化，如使用标签、地面标志和色彩编码等使车间秩序井然，随时可以发现异常状况；管理制度明确，能有效激发员工自觉维护工作场地的积极性；实施5S管理要充分调动员工的积极性，每个员工要以主人翁的态度积极参与；制订明确的5S管理计划，由专人负责实施。

2. 目视管理

目视管理使工作场地一目了然，能清楚观察生产情况，及时掌握生产动态，减少寻找时间，提示异常情况，使问题能够被快速发现和解决，提高生产效率。

3. 地址系统

地址系统是一系列标准化和符合逻辑的字母和数字系统，用于指定生产设施或物品的唯一位置，使工作场地有序化，保证生产正常运转，有效消除浪费。

4. 物料呈递

物料呈递是指使用工具或专用装置，将零件、工具或其他物品呈递到工人容易看到、拿取和放回的活动范围内。零件或工具应按照工业工程原理，尽可能靠近使用地点。合理的物料呈递方式能减少走动、动作浪费和人机不协调等问题。

5. 车间信息发布

车间信息中心是员工聚集区域，用于展示车间生产情况、接待来访宾客；可展示产品或设备样品，陈列荣誉证书，公布生产进度和目标达成情况等统计数据。内容应及时更新，以保持对员工的吸引力。

生产现场分为不同的区域，生产区域可以按部门、生产线、生产流程或工作区划分，每个区域也应该为团队小组提供信息交流的园地。设立生产区信息公告板的目的是促进团队成员之间的动态沟通，更好地实现团队目标。作为沟通的媒介，信息要及时更新。

6. 办公场地 5S 管理

5S 管理方法应用到办公场所，可以大大提高办公效率；物品归类存放，可以保证资料的安全性；领导要以身作则，支持和指导他人改善办公场地。

02 单元二　5S 管理

一、5S 管理的含义

5S管理

20 世纪 50 年代，日本企业针对工作场地、物品，提出了整理（Seiri）和整顿（Seiton）。后来因管理的需要及标准的提升，又陆续增加了清扫（Seiso）、清洁（Seiketsu）和素养（Shitsuke），从而形成了现在广泛推行的 5S 架构。5S 管理活动的重点也由环境品质逐步扩及人的行为品质，使安全、卫生、效率、品质及成本方面得到较大的改善。

5S 管理分为整理、整顿、清扫、清洁、素养五个阶段实施，为工人提供安全、清洁和组织有序的生产环境，有利于团队协作、人机协调、缩短生产周期、增加产品价值。5S 管理同样适用于办公室和供应商对现场环境的改善，是精益生产体系的重要支撑。

二、5S 管理的实施准备

生产厂长和车间主任必须高度重视并积极推动，5S 管理要与企业经营计划、生产排程和作业有效结合。在实施过程中，领导应定期到现场巡视检查，听取下属汇报，查看信息板，随时发现可改善之处，鼓励下属提出改进建议，促进企业变革。

1. 领导重视

（1）企业主要领导对"消除浪费"达成共识。

（2）形成全体员工积极参与、持续改进的工作氛围。

（3）制订培训计划，有针对性地对员工开展培训。培训计划应目标明确、重点突出，有效促进 5S 管理实施。

（4）为实施 5S 管理和持续改善提供必要的资源保障。

（5）督促和检查实施进展，及时提出存在的问题，表扬先进。

（6）明确部门职责，聘请专家培训指导。

2. 明确目标

5S管理实施要结合价值流管理，找出重点改善区域，明确每个区域的改进目标和推进日程，指导团队按照统一要求开展工作。制订工作程序和管理制度，每月至少检查一次。

5S管理应与看板管理、单元生产、物料呈递、目视管理结合，有效消除七种浪费。

实施5S管理之前，必须共同研讨，明确改善目标和考核标准，以推动员工自发主动地开展工作。

3. 组织培训

项目负责人集中参加培训研讨，为了使方案更加周密，应保证会议的时间，见表5-1。实施方案制订后，尽量缩短会议时间。

表5-1　培训研讨会示例

会议时间	会议议程	会议地点	主持人
第一天	1. 会议开始 2. 讲解什么是浪费 3. 介绍什么是5S管理 4. 明确改善范围和目标 5. 到现场观察浪费现象 6. 会议总结	会议室 生产现场	项目负责人
第二天	1. 加深对浪费的认识 2. 介绍5S管理实施程序和步骤 3. 到现场说明实施过程 4. 会议总结	会议室 生产现场	项目负责人
第三天	1. 分析浪费对生产效率的影响 2. 讲解持续改善 3. 明确职责和实施步骤 4. 会议总结 5. 与会者做出承诺	会议室	项目负责人

三、5S管理的实施步骤

（一）整理（Seiri）

1. 整理的含义

（1）明确区别必需品与非必需品。

（2）清理非必需品。

2. 整理的目的

（1）改善和增加作业空间。

（2）现场无杂物，过道通畅，提高工作效率。

（3）减少磕碰机会，保障安全，提高质量。

（4）消除管理上的混放、混料、误用等差错事故。

（5）有利于减少库存量，节约资金。

（6）改变工作作风，增强员工斗志。

3. 整理的做法

（1）必要的物品保留下来。

（2）不必要的物品坚决撤离现场。工作现场放置物品必须是经常使用的，按使用频率分类，不相关物品坚决清除。可以用贴标签的方法识别哪些物品有用、哪些没用，也标明"这件物品为什么会在这里"。

4. 整理的实施步骤

（1）确定哪些物品需要或不需要，如果某件物品不能确定是否有用，必须加以说明。标签可简单到只标识一个红点，也可以详细列表。清除标签参考样式见表5-2。

表5-2 清除标签参考样式

整理人员填写
不常用物品（一周之内）：
说明：
物品描述：
编号：
数量：
填报人：
所属部门：
存放地点： 返修区□　　废品区□ 存储区□　　暂存区□ 新设区□
检查人员填写
检查日期：
用途：
备注：
电话：

（2）物品贴标签后，按使用频率分类摆放或清除，见表5-3。处理物品前应让每个相关人员确认，不需要的尽快清除。整理要以能否提高工作效率为判断依据。

表 5 - 3　按物品使用频率决定如何处理

序号	使用频率	处理办法
1	不使用的物品	清除
2	当下不用，但必须保存，以备偶尔使用的物品	存储在较远区域
3	偶尔使用的物品	存储在较远区域
4	有时使用的物品	存储在工作区域
5	经常使用的物品	存放在现场，或使用者个人保存

（3）定期点检物品，反复提问：这件物品能增加产品或服务的价值吗？

（二）整顿（Seiton）

1. 整顿的含义

（1）物品的摆放要有固定的地点和区域。

（2）摆放地点合理有序。

（3）物品摆放目视化。

2. 整顿的目的

（1）一目了然的工作环境。

（2）减少寻找物品或工具所占用时间的浪费，提高工作效率。

（3）有异常情况能够马上发现。

3. 整顿的做法

（1）对物品放置场地进行规划。

（2）将必需品合理摆放整齐。整顿是将物品按序排列摆放的过程，要做到"物有其位，物在其位"，每件物品都有各自的用处，根据生产需要放置在指定位置，并确保安全、质量、人机协调、消除浪费的要求。物品摆放尽可能做到：①容易发现；②方便取用；③便于放回原位。

（3）必要时加以标识。

4. 阶段目标

（1）明确每件物品的摆放位置。

（2）方便取用和放回。

（3）工作现场每件物品都是有用的。

（4）物品摆放要做到取用动作最省。

（5）最终实现消除各种浪费，特别是动作浪费。

（三）清扫（Seiso）

1. 清扫的含义

（1）将工作场所及使用的设备工具彻底清扫干净。

（2）对设备工具进行点检和维护保养。

2. 清扫的目的

（1）保持干净整洁的工作环境。

（2）保持设备最佳运行状态，提高使用寿命。

（3）保持良好的工作环境和工作情绪。

3. 清扫的做法

清扫要定期进行，找出污物、碎片和泄漏液体的来源。清洁的工作场地有利于工人的健康和安全，提高产品质量，保证连续流拉动生产，激发员工的工作激情。清洁的环境表明有效的现场管理和全体员工付出的努力，也向用户发出积极的信号："明亮整洁的工作环境是对产品质量的最好证明"。需要特别注意的是，现场环境是客户对企业的第一印象。

4. 清扫范围

（1）清扫全部地面。

（2）擦洗干净所有储存柜和工具箱外层。

（3）擦洗所有与生产有关的设备，确保每台设备摆放位置合适（包括灭火器、办公桌、量具桌、工具架、材料架、物品运输车等）。

（4）清除设备内的碎片和油污并擦洗干净，检查松动和损坏的零部件（紧固或者记录以便维修）。

（5）找出污物的来源以便维修，包括液压油、冷却液、压缩空气泄漏，或设施设备没有适当的防护装置。

（6）清扫油槽，擦净面板上的滴液，清洗排水沟等。

5. 清扫管理措施

（1）将场地划分为若干区域，确定清扫的范围和周期，分配每个人负责的区域，将责任落实到小组每个成员，定期轮换，相关内容在信息板上进行公告。

（2）规定清扫方法，列出需要的工具和材料，标明怎样安全、合理地使用每一种工具和材料。

（3）安排必要时间，自己负责的物品自己清扫，按规定程序进行清扫。

（4）清扫与设备的点检和保养相结合。

（四）清洁（Seiketsu）

1. 清洁的含义

（1）将前3S实施的做法制度化、标准化，以维持其成果。

（2）除了工作环境的清洁外，还应注意员工个人形体和精神的清洁。

2. 清洁的目的

（1）保持现场完美和最佳状态。

（2）保持并提高现场环境和员工个人形体及精神的清洁状态。

3. 清洁的做法

清洁是工作场地维护的过程，通过制订工作场地标准化管理制度，随时发现异常情况，如：

用标签、画线和色彩编码等手段，使工作场地标准化，见表5-4。前期的改善成果必须及时总结形成管理制度。没有制度的保证，改造只能是短期应急性的，随后很快就会恢复原样，前期努力将付诸东流。按标准作业规程维护工作场地要成为常态，融入日常工作当中。工作现场每个区域的员工都要承担维护任务，而且这项工作是长期性的，通过团队和个人发挥主人翁精神，创造性地制订一套标准作业规程，主动自觉地维护工作场地。

表 5-4 色彩编码系统示例

编码	颜色	代表物品
1	浅蓝色	原材料、外购件
2	深蓝色	物料箱、小车、墙壁
3	浅绿色	在制品流水线
4	深绿色	总装车间、工作台面、使用的工具
5	红色	废弃物、消防器材
6	橙色	返修
7	白色	检验区
8	黄色	通道
9	灰色	固定设施（通风机、储藏柜、垃圾桶等）
10	棕色	纸板箱、托盘、滑道
11	黑色、黄色	危险品、化学品

注：物品摆放位置不能固定前，应先使用胶带纸粘贴色彩标识，确定后再根据是否有必要和资源条件决定是否涂油漆，物品摆放不能覆盖颜色标识。

4. 注意事项

（1）标记、标签和地标颜色与色彩编码标准相符，用户专门要求或有特殊规定的例外。

（2）生产线外的物品尽可能详细标识，如快速换产工具、不常用关键备件、储藏柜等。

（3）储藏柜用透明玻璃门，以便从外面就能看到是否有需要的用品和位置。

（4）常用物品放在靠近工作台的敞口容器或物料架上，标记零件的名称、编号和存放数量。

（5）敞口容器容易搬运和放置物品，应标识清楚放置的是什么物品。

（6）需要维修或回收的工具应放在指定地点，并用橙色轮廓标记。

（7）废品箱在地面用红色线框标记，能存放一个工作班次的数量，适当为下个班次预留空间。

（8）根据实际需要决定是否配备或给谁配备私人工具箱。

本阶段工作完成后，应检查目标完成情况，工人是否达成共识，工作场地维护是否已制订相关标准操作规程，管理人员是否定期检查。

5. 阶段目标

（1）工人掌握并自觉执行现场管理制度，明确自己的职责。

（2）工人熟悉工作现场，缺少任何一件物品都能及时发现。

（3）即使不经常使用的物品，也知道从哪里找到。

（五） 素养 （Shitsuke）

1. 素养的含义

（1）按规章制度办事。

（2）养成良好的习惯。

（3）显示良好的精神风貌。

2. 素养的目的

（1）守纪律、守时间、守标准。

（2）培养员工良好的习惯。

（3）树立良好的精神风貌、积极主动的工作作风。

3. 素养的做法

（1）学习、理解、遵守规章制度。

（2）保持良好和积极主动的工作状态。

（3）待人接物诚恳有礼貌，乐于助人。

四、5S 管理持续改善

5S 管理在形成标准和制度基础上，要表彰先进、持续改进，鼓励主动提出合理化建议，不断减少浪费。此外，还要做到：

（1）持续改善制度化，让每个员工清楚改进目标（重点是消除浪费），对照检查表（见表 5-5、表 5-6）找出改进方向。

（2）找出问题根源并加以解决是解决问题的根本办法，不能"头痛医头、脚痛医脚"。

（3）巩固已有成效，自觉执行标准操作规程和管理制度，保证工作场地改善目标的实现。

（4）领导应经常到现场检查督促，保证工作场地改善成果的持续，并给予及时指导。

（5）5S 管理应逐渐成为企业文化的一部分。

表 5-5　工作场地改善检查表示例 （一）

车间：_____　　班次：_____　　班组（区域）：_____　　日期：_____

评分标准：4 =100%　3 =75%　2 =50%　1 =25%　0 =0%	得分	如果得分 <4，提出改进对策、时间进度
1	支架或容器能否使用？		
2	工具或设备是否过期？		
3	是否需要工具箱、手套、桌子和储藏柜？		
4	维护生产用物料是否有剩余？		
5	个人用品（报纸和午餐盒等）摆放位置是否正确？		
6	库存是否过剩？		
7	所有的工具、夹具和量具是否放在指定位置并做标记？是否明确最大/最小库存？		

（续）

评分标准：4 = 100%　3 = 75%　2 = 50%　1 = 25%　0 = 0%	得分	如果得分 < 4，提出改进对策、时间进度
8　是否使用橙色编码标记识别用钝的刀具？是否用深绿色编码对可用的刀具进行标记和识别？		
9　地面区域是否用色彩编码涂以油漆（或贴胶带）标记？		
10　生产用物料是否被放在指定位置加以标记并标明最大/最小库存？		
11　收集的废品是否用红色标记？收集的返修品是否用橙色标记？		
12　操作工人的作业标准是否贴在指定位置？产品样品、文件是否放在指定位置？		
13　标准蓝色区域是否规定地址符号？		
14　休息区中的所有物品、衣柜、储藏柜和工具箱是否放在指定位置并做标记，是否明确最大/最小库存？		
15　过道的标志是否清楚？		
16　车间信息中心公告板是否符合标准？		
17　区域信息公告板是否符合标准？		
18　工具、夹具、量具、容器、支架、小车、储料箱、衣柜、储藏柜和工具箱等是否干净且没有碎片？		
19　设备是否干净并且没有额外的油脂、切屑、泄漏和碎片？		
20　休息区、检查区、办公桌和工作台是否干净并且没有碎片？		
21　地面是否干净？		
22　照明灯光是否合适？		
23　信息公告板上是否有更新的图表？		
24　"清洁和维护任务卡"上操作工人的任务是否明确？是否形成制度？		
25　5S 管理定期检查是否由部门主管负责？是否公布检查结果？		

检查者：＿＿＿＿＿＿＿＿　　　　总分：＿＿＿＿＿＿＿＿

表 5-6 工作场地改善检查表示例（二）

部门/区域：		0-不满意　1-差　2-一般　3-良　4-优（树立榜样/评测基准）					
检查日期：		总等级：					
	检查项目	评价标准		等级			
整理							
1	地面	无垃圾废物					
2	工作台、刀具	刀具、工具在位，无空闲工作台					
3	设备	无垃圾废物、多余的夹具和其他不需要的物品					
4	储藏柜、物料架	无敞开的、随意放置的不需要的物品（如：个人用品）					
5	信息中心	无垃圾、废物					
整顿							
6	过道	有做标记，走道中间无其他物品					
7	缓冲货架	有编号和标记，物料存放合理					
8	物料筐、周转箱、其他容器	存放位置、编号、标记、堆垛合理					
9	工作台、公告板	组织有序，有标记，不妨碍消防					
10	信息中心	标准化，组织有序，易于更新					
清扫							
11	地面	干净，无油污或污水					
12	切屑、零件、杂物	放入容器中存储，物品不散乱堆放					
13	设备、工作台、公告板	有针对性地对清洁工作进行检查					
14	清洁用工具	使用便捷，排列有序，位置固定					
15	信息中心	清洁，指定吸烟区					
清洁							
16	目视管理	维护目视管理系统					
17	冷却液/油泄漏	及时维修，无异味					
18	照明	照明设施清洁，更换损坏的灯泡					
19	5S 计划	班组做计划并分配任务					
20	检测系统	检测出的数据与工厂要求相符					
素养							
21	遵守安全规则	配备防护眼镜、听觉防护设备、断路保护装置等					
22	5S 计划展示	小组工作计划展示在信息中心，时间是近期的					
23	5S 活动的前 3 项要养成每日执行的习惯	每天核对并记录					
24	团队参与	3 个班次都参与，领导巡回检查指导					
25	评估结果	在信息中心展示蜘蛛网图					

单元三　目视管理

一、目视管理的含义

目视管理

目视管理（Visual Management）是一种以公开化和视觉显示为特征的管理方式，也称为"可视管理"。它综合运用管理学、生理学、心理学、社会学等多学科的研究成果，用形象直观、色彩适宜的各种视觉标识传递信息，组织现场生产活动，提高劳动生产率。

1. 目视管理的特点

（1）形象直观，容易识别，简单方便，传递信息快，能提高工作效率。

（2）信息公开化，透明度高，便于现场有关人员的协调配合与相互监督。

（3）能科学改善生产条件和环境，有利于产生良好的生理和心理效应。

（4）能促进安全生产，出现异常及时报警并采取相应措施；容易学习掌握，可以减少工人无效时间；能迅速捕捉生产过程信息，判断物料流和信息流状态，有效缩短生产周期。

2. 目视管理的评判级别

（1）初级水平：有表示，能明白现在的状态。

（2）中级水平：任何人都能判断优劣。

（3）高级水平：管理方法（异常处理等）都予以列明。

3. 目视管理三要点

（1）任何人都能判定是正常或异常。

（2）能迅速、快捷和准确地做出判断。

（3）判断结果不会因人而异。

二、目视管理的对象及表现形式

目视管理可以按工作场地的构成要素分为人员（Man）、机器（Machine）、材料（Material）、方法（Method）及测量（Measurement）的目视管理，也可以按现场管理内容分为物品、设备、品质、安全的目视管理，具体可以有以下几种表现方式：

1. 红牌

红牌用于5S中的整理，是改善的基础起点，用来区分日常生产活动中的非必需品。

2. 现场管理公告板

现场管理公告板用于表示所使用物品的放置场所等基本状况，包括物品的具体位置、用途、数量、负责人，乃至管理者等事项，让人一目了然。强调透明化、公开化，目视管理的先决条件就是消除黑箱作业。

3. 信号灯

在生产现场，一线管理人员必须随时知道操作工人是否正常作业、设备是否正常运转。信号灯是工序内发生异常时，用于通知管理人员的工具，其种类包括：

（1）发音信号灯。适用于物料请求通知，当工序内物料用完时，或者该供需的信号灯亮时，扩音器马上会通知搬送人员及时供应。信号灯必须随时能亮，它也是与看板管理结合的一个重要项目。

（2）异常信号灯。用于提示产品质量不良及作业异常等情况发生，通常安装在大型工厂中较长的生产、装配流水线。

（3）运转指示灯。用于显示设备启动、运转、转换或停止（同时显示停止原因）等状态。

（4）进度灯。这是一种常见的信号灯，安装在组装生产线、手动或半自动生产线，用于组装节拍的控制。

4. 标准作业流程图

标准作业流程图描述工序重点和作业顺序的简明指示书，用于指导生产作业。在一般的车间内，特别是工序比较复杂的车间，在实施看板管理时一定要有标准作业流程图。

5. 警示信号

警示信号通常结合实物和图片表示，让现场的作业人员明白不良的现象及后果。一般放在人多、显著的位置，警示不能违规操作。

6. 提示板

提示板用于记录相关事项的公示板，防止出现遗漏。

7. 地标线

地标线是用线条画出生产区域、物品放置位置或信道标识，用于区分生产区域、物品位置或信道线，经常与地址系统结合画出区域线。

8. 警示线

警示线是在仓库或其他物品放置处用来表示最大或最小库存量的地面彩色漆线标识。

9. 生产信息公告板

生产信息公告板用于即时向大家通报相关事项。

10. 作业进度公告板

作业进度公告板向生产区域员工展示生产线的生产状况和进度，记录生产实绩、设备开动率、异常原因（停线、故障）等。

三、目视管理的实施步骤

1. 找出目视检测项目（见表 5-7）

表 5 – 7　目视检测项目

检测	测量
扭矩控制	扭矩值
工序生产能力	加工时间
瓶颈环节	有效运行时间
预防性维护	停顿时间

2. 制订目视管理标准

制订目视管理标准应注意以下问题：

（1）确保标识从远处也能辨别清楚。

（2）能区分关键机器设备和生产过程。

（3）能识别出正常或不正常的生产状态。

（4）能迅速、简便或自动地调节识别信号，便于工人自我管理。

（5）确保每个人都能按信号指示行动并采取应对措施。

（6）确保目视管理系统能使工作现场更有生机并秩序井然。

3. 培训员工熟悉目视管理标准

为避免内部不统一要反复组织学习。

4. 及时检查目视管理实施情况

5. 评价总结

对比改进前和改进后状况，总结经验和不足。

附：常见目视管理示例

1. 标准作业规程表（见表 5 – 8）

2. 生产线平衡图

信息公告板发布的生产线平衡图，如图 5 – 1 所示。

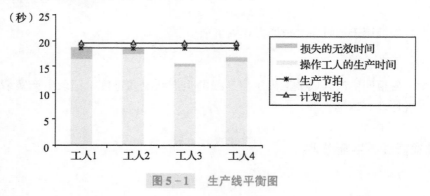

图 5 – 1　生产线平衡图

表5-8 标准作业规程表

制定者：
工厂部门： ___461___   产品：CuNi 油冷却器   典型零件号： ___300's___   人工增值时间
描述： 测试操作工人   年度要求： ___1,778,010___   人工非增值时间
                                                                                        机器时间
用户：   计划生产周期： ___20.6___   节拍：   非增值的走动
VA=有增值的动作，NVA=无增值的动作   非增值的等待周期

ID	工作内容 操作工人工作描述	时间				
		(VA) 人工操作	(NVA) 人工操作	机器时间	(NVA) 走动	(NVA) 等待周期
1	从冷却传送带上拿零件，目视检查缺陷		3.5			
2	放零件到测试夹具中		3.0			
3	开始测试		1.0			
4	等待水流分散					2.0
5	检查两件的泄漏		5.0			
6	卸下试件					1.0
7	对零件做吹气检查		2.0			
8	如果合格，将零件放在传送带上		3.0			
9						
10						
11						
12						
13						
14						
15						
16						
17						
18						

总的循环时间 ==> 477.0

	秒		
	时间	件数	速率
总有效生产时间	3	70	0.0
	3	1	3.0

总非有效生产时间 ==> 3.0

非循环工作因素
ID	描述
1	把返修件或报废件并放到返修区域
2	填写水试验检查表
3	
4	
5	
6	
7	

总生产周期 = 总有效生产时间 + 总无效生产时间 =
可用分钟总数 =

480 分
480 分

工作流程图

3. 看板信号

（1）生产拉动看板，如图5-2所示。

图5-2　生产拉动看板

（2）现场指示看板，如图5-3所示。

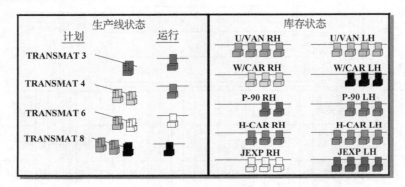

图5-3　现场指示看板

4. 刀具存放

通过色彩编码、阴影或标签区分刀具是否可用，或维修更换，如图5-4所示。

5. 生产区信息公告板

生产区域用文字、图表展示生产信息，如图5-5所示。

a)　　　　　　　　　　　　　　　　b)

图5-4　刀具存放柜　　　　　　　　　　图5-5　生产区信息公告板

6. 地标线

用地标线标识物品摆放位置，如图5-6所示。

7. 目视管理其他方法

（1）对于色盲者可使用形状标识颜色，如图5-7所示。

（2）标识压力安全范围，用红色和绿色线分别表示最小和最大压力界限，如图5-8所示。

图5-6　地标线　　　　　图5-7　形状标识颜色

（3）气动信号显示零件测量范围，如图5-9所示。

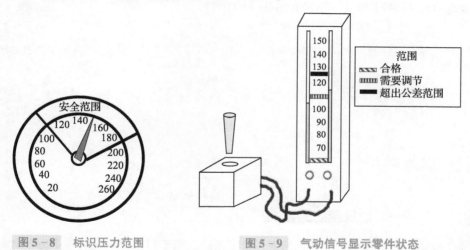

图5-8　标识压力范围　　　　　图5-9　气动信号显示零件状态

（4）工作公告板，如图5-10、图5-11所示。

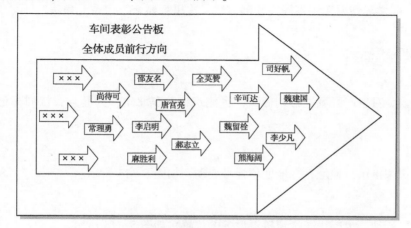

图5-10　车间表彰公告板

（5）用工具板上的框线表示放置位置，如图5-12所示。

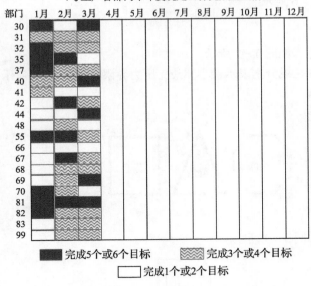

图5-11　目标完成进展公告板

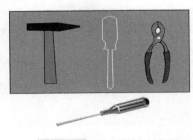

图5-12　工具板上的框线

04 单元四　地址系统

地址系统

一、地址系统的含义

地址系统是标准化的字母数字系统，用于对生产系统的各个位置做标识。地址系统标明车间每个位置的"街道和门牌号码"，使生产有序进行，可以根据企业实际情况采用不同的编制方法，这里主要介绍"东北角法"。

二、地址系统标识

1. 列地址

用字母和数字对生产区域进行列标识，将建筑物的东北角作为起点，按列标记分隔区，如图5-13所示。

2. 行地址

悬挂的标识牌指示行地址，行地址位置可变动，如图5-14所示。

3. 工序

工序标识可变动，也能用来标识机器设备的位置，如图5-15所示。

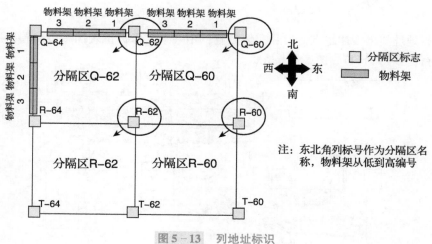

图 5－13　列地址标识

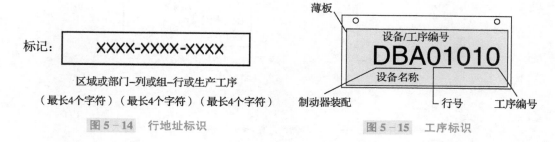

图 5－14　行地址标识

图 5－15　工序标识

4. 工作场地物料架

用东北角法标出物料架列分隔区，用行地址找出物料架的位置，如图 5－16 所示。

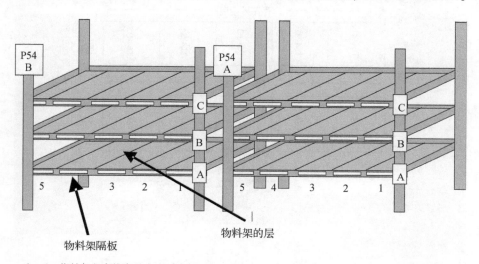

注：1. 物料架顺序按字母由小到大标记
　　2. 物料架行按字母顺序由低到高排序，列由右到左排列

图 5－16　物料架标识

5. 缓冲超市

用列和行地址找出缓冲超市货架和存储位置，用一个字母标识缓冲超市的层，用一个数字标识层内的行，如图5-17、图5-18所示。

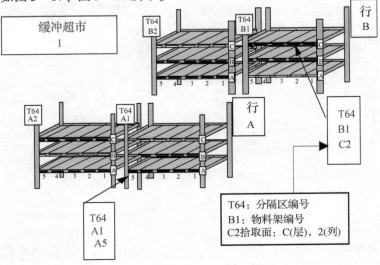

图5-17　缓冲超市标识

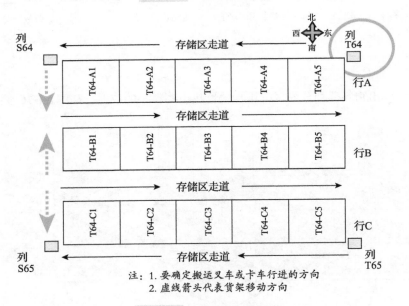

注：1. 要确定搬运叉车或卡车行进的方向
　　2. 虚线箭头代表货架移动方向

图5-18　缓冲超市俯视图

6. 散装材料存储区

散装材料存储区标识如图5-19所示。

7. 生产区

生产区标识如图5-20所示。

尺寸：45mm×60mm
字母：两侧黑色笔书写
注：用白板书写，便于擦除

a)

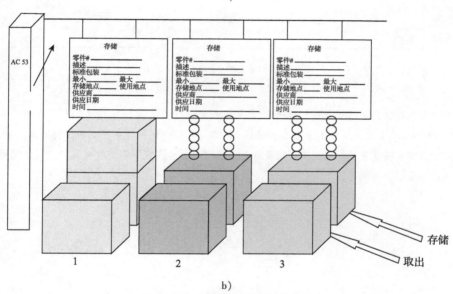

b)

图 5-19 散装材料存储区标识

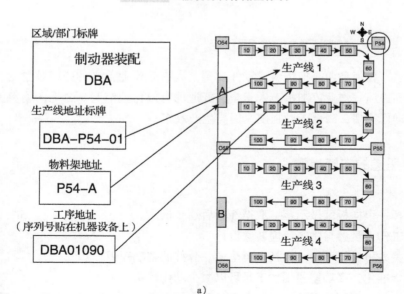

a)

图 5-20 生产区标识

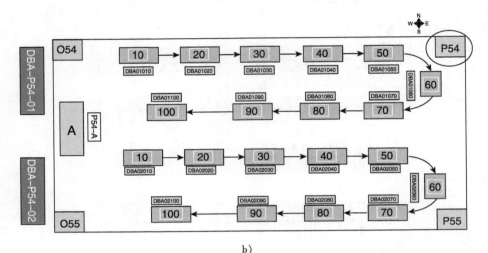

b)

图 5－20 生产区标识（续）

注：①缓冲超市建议使用移动货架；②移动货架保持足够间隙，装卸货物时工人可以用机动设备作业（货架和移动设备之间保持 1 米左右间隔），使工人有跨一步并转身的空间，而不是只能扭转背部；③对空间变化提前预见，能灵活调整缓冲超市空间。在生产现场不建议使用大尺寸固定货架，移动货架能尽量减少在制品。

05 单元五　物料呈递

物料呈递

一、物料呈递的含义

物料呈递是把物料或零件放到工人有效作业范围的指定装置上，以方便取用和送回。作业范围指工人安全、舒适的有效作业空间。合理的物料呈递可以减少动作浪费，降低劳动强度，提高生产效率。

二、物料呈递的实施步骤

1. 基本步骤

（1）先选择一个样板区做示范，取得经验后逐步推广。

（2）现场工作人员参与物料呈递装置设计。

（3）对相关人员进行培训，包括物料呈递、分拣的基础知识。

（4）工具标准化，多功能通用性工具可以减少动作浪费。

（5）找出容易出问题的零件，比较典型的是容易混淆、不好取放、易破碎的零件。

2. 问题检查

设计物料呈递方式时，应检查以下问题：

（1）拿零件时弯腰、伸手和扭转身体的动作最小吗？物料、量具、零件和周转箱能有序摆放并减少动作浪费吗？

（2）工人操作时走动或移动的距离能缩短吗？

（3）工人举高物品在动作范围内吗？

（4）使用护栏、托盘、专用小车、移动工作台和同步升降装置能减少劳动量吗？

（5）能用零件滑动替代搬运吗？使用送料滑动装置、漏斗、陡坡道、传送带、弹射机或夹具等装置能有效促进"一个流"生产吗？

（6）用色彩编码、标签标注周转箱、拉动卡、存储区等能帮助正确识别零件吗？

（7）物料是否存放在指定位置，并按标准摆放？

（8）是否符合先进先出原则？

（9）物料呈递装置在工人活动范围内吗？零件数量是否由传递时间和缓冲量决定？

（10）在混合生产线上工序间用物料呈递装置能缩短品种切换时间吗？当换产调整时，物料呈递装置能迅速移进或移出工作区吗？

（11）物料放置密度提高能减少拾取面（增加滚动物料架数量并减少宽度）吗？能降低生产波动性吗？

（12）移动货架能促进生产现场维护、清洁、更换物料和快速换产吗？

（13）物料呈递方式体现人性关怀（如周转箱放在合适位置、揭去盖子、剪断包装绳、零件摆放有序）吗？

（14）再包装或零件排序、配套能方便物料呈递吗？垫板使用量达到最小吗？

（15）零件进出位置和最大/最小量有明显标记吗？

（16）零件呈递装置、空周转箱和垫板的位置有明显标记吗？

三、设计物料呈递装置需要考虑的相关因素

1. 铝合金线材制作装置

铝合金线材柔性系统能有针对性地设计物料处理和呈递装置，提供了一种低成本和快速制作物料呈递装置的材料，具有柔性和重复性的特点，有助于持续改善，特别适用于轻负荷场合。

2. 方形槽钢制作装置

方形槽钢接头装置也非常有效，与线材柔性系统具有相同功能，适用于重负荷场合。

3. 移动货架运送

移动货架把物料（通常用周转箱盛放）或空周转箱送到加工现场或超市，并且支持先进先出，减少工人走动浪费。

4. 传送方法设计

斜道、漏斗和滑轨倾斜放置能使零件（不用周转箱）向下方移动到操作工人跟前，这是一种有效的零件传送方式。斜道、漏斗和滑轨能减少周转箱使用量，使零件定位呈递到操作工人面前的方式标准化，有助于工作场地组织和管理。

倾斜、旋转工作台和升降/提升装置也可用于零件呈递。操作工人站立操作,使用倾斜旋转工作台和提升装置把周转箱送到跟前,有助于人机协调。当周转箱较大时,通常使用这些装置呈递物料。

5. 其他

生产组织当中尽量小批量或成套供应,尽可能不用周转箱,供应商发运包装箱最好直接就是物料呈递包装箱;生产过程中产生的各种废物、包装材料要尽快清除,时刻保持现场整洁;根据资源状况,对物料呈递装置持续改进。

单元六 车间信息发布

一、车间信息中心

1. 车间信息中心的含义

车间信息中心是指在员工聚集区域,利用合适的设施设备展示车间生产情况,接待来访嘉宾,同时展示产品或设备样品,陈列荣誉证书,公布生产进度和目标达成度等相关统计数据。信息交流中心应及时更新内容,以增加对员工的吸引力。

2. 车间信息中心的实施步骤

(1)在生产现场选择一块适宜的区域。

(2)明确责任人,定期更换或更新内容。

(3)配备相应的硬件设施(照明、墙报、玻璃框等)。

(4)根据展示的内容设计专栏,如工厂布局、精益生产、生产计划和统计表等。

(5)获取信息,展示在相关专栏中。

(6)把工厂实时信息发布在相关专栏中。

(7)持续改进,不断增强对员工的吸引力。

二、生产区信息公告板

1. 生产区信息公告板的含义

生产区信息公告板位于生产现场,为团队成员提供信息交流的场地。团队可以按班组、生产线、产品工艺或生产区域划分。设立生产区信息公告板的目的是促进团队动态沟通,更好地实现团队目标。作为领导和员工之间沟通的媒介,公告板应随时更新,及时发布生产情况、团队建设和组织改进方面的信息。

2. 生产区信息公告板的实施步骤

(1)团队领导制订管理制度,明确发布信息的内容和管理办法。

(2)鼓励团队成员创造性地设计生产区信息公告板。

（3）能针对员工反映的问题采取相应措施，促进持续改善。

（4）活动板报作为一种展示方式，能让领导及时了解生产情况，帮助解决存在的问题。

三、车间信息发布的内容

1. 生产经营信息

生产经营信息包括安全健康生产、紧急情况撤离路线和集中点、标准作业规程和管理制度、产品生产工艺、价值流管理、预防维修计划、生产绩效统计、目视标识说明等信息。

2. 团队建设信息

团队建设信息包括会议日程、会议纪要、个人和团队表彰激励、合理化建议、工作岗位轮换计划、交接班记录、工人技术等级、工作场地组织和检查表等信息。

附：车间信息发布——生产区信息公告板示例，如图 5 - 21 所示。

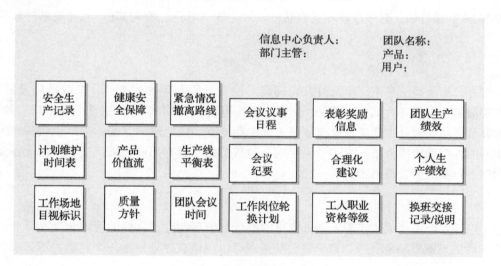

图 5 - 21　生产区信息公告板示例

07
单元七　办公场地 5S 管理

一、办公场地 5S 管理的含义

办公场地
5S管理

将 5S 管理方法应用到办公场所，可以创造良好的办公环境，提高办公效率；物品归类存放，可以提高信息查询的便捷性和安全性，消除寻找文件和资料造成的浪费，保证资料的安全性；领导要以身作则，并且支持和指导他人运用 5S 管理来改善办公场地。

二、办公场地 5S 管理的实施步骤

办公场地实施 5S 管理首先要明确目标，可以学习别人的经验，也可以自我创新，但要在全体成员之间达成共识。

1. 整理

办公室物品分类整理，清除不常用的物品，如：多余的办公桌和文件柜，陈旧的投影仪、电视机和计算机，多余的桌椅，过期的文件资料，陈旧的产品样品、废品等。

抽出专门时间让办公室全体员工集中检查公用存储区、储藏柜和空房间，确定物品的归属位置。参考生产现场 5S 管理对物品贴标签分类，确定哪些需要处理或放入存储间，哪些需要放在工作地点。列表标识要清洁的物品，清洁以后放置在新的位置。

2. 整顿

根据 5S 管理目标，有序存放各类物品，做到"物有其位、物在其位"，需要的时候很容易找到。

3. 清扫

保持办公场所整洁有序，能及时发现问题。检查污物和碎片的来源，采取措施及时消除。明确需要清洁的位置（存储区、桌椅、门窗、墙面等）。清扫办公室，擦洗办公桌椅、储存柜、白板及办公用品。划分责任区，公布责任人，定期检查。规定清洁方法，指导说明每种工具或清洁用品的性能和使用方法。安排专人定期为地板打蜡、检查照明设施。所有不用文件及时归档。制定办公室卫生管理制度。

4. 清洁

为了保持前期工作成效，需要制订完善的办公室管理制度，良好的管理制度和行为规范能够让员工产生归属感和自豪感。如果移动某样东西，应该在原处划出一个轮廓，不影响位置的变化。

（1）办公室色彩编码示例（见表 5 - 9）。

表 5 - 9　办公室色彩编码示例

颜色	适用对象
深绿色	顶部轮廓线
蓝色	墙壁轮廓线
黄色	地面轮廓线
灰色	静止物品（垃圾桶、风扇和储藏柜等）
黑色、黄色	危险物品、化学材料
黄色	地面轮廓线（胶带）（可选）
灰色	所有静止的物品（垃圾桶、风扇和储藏柜等）
黑色、黄色	危险材料、化学物品

（2）投影仪目视管理示例：①投影仪上贴标签，以做识别；②办公桌上用绿色胶带粘贴投影仪的轮廓线；③移动架用黄色轮廓线；④调焦按钮用一条线标记，表示准确的调焦位置；⑤顶端用一条线标记合适的校正角度。如图 5 - 22 所示。

（3）办公室 5S 管理示例：

1）办公室物品 5S 管理示例：①所有物品做标记，如名称、放置位置、编号以及最大/最小数量；②除了因为整齐的原因，物品不应放在储藏柜顶部或登高才能取到的位置；③物品摆放注意外观整洁，在 30 秒内能找到；④对参考资料做标记，及时归档；⑤部门间公用的资料应放置在方便取用的位置，使用者不用问他人就能找到；⑥目录应按产品或字母顺序排列；⑦整套书划斜线连接，按顺序摆放；⑧公用资料架、储藏柜和抽屉用标签标记；⑨目视法标注房间物品，把物品清单贴在门背面或入口处，附带一张物品摆放位置图，贴一张作息时间表。如图 5 - 23 所示。

图 5 - 22　投影仪目视管理示例　　　　图 5 - 23　办公室物品 5S 管理示例

2）办公室/会议室空间布局 5S 管理示例：所有的办公室入口贴一张平面布置示意图，标注办公室名称、标有主人姓名的办公桌位置，还包括工作人员职责分工、联系电话、便签条、指北标记、邮政编码、通信地址等。办公室空间布局 5S 管理示例如图 5 - 24 所示。会议室空间布局 5S 管理示例如图 5 - 25 所示。

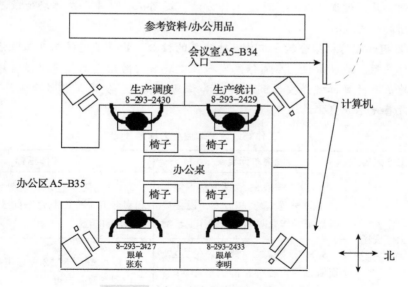

图 5 - 24　办公室空间布局 5S 管理示例

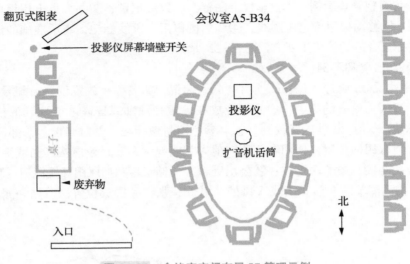

翻页式图表

会议室A5-B34

投影仪屏幕墙壁开关

投影仪

扩音机话筒

桌子

废弃物

北

入口

图5-25 会议室空间布局5S管理示例

办公室5S管理要定期检查,制订办公场地5S管理制度和进程表,规定统一标准,全体员工遵照执行。

5. 持续改进

团队领导要表彰先进,鼓励提出合理化建议,促进持续改善,减少或消除办公室浪费现象。持续不断的改进工作要制度化,团队领导要根据日常工作检查所掌握的信息,确定持续改进工作的目标和重点。

模块小结

工作场地改善是通过现场改善,改进工作方法,提高工作效率。工作场地改善是系统性活动,是持续不断的改进过程。

5S管理和目视管理有机结合构成工作场地改善的核心,物料呈递是工业工程原理在工作场地改善中的具体应用,地址系统、车间信息发布促进现场实时动态的信息交流,增强团队的凝聚力。工作场地改善的目标就是要做到物料流和信息流畅通,提高工作效率,降低生产成本。工作场地持续改善是不断优化的过程。

工作场地改善职业能力标准

职业功能	工作内容	能力单元要素	实作指标
3. 工作场地改善	3.1 工作现场5S管理	3.1.1 掌握5S管理方法,能制订车间5S管理实施方案,以提高工作现场作业效率,改善作业环境	3.1.1 能从整理、整顿、清扫、清洁和素养五个方面制订车间5S管理组织实施步骤和方法
		3.1.2 熟悉5S管理评价方法,能制订评价标准,持续推进5S管理活动	3.1.2 能落实5S管理责任制,能制订工作现场改善制度

（续）

职业功能	工作内容	能力单元要素	实作指标
3.工作场地改善	3.1 工作现场5S管理	3.1.3 熟悉办公室5S管理方法，能组织实施办公室5S管理，以提高办公效率，改善办公环境	3.1.3 能按照5S管理方法实施办公室5S管理
	3.2 车间地址系统	3.2.1 掌握车间地址系统编制方法，能编制车间地址系统，合理规划和管理生产空间	3.2.1 能用东北角法划分车间区域，编制车间地址系统
		3.2.2 熟悉车间地址系统实施方法，能按地址系统布局放置物品，做到"物有其位、物在其位"	3.2.2 能按地址系统规划放置物品，能迅速找到物品，用完放回
	3.3 目视管理	3.3.1 掌握目视管理方法，能制订车间目视管理改造方案，实现透明化管理	3.3.1 能对生产现场做目视化标识，学会用公告板、提示板、作业进度表、标准作业流程图、红牌标志、地标线、警示线等做标识
		3.3.2 熟悉目视管理改进方法，能持续改进车间目视管理，提高目视化管理水平	3.3.2 能按照目视化管理三个等级持续改进车间目视化管理水平
	3.4 物品呈递	3.4.1 掌握物品呈递原则与方法，能制订物品呈递改进方案，减少动作浪费	3.4.1 能按照动作经济原则分阶段、分步骤改进物品呈递方式
		3.4.2 能结合生产现场实际，持续改进物品呈递方式，不断引入先进技术和方法	3.4.2 能根据生产变化和科学技术进步，持续改进物品呈递方式
	3.5 安全健康	3.5.1 熟悉安全健康生产管理法规，能制订车间安全健康生产制度，保障工人的健康和安全	3.5.1 能根据国家和行业安全生产管理制度，结合生产实际制订车间安全健康生产制度
		3.5.2 能按照有关制度，监督执行安全健康生产，严格遵守安全健康生产条例	3.5.2 能用绿十字法、安全健康警示标识等方法监督安全健康条例执行情况
	3.6 车间信息发布	3.6.1 熟悉车间信息发布内容与方式，能规划车间信息发布渠道，及时通报车间信息	3.6.1 能规划设计车间信息公告板，发布车间组织架构、产品信息、管理制度、荣誉榜等信息
		3.6.2 熟悉生产区信息发布内容与方式，能进行生产区信息发布	3.6.2 能规划生产区信息公告板，发布生产班次、生产进度、标准作业规程、多能工作业等信息

（续）

职业功能	工作内容	能力单元要素	实作指标
		培训后达到水平	
3. 工作场地改善	水平综述	能以提高工作效率、维护生产环境为目的改善工作场地，掌握5S管理方法，能制订5S管理实施方案及评价标准；掌握车间地址系统、目视管理方法，能合理规划车间布局，有效实施目视管理并持续改进；掌握物品呈递原则方法，能结合生产实际制订物品呈递改进方案；熟悉安全健康生产条例，制订车间安全生产管理制度并监督执行；熟悉车间信息发布内容与方式，能建立车间信息发布渠道	
	学习水平（培训对象获得学习成果）		能力水平（培训对象展示能力）
	掌握生产现场、办公室5S管理步骤与方法，熟悉5S管理评价方法；掌握车间地址系统、目视管理方法、物品呈递方法，熟悉安全健康生产法规，掌握车间信息发布方式		能制定车间5S管理实施方案及评价标准，组织实施办公室5S管理；能制订车间地址系统、目视管理、物品呈递实施方案；能制订安全生产管理制度并监督执行；能建立车间信息发布渠道

| 练习与思考 |

一、单选题

1. 工作场地改善目标是为了促进生产现场_____。
   A. 减少浪费 B. 物料流动 C. 改善工作环境 D. 提高员工士气
2. _____是目视管理评价的关键项。
   A. 提高质量 B. 降低成本 C. 支持精益生产 D. 快速响应
3. 实施5S管理要"大处着眼、小处着手"，做到"物有其位、物在其位"，_____是其成功的保证。
   A. 员工积极参与 B. 资金投入 C. 职责明确 D. 领导重视
4. _____是维护工作场地的关键。
   A. 制定标准规程 B. 使用标签、地面标记、色彩编码
   C. 责任落实到人 D. 员工素养
5. 目视管理让现场人员凭感觉判断生产是否正常，可以实现_____。
   A. 安全生产 B. 快速响应 C. 减少浪费 D. 缩短生产周期
6. 实现工作场地组织的有效办法是_____。
   A. 树立样板，示范引领 B. 整体规划，分步实施
   C. 边做边实践，以点带面 D. 学习成功企业，照样复制
7. 生产现场最好采用_____，以支持先进先出、减少走动时间。
   A. 斜道、漏斗和滑轨 B. 滚动货架 C. 升降/提升装置 D. 旋转工作台
8. 办公场所同样可以实施_____，目的是提高办公效率、保证资料的安全性、消除寻找文件和资料造成的浪费。

A. 目视管理　　　　　B. 5S 管理　　　　　C. 地址系统　　　D. 看板管理

9. 工作场地组织目标的制订，必须通过_____的方式，以推动全体员工自发主动参与。

A. 共同研讨　　　　　B. 领导参与　　　　　C. 专家咨询　　　D. 广泛征求意见

10. _____是用户对企业的第一印象。

A. 产品　　　　　　　B. 员工素养　　　　　C. 生产线　　　　D. 现场环境

二、 简答题

1. 工作场地改善包括哪些主要内容？为什么要进行工作场地改善？

2. 什么是 5S 管理？5S 管理的目标是什么？

3. 5S 管理为什么要与目视管理结合实施？其主要作用有哪些？

4. 建立车间地址系统的目的是什么？

5. 合理呈递物料要注意哪些问题？

6. 车间通过什么方式发布信息？分别包含哪些内容？

7. 办公场地如何实现 5S 管理？

三、 综合练习

采用 5S 管理、目视管理、地址系统等管理工具，结合工作现场提出改造方案。

要求：

1. 方案重点突出，改进目标明确，实施步骤可行，效果显著。

2. 借助文字、图形、表格阐明观点，可借助相关软件设计。

3. 文字表述简明扼要，在 1 000 字以内说明主要观点。

模块六
精益生产物流

学习目标

- 理解精益生产物流的含义、目标及系统结构
- 熟悉物料供应到成品发送的物流过程
- 掌握物料发送和接收的方法和步骤
- 理解零件计划含义
- 熟悉车间内部配送运行程序
- 掌握周转箱存储和回收程序
- 掌握分包装、排序和配套等物料处理程序
- 了解精益生产物流服务商和供应商拉动

01 单元一 精益生产物流概述

一、精益生产物流的含义

1. 企业物流

精益生产
物流概述

　　企业物流（Internal Logistics）是指企业内部的物品实体流动。它从企业角度研究与之有关的物流活动，是具体的、微观的，也是物流活动的典型领域。企业物流可区分为不同类型的物流活动，包括供应物流、生产物流、销售物流、回收物流、废弃物物流等。

　　物流活动是伴随着企业的投入→转换→产出而发生的。与投入相对应的是企业外供应或企业外输入物流，与转换相对应的是企业内生产物流或企业内转换物流，与产出相对应的是企业外销售物流或企业外服务物流。由此可见，物流渗透到企业的各项经营活动之中，如图 6-1 所示。

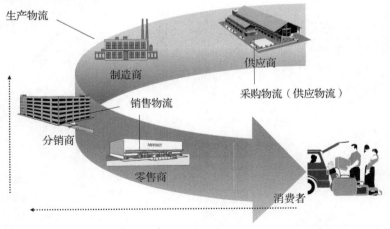

图 6-1　企业物流

2. 准时化物流

（1）准时化物流的含义：

准时化物流源于准时化生产，指以最小的总费用，按用户需求，将物料从供给地向需要地转移的过程，强调只在必要的时间，供应必要数量的必要产品，包括运输、储存、包装、装卸、流通加工、信息处理等活动。

准时化物流要求上游产品在规定的时间内，准确、及时地满足下游产品生产的需求，在保证数量和质量的基础上，强调运送的时间既不能提前，也不能延后。无论是在上游生产之后还是在下游生产之前都不应存在超出规定或者不合理的库存，零件从上道工序准时到达下道工序，并被下道工序迅速加工和转移。

准时化物流是精益思想的体现，是一组活动的集合，其目的是在原材料、在制品及产成品库存最小的情况下，能保持快节奏的连续流拉动生产，是企业物流的较高水平，它通过准时化供应，减少生产环节以外的库存，从而达到降低成本的目的。

（2）准时化物流的特点：

①以用户需求为中心。在准时化物流系统中，用户需求是驱动生产的原动力，是价值流的出发点。价值流流动要靠下游用户来拉动，当用户没有发出需求指令时，上游任何部分不提供服务，而当用户需求指令发出后，则快速提供服务。

②准时。准时化物流的突出特点就是"准时"，保证物品顺畅流动的关键也是准时。准时的概念包括物品在流动中的各个环节按计划按时完成，包括交货、运输、中转、分拣、配送等各个环节。

③准确。准确包括准确的信息传递、准确的库存、准确的用户需求预测、准确的送货数量等，是保证物流准时化的重要条件之一。

④快速。准时化物流系统的快速包含对用户需求的快速反应和物品的快速流通两方面含义。准时化物流系统对用户个性需求的反应速度取决于系统的功能和流程，当用户提出需求时，系统应能对用户的需求进行快速识别和分类，并制订出与用户需求相适应的物流方案；物品的流通速度取决于物品停留节点多少、流通所经路径长短和仓储时间是否合理，以及物流的整体协调。

⑤降低成本、提高效率。准时化物流系统通过合理配置基本资源，以需定产，充分合理地运用优势和实力，进行快速反应、准时化生产，从而消除诸如设施设备空耗、人员冗余、操作延迟和资源浪费等，保证其物流系统的低成本运作。

（3）准时化物流的原则：

①小批量、多批次。

②等间隔时间供货。

③运输车辆高积载率。

④缩短作业循环时间。

⑤车辆安全行驶。

⑥运输车辆规格标准化，包装箱规格统一化。

注：积载率指运输工具一次运送的利用情况，可以分别用容积积载率、重量积载率、时间积载率三个指标评价，公式如下：

$$容积积载率 = \frac{货物容积}{积载可能容积}$$

$$重量积载率 = \frac{货物重量}{积载可能重量}$$

$$时间积载率 = 容积（重量）积载率 \times \frac{A}{A+B}$$

式中，A 表示从供应商到第一家工厂的运输时间；B 表示第一家工厂到最后一家工厂的运输时间。

3. 精益生产物流

精益生产物流是以服务企业精益生产为目标实现准时化供应的物流系统，并不断向上下游延伸形成精益生产供应链。企业首先在内部供应、生产、销售、回收环节实现精益准时化物流系统，在此基础上通过上下游协作实现精益化供应链。

二、精益生产与物流的关系

精益生产由用户需求拉动生产，以消灭浪费和快速反应为目标，使企业以最少的投入获取最佳的经济效益并提高用户的产品附加值。其核心就是精益，通过消除或减少产品开发设计、生产、管理和服务中不产生价值的活动，缩短对用户需求的反应周期，为用户创造价值，提高企业资金回报率和利润率。精益生产与传统大批量生产相比，围绕生产制造当中的人、机器设备、物料、方法、环境等现场管理要素，在管理思想和方法上发生了根本性的变革，其中由推动式生产向拉动式生产转变所带来的物流系统的改变尤为显著。

生产物流系统中的物料指生产过程中流动的原材料、在制品、成品、周转箱、辅助材料、废弃物及工夹量具等。制造企业的生产加工性质决定了物料流动是生产过程的主控对象，物流系统对生产过程起到关键支撑作用。精益生产物流在系统目标、结构、功能和运作方式上与大批量生产有着根本上的区别，对仓储、运输、装卸搬运、包装、流通加工、配送、信息处理等物流活动也赋予了新的含义。

精益生产的主要管理工具和方法与物流关系密切，物流功能的发挥对实现精益生产至关重要。以往对精益生产的学习和应用焦点集中在精益生产的管理理念和技术方法上，对精益生产物流系统的认识较少。

三、精益生产物流的目标及系统结构

1. 精益生产物流的目标

精益生产物流以支持精益生产持续改善、实现供应链一体化为目标，具体表现为：

（1）产品发送场地合理控制库存，保持生产均衡连续，完全满足用户需求。

（2）物料接收场地通过持续改善降低库存，推动供货商实施看板拉动供应。

（3）规划车间运输路线，建立配送回收循环系统。辅助生产工人配送和回收物料，直接生产工人不再领料和送料，减少非增值时间。

（4）物料呈递装置按动作经济原理设计，方便生产工人取用，减少动作浪费。

（5）工序间用小型移动货架替代在制品库，用于原材料、在制品、空周转箱的临时存放。

（6）建立车间地址系统，生产区域用坐标标识，指定物品摆放位置。

（7）物流与价值流、工艺流方向一致，看板拉动物料移动。

（8）制订"零件计划"，建立从用户到供货商的零件数据库管理系统。

（9）设计安顿系统，及时发出生产异常报警信号。

（10）现场实施"5S管理"和"目视管理"。

2. 精益生产物流系统结构

精益生产物流系统由成品发送场地、物料接收场地、车间内部配送、物料处理与呈递装置等物流要素，以及价值流、工艺流和生产节拍等信息流要素构成，如图6-2所示。

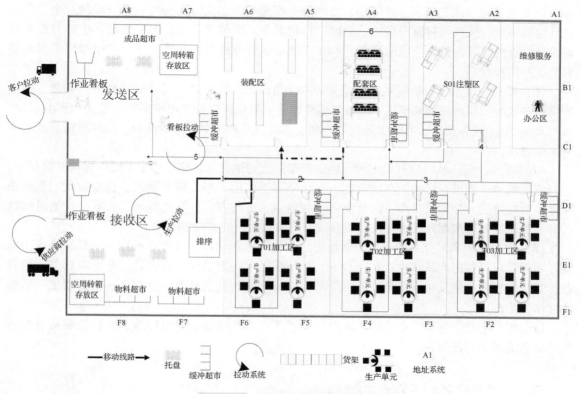

图6-2　精益生产物流系统结构

（1）成品发送场地。成品发送场地包括成品缓冲超市、货物周转场地、车辆停靠点、运输通道、空周转箱存放地，以及对应配备的物流设施设备和人员。精益生产允许保留一定的成品库存缓冲订单波动，在发送场地的缓冲超市要留出足够的成品存储空间。从用户处收回的可重复使用周转箱存放在指定地点，由辅助工人及时送回生产工序。货物周转场地用于货物分拣、发送和接收，车辆停靠点和运输通道根据运输工具和运输方式设计。成品发送场地不使用大型物流设备，尽量采用小型辅助设备搬运物料。

（2）物料接收场地。物料接收场地与成品发送场地性质相近，只是物料和空周转箱流动方向相反，即物料流入、周转箱流出。物料缓冲超市靠近运输通道，尽量节省空间占用，目视标识标注物料存放位置。整件搬运的物料放在移动货架上，散装物料（液体或粉末状）用容器盛放，留出空周转箱存放位置。空周转箱返还供货商时捆扎包装，由发货车辆运回。

物料采购与生产需求保持协调，对于品种单一、用量大、重复性强、使用频繁的原材料或零配件，优先推动供货商看板拉动。

（3）车间内部配送。这是指向生产工位配送物料、回收周转箱和成品的车间内部运输系统。为了均衡生产、控制在制品量，车间实施小批量、固定频率配送，尽量采用小型运输工具、人工搬运物料。配送路线有明显的通行和停靠标记。

（4）物料处理与呈递装置。车间指定位置设立物料接收区，在物料接收区附近设立物料处理场地（也可以设在生产车间之外），用于进行分包装、排序、配套等前期处理。

生产工位旁要设计物料呈递装置，配送人员把物料放置在上面，供生产工人取用。物料呈递装置可以设计成斜槽、传送带、弹射器、旋转箱等。

（5）价值流、工艺流和生产节拍。物流与价值流和工艺流方向保持一致，按精益生产要求设计物流系统，做到物料流程最短、运输工作量最少。价值流程图、工艺流程、生产节拍为物流系统设计的重要参数，价值流程图、产品工艺指示物流路径和环节，生产节拍和订单指示物料配送时间和频率。

（6）车间地址系统。地址系统从建筑物东北角开始，按一定的尺寸间隔划分行和列，把生产面积分成等面积的标准间隔区，用行列编号标注。间隔区内物品按序编码，做到"物有其位、物在其位"。地址系统对于有效实施目视管理、提高资源利用率、消除浪费、提高现场管理水平有重要意义。

（7）零件计划。从用户开始回溯，经生产车间直到供货商，建立每个零配件资料的数据库，包括零件编号、重量、尺寸、存储仓库、存放条件、使用工序、配套数量、包装数量、包装箱尺寸、消耗速度、外协或自产、供货商名称和地点、运输方式、发送频率等。零件计划对信息传递和物流控制协调起到关键作用，能有效支持精益生产的实施。

（8）看板管理和安顿系统。生产看板指示作业开始和结束，取料看板拉动物料在工序间移动。看板管理可根据产品和生产现场情况，选用信息卡、滚动球、周转箱、电子看板等多种目视标识。安顿系统能及时发出生产异常信号，管理人员收到信号及时赶到现场，直到把问题解决才恢复生产。

价值流、生产工艺、生产节拍、车间地址系统、零件计划、看板管理、安顿系统构成精益生产信息流的主要载体。

四、精益生产条件下物流功能的转化

精益生产条件下，仓储、运输、装卸搬运、流通加工、包装、配送和信息处理、供货商协同等功能发挥的关键在于最大限度地降低库存、减少浪费、缩短生产周期，因此传统意义上物流功能发生了转变。

1. 仓储与物料周转

精益生产以"零库存"作为追求目标，大批量生产条件下的原材料、成品仓库被取消，取而代之的是以动态流动为特点的物料接收场地和发送场地。原来用于存储大量物料的仓库转变为由移动货架组成的缓冲超市，大量缩减库存总量，现场作业活动也由对物料的"存储保管"向"拉动配送"转化。

大批量生产条件下，应对订单变动和保证交货期的办法是储存大量在制品，而精益生产用缓冲超市替代了在制品库，严格控制生产线上的在制品数量，其应对订单波动引起生产变动的

办法是在成品超市保留一定的库存，以保持生产过程的均衡稳定。

2. 车间内部配送与物料供应

车间运输很大程度上取决于早期的设备布置，一旦确定，运输不再是生产物流的核心。精益生产按照对象专业化原则，U形布置设备组成产品生产单元，生产按逆时针方向流动，使产品的运送环节最少、距离最短。物料直接送至生产工位，内部配送路线规划合理，有明显的目视标识。物料配送由辅助工人完成，定时在看板拉动下送到生产工位，并收回成品或空周转箱，不再由生产工人完成物料领取和成品递交，提高工人有效增值时间的利用率。

为了减少工人的动作浪费，工作现场用物料呈递装置传递零件，按照动作经济原则设计成斜槽、传送带、弹射器、旋转箱等，方便工人取用和呈递。生产现场实施5S管理和目视管理，做到"物有其位、物在其位"，保持现场环境整洁有序。

3. 分包装与物料处理

精益生产工序间传递物料用周转箱，原材料或零部件在加工前经过分包装、排序、配套等处理，以保证小批量、多品种、轮换生产的要求。

分包装是指将供货商提供的零部件由大包装分装到生产用小型周转箱的过程，如果与供货商达成协议，这一步可以由供货商直接完成，如图6-3所示。需要明确的是，随着精益生产水平的提高，周转箱中物料数量逐步减少直至不用周转箱，最终形成一个流生产。

排序是指把具有相同加工工艺、规格种类不同的加工对象，按照加工顺序预先摆放在周转箱或托盘的过程，由操作工人按序轮换加工，如图6-4所示。排序也是成组加工技术的常用方法之一。

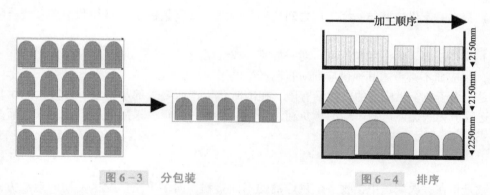

图6-3 分包装　　　　　　　图6-4 排序

配套是指成品装配前，预先把所需零部件配套组合摆放在托盘上，再送至装配车间的前期准备工作，可以减少工人四处走动寻找零配件的时间，如图6-5所示。

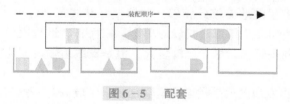

图6-5 配套

4. 信息处理和供应商拉动

精益生产的信息处理表现在物流和信息流的同步性上。价值流管理规定物流和信息流的路线环节，车间地址系统标注设施设备和物品位置，零件计划包含了每种零件从用户到供货商的全部信息，看板管理实现信息流和物流的统一，安顿系统用最快的速度将生产异常信息传递到相关人员。

供应商拉动是企业看板管理由内向外的延伸，在与供货商建立共同利益联盟的基础上，达到物料直接送达生产场地、减少物流环节的目的。企业在完善内部看板拉动系统的基础上，逐步推动供货商实施拉动，最终形成完整的供应链管理体系。

5. 精益生产物流系统的组织保障

为了保证生产与物流的统一协调，成立生产控制与物流中心（PC&L），承担核定物料和劳动定额、制订作业标准、生产现场管理、物料采购、成品发运、联系供货商等职责，并通过调整物料定额、减少看板数量来推动精益生产持续改善。

五、精益生产物流方式

（一）工厂间物流

工厂间物流是指大型企业各专业工厂间的运输物流或独立工厂与材料、配件供应工厂之间的物流，常见的有直送物流、混载物流和中继物流三种形式。

1. 直送物流

直送是指运输车只在一家供应商与一家工厂之间运输，服务用户较少时可以采用这种方式，其特点是：

（1）只在一家供应商与一家工厂之间运输，因此没有复杂的运输路线和信息系统，物流管理简单。

（2）责任清晰，供应商与厂家一对一核算，权责明晰。

（3）供应商不必考虑其他供应商对自己产生的影响。

但是，由于单个供应商的供货量有限，在准时化生产所要求的小批量、多频次的供货方式下，直送物流无法保证运输车辆的满负荷。因此，企业一般很少采用此类运输方式，而多采用混载方式。

2. 混载物流

混载是指在一次配送中接收多个供应商的不同货物，向多个工厂配送货物的运载方式，分为目的地混载和出发地混载两种形式。

（1）目的地混载。目的地混载是指运输车辆在一家供应商与多家工厂之间运输，如图6-6所示。这种运输方式要求目的地应彼此相邻，前期做好路线规划和模拟。其特点是责任清晰、积载率高，但因为供应商向多个厂家送货，对单个厂家而言，运输周期会变长，从而导致提前期变长。而且就时间积载率而言，尽管运输量大，但是支线运输时间比较长，所以时间积载率较低。

（2）出发地混载。出发地混载是指运输车辆在多家供应商与一家工厂之间运输，要求出发地彼此相邻，前期做好路线规划和模拟，如图6-7所示。这种运输方式由于为多个供应商向一个厂家供货，运货量增加，所以积载率较大，供应商可以实现小批量、多频次送货。但供应商装运方多，导致提前期长，如果某个供应商不发货，会出现空位。

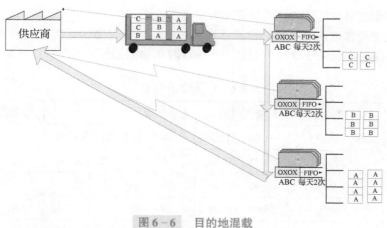

图 6 - 6　目的地混载

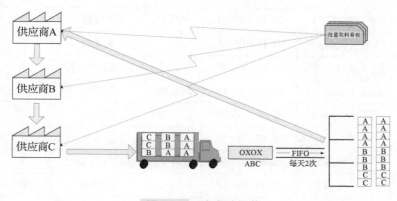

图 6 - 7　出发地混载

3. 中继物流

当供应商距厂家较远，且供应商之间距离较近时，可采用中继物流的运送方式。中转站在供应商与厂家之间距离供应商较近的地方建立，供应商与中转站之间的运输属于支线运输，中转站与厂家之间的运输属于干线运输，如图 6 - 8 所示。

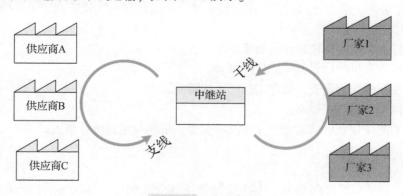

图 6 - 8　中继物流

中继物流由于干线上货物运输量比较大，容易实现多频次、小批量运输；厂家对单个供应商的订货量减少时，通过在中转站集货的过程，总的批量也不小，运输车辆几乎不会出现积载率低的现象，因而能够对厂家的订货量变化做出迅速反应。

中继物流配送经常用到的工具是物流计划表，通过对供应商送货时间、品种、数量、停车位置做出明确规定，不仅便于管理，而且为实现准时化物流创造了条件，见表6-1。

表6-1 物流计划表

零件（材料）	路线	物流时间	包装数量	器具数	停车位	物流通道
M6 保险杠 18	采（奥齐）	01:00 – 01:15	4	2 前杠/3 后杠	7	物流作业区
座椅 29	采（江森）	01:15 – 10:30	6	按看板	8	物流作业区
座椅 30	采（江森）	01:45 – 02:00	6	按看板	8	物流作业区
蓄电池 1	采（天津统一）	08:00 – 08:10	20	2	6	物流作业区
M6 保险杠 1	采（奥齐）	08:00 – 08:10	4	2 前杠/3 后杠	7	物流作业区
工位器具车 1	采（孟家库）	08:10 – 08:30	多品种	按看板	6	物流作业区
座椅 1	采（江森）	08:15 – 08:30	6	按看板	8	物流作业区
M6 门护板 1	采（全兴工业）	08:30 – 08:40	10	2 左门/2 右门	7	物流作业区
通体色件 1	采（车身附属）	08:30 – 08:40	多品种	按看板	8	物流作业区
工位器具车 2	采（孟家库）	08:30 – 08:50	多品种	按看板	6	物流作业区
空调系统	采（富（杰））	08:40 – 08:50	多品种	按看板	5	物流作业区
M6 保险杠 2	采（奥齐）	08:40 – 08:50	4	3 前杠/2 后杠	7	物流作业区
座椅 2	采（江森）	08:40 – 08:55	6	按看板	8	物流作业区
轮胎 1	采（股（轮））	08:55 – 09:10	32	3	5	物流作业区
配货散件 1	采（孟家库）	09:00 – 09:20	多品种	按看板	6	物流作业区

编制物流计划表应考虑厂内行车路线和停车位、运输基础设施（如高速公路、火车、港口等）、相关法律法规（如厂内行驶时间、速度的规定）、异常天气应对等因素。需要的信息包括：①零件号、零件名称、单台使用数量；②包装尺寸、包装体积；③供应商、送货物流区。

编制物流计划表的步骤如下：

（1）根据厂址和车间位置制作出物流图。

（2）根据年、月生产计划制作货量计算表。

（3）通过物流图和货量表，确定工厂间运输路线。

（4）确定运输车辆的积载率。

（5）拟订物流计划表后试运行，并做及时调整，最终确定物流计划表。

（二）工厂内物流

工厂内物流包括车间之间物流、生产线间物流和受入物流，如图6-2所示。车间之间物流、生产线间物流与工厂间物流相似，这里重点介绍受入物流。

受入物流指物料由集货场、配货场到生产线的物料传送过程，包括生产线物流、配货场物流和集货场物流。

1. 生产线物流的基本原则

（1）操作人员安排尽量紧凑，以减少相邻工作间的走动浪费。

（2）每段物流量要均衡，这样有利于均衡物流人员的劳动强度，为实现准时化物流创造条件。

（3）利用堆积柱形图均衡每位物流配送人员的作业时间，并使其满负荷工作，实现少人化，如图 6-9 所示。

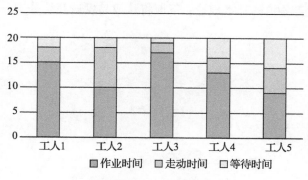

图 6-9　工人作业堆积

（4）如果体积大的零件聚集在某一个工位，则占地面积大，导致该工位操作者走动浪费，而且路线长，容易越位。因此，体积大的零件要尽量分散，这样可以尽可能多地将同一工位的零件集中放置，减少操作人员的走动浪费。

（5）重量大的零件放在货架底部，这样可以降低整个货架的重心，提高操作人员的安全性，还可以延长器具的使用寿命。

2. 配货场物流的基本原则

（1）配货场实际上就是中转站，应离需求方即生产线较近。

（2）运输车的行走方向应与生产线的运行方向一致，因为从离生产线最近端开始配货可以减少载货时间。

（3）运输车的配货顺序与生产线上的装配顺序（即卸货顺序）相反，这样可以减少送货时搬运的浪费，如图 6-10 所示。

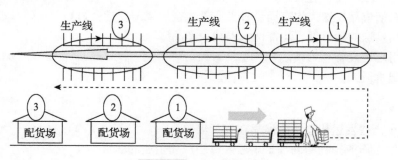

图 6-10　生产线配送

（4）配货区货架零件的摆放基本按生产线工艺顺序摆放，这样可以减少配货人员搬运的次数，从而减少搬运时产生的零件擦碰现象，保证零件的质量。

（5）重量大的零件放在运输车的底层，可调节运输工具的重心，便于运输，减少对其他零件的挤压。易损件尽量放在其他零件的上面。

3．集货场物流的基本原则

（1）集货场实际上也是中转站，应离配货场较近，以减少走动浪费。

（2）集货场的面积与混流品种、包装数量以及每日生产的产品有关，混流越多、包装数量越多，集货场的面积就要越大。

以上介绍了精益生产物流的基本理论，下面将从成品发送开始分别介绍精益生产物流如何实施。

单元二　成品发送

成品发送

一、成品发送的含义

成品发送指操作人员在发货场地向用户发送成品的作业，管理人员以满足用户需求为目标，编制现场产品发货和周转箱回收作业计划，按订单要求准时向用户发送，并有效利用现有资源，协调各作业环节减少浪费。

二、成品发送的管理目标与实施要点

1．管理目标

（1）现场作业管理：

①确定运输方法并核算费用，如车辆装载、循环配送、零担运输、铁路运输。

②合理调配人员，调动员工积极性，增强主人翁意识和责任感。

（2）均衡配置资源：

①发挥员工的积极性，有效开发人力资源。

②均衡长短期成品发送，均衡周、日工作量，合理调配发货台。

③提高成品发送的预见性、均衡性，以减少产品库存。

④有效使用现有设备和工具。

⑤合理调配承运人。

2．实施要点

（1）运输车辆按发运作业排序停靠在发货出口。

（2）成品发送作业排程明确规定承运人、用户和企业的职责。

（3）现场实行目视管理，工作人员随时查验成品发送计划执行情况，以及承运人、产品、场地和时间的一致性。

（4）按周、天、时安排作业，平衡作业负荷和产品库存量。

（5）有效利用和配置发货场地资源。

（6）作业场地要求：①有序组织装卸搬运；②目视标识指示周转箱或成品位置。

（7）供货商、用户和承运人之间建立信息反馈系统，随时沟通信息、处理异常情况。异常情况处理包括：①货物不能按时运到，承运人要确保立即告知用户；②如货物不能按时到达，应及时调整作业进程；③在作业看板上标注异常情况；④及时向用户通报运输信息；⑤及时处理出现的其他问题。

（8）尽可能采用甩挂拖车运输。

（9）保证作业安全。

（10）仔细核对物料箱中货物种类和数量。

（11）根据发货时间、运输量核定驾驶员人数。

（12）灵活应对出现的其他随机情况。

三、成品发送的实施步骤

1. 组织成品发送

（1）组建作业团队。

（2）用图表分析两周以上的历史数据，按天和工作班次分析客户、承运人之间的发送规律。

（3）明确成品发送活动，包括：发运场地轮班时间、货物发运顺序和人员安排，关键制约因素、分歧及问题，如专用设备、装卸搬运时间、劳动保护等。

（4）初步制订成品发送计划，包括：客户接收方式，运输（承运商、方式、时间），以往作业方式，升降叉车数量，发运场地工人完成作业的优先顺序等。

（5）管理人员和工人讨论成品发送计划。

（6）与用户联系，核定发货数量、包装、接收方式和可行性。

（7）与承运商联系，保证按时完成运输任务。

（8）核定发货台数量和位置，合理调配发货台。

（9）安排成品发送：①明确发货场地和产品供应部门职责；②根据需要调整库存和发送频率；③更新目视管理标识；④与用户和承运人确认发货时间。

（10）设置目视作业标识，包括：①成品发送看板；②成品发送对策表。

（11）根据工作程序和作业计划规定作业标准：①现场工作人员必须按看板指示完成成品发送；②现场工作人员必须及时在监控栏记录异常情况。

（12）组织工作场地：①标注发货台位置；②调配车辆进出通道。

2. 回收产品周转箱

（1）组建作业团队。

（2）规划超市和发运台位置。

（3）确定从发货台到成品超市的运送流程。

（4）确定周转箱接收、运输和存放流程。

（5）明确运送产品所需运输工具类型和数量。

（6）明确运送周转箱所需运输工具类型和数量。

注：运送产品和周转箱最好由同一家承运商完成。

(7) 制订现场管理制度。

(8) 与成品发送计划结合制订物料周转箱回收计划。

(9) 严格执行管理制度，在发货、承运和接收环节寻找问题点，持续改进。

3. 注意事项

(1) 成品发送现场实施目视管理。

(2) 可能情况下取消发货台，以减少中间环节。

(3) 记录承运人运输情况，分析"准时"和"延误"到达的原因。

(4) 重点掌握用户对产品接收的要求。

(5) 发货和用户收货保持协调。

(6) 承运人发货延迟，及时向工厂报告。

(7) 为了避免中断发货，合理安排车辆装卸作业，后到车辆可以等待发货台空闲。

(8) 生产控制与物流中心评判运输绩效，及时向承运商通报。

(9) 根据企业经营计划适时调整成品发送计划。

(10) 掌握影响成品发送的因素（如人力、设备、气候、用户要求等）。

(11) 成品发送看板应简洁明了，用即写即擦看板，以便于修改和重复使用。

(12) 成品发送作业持续改善。

四、成品发送看板和对策表

1. 成品发送看板

(1) 每天上班前用看板发布成品发送计划（承运人—用户）。

(2) 按顺序安排运输车辆装货时间。

(3) 承运商用彩色编码分辨。

(4) 承运商到达，工作人员在看板上做标记，标注守时状况。

具体见表6-2，其中：

Z：代表准时完成承运任务。

Y：承运商延迟完成。在对策表上记录承运商代码、日期、时间、原因和应对策略。

Q：产品数量不符合要求。在对策表上记录承运商代码、日期、时间、原因（产品代码和供货商）和应对策略。

W：发货延迟。在对策表上记录承运商代码、日期、时间、原因和应对策略。

表6-2　成品发送看板

时间	发货台		
	1	2	3
8:00	用户：A 产品：Wp、Wq 运输车辆：S1 完成情况：Z		用户：B 产品：Wp、Wq 运输车辆：S2 完成情况：Z

日期：2021年5月16日　　　　班次：1

（续）

时间	发货台		
	1	2	3
	日期：2021 年 5 月 16 日　　　　班次：1		
8:30		用户：C 产品：Wq 运输车辆：S3 完成情况：W	
9:00	用户：D 产品：Wp、Wq 运输车辆：S4 完成情况：Y		用户：E 产品：Wp 运输车辆：S5 完成情况：Z
9:30		用户：F 产品：Wp、Wq 运输车辆：S1 完成情况：Q	
10:00		用户：A 产品：Wp 运输车辆：S2 完成情况：Z	
10:30	用户：B 产品：Wp、Wq 运输车辆：S3 完成情况：Z		
11:00			用户：D 产品：Wp、Wq 运输车辆：S4 完成情况：Y
	…	…	…

注：Z（绿色）准时到达　　　Y（红色）运输延误
　　Q（红色）产品短缺　　　W（红色）装运延误

2. 对策表

（1）发货工人和管理人员随时关注对策表。

（2）对策表用文本形式记录，每周向生产控制与物流中心汇报。

（3）长期存在的问题采用 PDCA 循环或五步法解决。

（4）生产控制与物流中心与现场工人对解决办法达成共识。

（5）对策表应包含承运商、日期、时间、问题和对策。

（6）分析导致发货计划不能完成的潜在原因。

承运商的责任：天气、车辆故障、配送延误、交通堵塞、车辆调度延误、偶发事件及其他。

供货商/用户的责任：接收场地不足、装卸搬运延误、工作人员不足、成品质量问题及其他。

具体见表6-3。

表6-3 成品发运对策表

原因	日期	时间	承运人	问题/行为	对策
W	5/16	8:30	S3	发运场地原因——延误	增加工作人员
Y	5/16	9:00	S4	货车迟到25分钟——本周第三次	运输通报，必要时更换承运商
Q	5/16	9:30	S1	T03号零件短缺	5月17日货车运送补充
Y	5/16	11:00	S4	货车迟到45分钟——下暴雨	—

单元三 零件计划

一、零件计划的含义

零件计划（Plan for Every Part，PFEP）从用户起始回溯到供货商，注明每个零件全程流动过程中与生产相关的详细信息，以支持精益生产、消除浪费。

制订零件计划，需要搜集每个零件是如何购买、接收、包装、储存、运送到其使用点的相关信息，包括零件号、零件尺寸、每天使用的数量、准确的使用位置和存放位置、订单频率、供应商、单位包装规格、从供应商处发货的运输时间、装运箱规格和重量等，如图6-11所示。

图6-11 零件计划

二、零件计划的管理目标与实施要点

1. 管理目标

（1）收集每个零件的相关信息，建立共享数据库。

（2）零件数据分类管理，快速响应生产中出现的各类问题。

（3）创建精益生产物流系统，总体规划供应商、运输路线、生产拉动系统。

（4）支持价值流改善和精益生产改造，及时更新数据内容。

（5）支持各类改善活动（如调整发货频率、改进工效、零件呈递容器化、降低库存费用等）。

2. 实施要点

（1）减少零件移动路径上的非增值作业（包括生产加工）。

（2）与供货商合作消除浪费。

（3）消除运输浪费。

（4）确定从供货商到生产现场之间的发货流程（包括空周转箱和衬垫回收）。

（5）找出提高发货频率、减少运输费用的机会。

（6）在缓冲超市和散装物料存储区、生产工序和总装工序之间合理分配使用面积，减少空间占用。

（7）根据生产消耗情况准备物料，减少或消除库存浪费。

（8）均衡发货和收货作业，提高供货商和承运商效益，减少中间环节，最好直接向生产车间配送。

（9）支持生产包装改变，简化单证处理程序，明确供货商和承运商职责，为后续作业打好基础。

（10）实现仓储管理人员从物料收发保管向库存控制的职能转换。

三、零件计划的实施步骤

1. 基本实施步骤

（1）生产控制与物流中心安排项目负责人。

（2）项目负责人熟悉零件特性。

（3）收集相关数据。

（4）建立数据库。

（5）有关部门或人员使用数据库（生产、采购、生产控制与物流中心等）。

（6）制订数据更新管理制度。

（7）数据库有效用于精益生产改造。

（8）根据零件计划设计和实施精益生产物流系统。

2. 注意事项

（1）相关部门能有效使用零件计划数据库。

（2）输入系统的数据要准确和完整。

（3）数据要不断维护更新。

（4）供货商发生变更要及时调整数据库。

零件数据库字段及计算指标见表6-4、表6-5。

表6-4 零件数据库字段

供应商	承运商	生产	用户
外购零件编号	承运名称	总装配日用量	名称
发送编号	运输时间	每件总成用量	类型
零件说明	运输方式	每小时消耗速度	地址或工序
计量单位	交货天数	生产周期	供应产品
联络人	供货频率	当前库存（件）	供应方式
名称	供货时间	所占百分比	供应频率
缩写	场地	总装配零件号	物料箱回收
城市	部门	最小存储量	
省/州/地区	供货地址	最大存储量	
国家	用户地址	单件成本	
邮政编码	装运箱包装标准	当前库存成本	
联系地址	装运箱类型	配送时间	
联系电话	装运箱尺寸	配送距离	
传真	（长×宽×高）	配送数量	
交货号	装运箱满装重量	配送路线	
发运号	空装运箱重量	散装件数量	
	物料包装箱标准	零件照片	
	物料包装箱类型	物料箱存储位置	
	物料包装箱尺寸	合同编号	
	（长×宽×高）	合同有效日期	
	零件重量	合同终止日期	

表6-5 零件数据库计算指标

指标	计算值
当前库存	
最小库存成本	
每小时标准包装数	
建议最大/最小数量	
拉动循环时间	
最大库存成本	
每小时空周转箱数	
超市需要面积	
每天需要的配送人数	

单元四 车间物料存储区

一、车间物料存储区的含义

生产车间存放物料包括整件搬运的外购件、在制品、成品和不能整件搬运的散装物料（如粉末、液体材料），还包括分批从用户处收回或返还供货商的可重复利用的周转箱。存储区根据物料特性设计存放地：一般整件物料用移动货架存放，通常称为缓冲超市，可以设在车间作业场地附近的指定存储区域；散装物料在指定区域用大容器盛放，一般在专用存储场地；空周转箱放置在缓冲超市附近指定存放位置，如图6-12所示。

车间物料
存储区

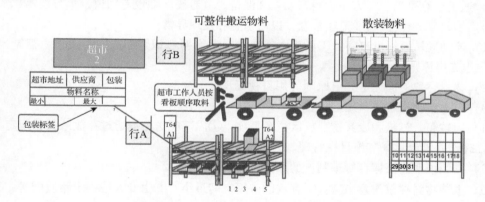

图6-12 缓冲超市和散装物料存放区

二、车间物料存储区的管理目标和实施要点

1. 管理目标

（1）控制库存水平。

（2）支持连续流拉动生产。

（3）库存空间占用最小。

（4）支持先进先出。

（5）支持精益生产物流。

（6）有效改善存储区作业效率。

（7）做到"物有其位，物在其位"。

（8）减少非增值性作业活动。

（9）促进目视化管理。

（10）持续改进。

2. 实施要点

（1）尽量减少库存占用空间且能保证生产正常运行。

（2）存储区保证物料"先进先出"和"最大/最小数量"的存储要求。

（3）尽量减少物料存储数量。

（4）存储区位置与生产流程相互协调一致（存放到使用的过程标准化）。

（5）不同物料分类集中存放。

（6）周转箱使用注意事项：①周转箱盛放物料，放在货架指定位置；②除非特殊限制，否则先从货架顶端搬运；③周转箱贴标签一侧面向取货通道。

（7）除非有特殊要求（如因体积、重量、使用频率和包装等原因要采用机械或其他搬运方式），存储区一般用带滑轮的移动货架。

（8）存储区贴物料标签注意事项：①标明当前常用信息（包括：零件编号、名称、零件描述、使用位置、送达位置、供货商和包装等）；②标注存储（或通道）位置；③方便在走道上检查和维护；④能识别物料存放的包装数量和单位。

（9）通道注意事项：①方便物料存取；②保持走道通畅（如设专用道、单行道等）。

（10）物料存放标注最大/最小数量，以便检查和发现异常。

（11）流动周转区注意事项：①占用空间最小；②有明显识别标志；③位于主存储区附近；④遵守先进先出原则。

（12）物料存取遵循先进先出原则（用目视标识区分先后）。

（13）拉动看板指示物料发送位置。

（14）周转箱、衬垫和废弃物存放区注意事项：①内部配送路线通过存放区；②规定并执行回收、处理作业流程；③实施目视管理。

（15）书面说明违反库存管理制度的原因。

（16）散装物料存放注意事项：①存放区占用空间最小；②由专人按指定路线配送；③用专用容器少量定期配送。

（17）严格执行堆码安全高度规定。

三、存储区改造的实施步骤

1. 前期准备

（1）总体规划。

（2）均衡生产。

（3）零件计划。

（4）地址系统。

2. 组织实施

（1）组建实施团队。

（2）估算超市物料存储量。

（3）根据零件计划熟悉物流主要特性：①日用量；②收发货频率；③标准包装数量；④周转箱尺寸（长×宽×高）；⑤周转箱摆放方向（长或宽）。

（4）确定超市存储量（循环过程）：

1）计算超市每种物料包装箱的最大存放量，计算公式为

最大存放量＝（日需求量×每周工作天数）/（每周接收或发货次数×标准包装数量）

2）注意以下因素引起的变化：①供货商和用户改变；②运行效率提高；③质量要求或生产能力改变；④生产切换时间缩短。

3）根据补货周期计算缓冲超市/散装物料存放区每种物料的最小存储量（至少一个包装，区分最少使用量和缺货两种情况）。

4）确定货架或走道摆放包装箱数量，计算公式为

货架或走道摆放包装箱数量＝货架或走道长度/包装箱长度×堆码高度

例1▲（整件物料）

货架长 10 米，每个包装箱长 1 米、宽 0.5 米，因此，每行放 10 个包装箱。

例2▲（散装物料）

走道长 10 米，每个包装箱宽 3 米，堆码高度 3，因此，每列可摆放 9 个包装箱。

5）计算每种物料摆放的行数，计算公式为

物料摆放行数＝包装箱最大数量/每行摆放数量

6）计算货架或散装物料取货通道宽度（宽度或拾取面尺寸），计算公式为

货架或散装物料取货通道宽度＝每种物料行数×包装箱导向宽度

提示： 货架两端的走道间隔应适当放宽，一般每个货架放宽 10%，以应对存货增加、变更物料种类或配送线路调整。

（5）计算占地面积，计算公式为

占地面积＝货架直线长度×货架和走道宽度

（6）参照生产流程布局超市位置。

（7）确定超市平面布置，综合考虑走道、配送方式、安全和工业工程。

（8）结合目前或短期内物料供应路线，画出移动货架和走道的位置图。

（9）定制货架。

（10）清理选定超市区：①清洁地面；②用胶带或油漆画出通道线；③在地面上做必要的标识。

（11）实施目视管理（工作场地组织）：①区域标识；②货架和走道标识（货架编码、序列号、行号）；③物料信息（物料数量、描述、最大/最小量、生产线地址、超市地址，供货商名称）。

注： 物料箱存取两面贴标签。

（12）在超市存放物料。

（13）建立最小库存响应程序：①标注最小最大库存；②制订降低库存计划；③确保生产不会中断。

（14）溢出区库存处理程序：①标注超量库存；②确保先进先出；③制订降低库存计划。

（15）制订作业标准。

（16）检查拉动系统和车间循环配送运行情况。

（17）建立合理化建议制度，设计持续改善方案。

（18）超市投入运行。

（19）零件计划改变时要及时调整或更新数据。

3. 注意事项

（1）按内部配送路线供应物料。

（2）领导支持，保障资源供给。

（3）培训员工充分理解工作内容和目的。

（4）每种物料指定存放位置。

（5）遵守先进先出原则，物料架背面放货、正面取货。用滚动货架、重力移动箱，确保先进先出。

（6）综合考虑生产、安全和工业工程因素，确保装卸高度和重量符合要求。

（7）生产用物料和成品超市尽可能占用较小的空间，尽量靠近运输场地。

（8）在制品靠近生产线和供货区。

（9）双向物流需要增加人力。

（10）新设超市需要重新布置场地。

（11）发挥地址系统的作用。

（12）常用物料放在超市两端以方便存取。

附：自由存放位置的库存管理示例

现有编号为 101、102、103 的 3 种零部件，每种零部件需要最大存储位置 5 个。货架每层有 5 个存储位置，如果按最大存储量算需占用 3 层货架（即 15 个存储位置）；而根据实际情况，用目视看板管理库存自由位置（如图 6-13 所示），则只需要占用 2 层货架（即 10 个存储位置）。

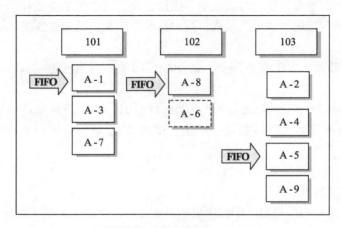

图 6-13 零部件库存区看板

1. 接收物料放进存储位

找到空的货架位置，如 A-6；把物料放进空位置，如 102 A-6。

从货架上取走 A-6 磁盘，放在目视看板上最后一个编号磁盘（如 A-8）的下面，或者到底位时放在这列最顶端。

2. 取出物料

在目视看板上找到零件编号，如 103 A-5。

为保证先进先出，取货位置旁边用"FIFO"磁盘标记，把磁盘推进到 A-4 行，把 A-5 磁盘放到货架旁位置上，取出并发货。

单元五 物料周转箱存储

一、物料周转箱存储的含义

车间内指定区域存放可重复使用的物料周转箱，包括从用户处收回或分批返还供货商的空周转箱。

二、物料周转箱存储的管理目标与具体实施

1. 管理目标

（1）有效控制管理物料箱。

（2）支持精益生产改造。

（3）物料箱存储空间最小化。

（4）物料箱回收作业标准化。

（5）物料箱及时回收处理。

（6）物料箱存储场地改善。

（7）做到"物有其位、物在其位"。

（8）推进目视化管理。

（9）持续改进。

物料周
转箱存储

2. 具体实施

（1）前期准备：

1）生产计划。

2）均衡生产。

3）地址系统。

（2）实施步骤：

1）组建实施团队。

2）检查物料周转箱管理流程，协调处理回收、存储和发运之间的关系。

3）根据零件计划测算可回收物料箱数量。

4）由零件计划掌握外购件、在制品、成品流动信息：①日周转物料总体积；②日周转物料箱总量；③标准包装数量；④收发货频率；⑤物料箱尺寸（长×宽×高）；⑥托盘数量。

5）确定物料周转箱存储空间：①计算所需空间；②列出所有需要返还物料箱的供货商（用户）名单；③列出物料箱种类；④确定每个供货商（或用户）每天使用物料箱的数量；⑤找出在有限空间堆积物料箱的最佳方法（如滚动货架、专用托盘、专用底座等）；⑥根据生产运行情况区分周转频率高和周转频率低的物料箱（如周转频率高的物料箱每次搬运量大，可放在指定位置的托盘上，周转频率低的物料箱放在移动货架上，积累到一定数量再运走）；⑦计算存放物料箱或托盘的堆码高度，保证有足够的空间存放物料箱（遵守安全、工业工程要求）；⑧计算占地面积，包括物料箱存储、走道和货架占用面积。

6）参考生产流程选择周转箱存储区的位置。

7）与相关人员共同设计周转箱存储区，包括走道、运送方式等，考虑安全和工业工程因素。

8）清理周转箱指定存储区：①清洁地面；②用胶带或油漆画出通道线；③在地面上做必要的标识。

9）实施目视管理（工作场地组织）：①标注周转箱存储地址；②物料箱做存放标记，区分物料箱位置和搬运顺序；③根据生产需要，计算物料箱最小库存量。

10）将周转箱存放到存储区。

11）建立物料箱最小库存响应程序：①标注最大/最小库存；②制订降低库存改善计划；③确保生产不会中断。

12）制订合理化建议制度，及时发现问题，持续改善。

13）根据实际情况调整或更新零件计划数据。

三、物料周转箱存储的注意事项

（1）推进过程中教育员工理解工作内容和目的。

（2）综合考虑生产、安全和工业工程因素，确保装卸高度和重量符合要求。

（3）双向物流需要增加人力。

（4）新设周转箱存储区需要重新布置场地。

（5）必须让所有人认识到，供货商的可回收周转箱就像发送给用户的产品一样重要。

（6）物料箱处理程序达到最优。

（7）成品发送和物料箱接收在指定位置。

（8）利用内部配送系统收回周转箱和衬垫：①及时从生产区移出周转箱；②减少车间内交通流量；③利用返程设备和人员。

（9）以下物品的物料箱不必回收，由专人处理：①维修保管用品；②垃圾、废品和再回收物；③报废或修理的设备；④零件或物料箱放置台；⑤加工工具、椅子、饭盒、手套等。

（10）产品发送与物料接收频率保持协调。

物料箱回收计划如图 6-14 所示。

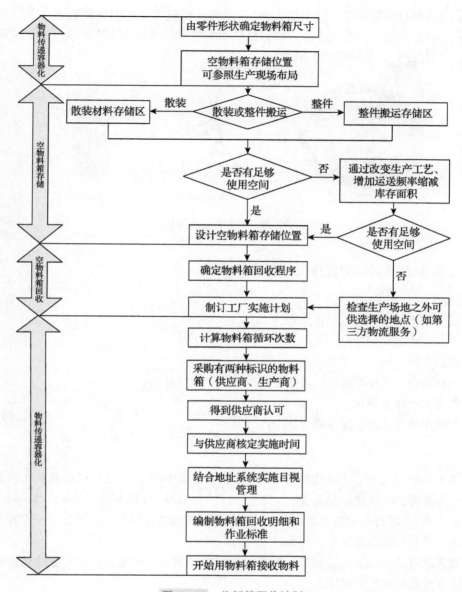

图 6－14 物料箱回收计划

06 单元六 物料传递容器化

一、物料传递容器化的含义

工序之间用小型物料箱传递零件，物料箱尺寸按最小批量设计，消除工人动作浪费。精益

物料传递
容器化

生产目标要实现"一个流生产",工序间传递零件不用容器盛放是最佳状态,在没有实现"一个流生产"前,尽可能减少容器盛放的零件数量,直至实现"一个流生产",如图 6-15 所示。

大型包装箱　　　　人工搬运物料箱　　　　不使用物料箱

图 6-15　物料传递容器化

二、物料传递容器化的管理目标与实施要点

1. 管理目标

（1）减少工人非增值作业动作浪费。

（2）物料移动过程标准化。

（3）物料存储、内部配送合理化。

（4）物料输送过程中不影响生产质量。

（5）优化生产物流系统。

（6）实现小批量生产,减少库存。

2. 实施要点

（1）物料周转箱设计:①优化物料箱拾取面尺寸;②物料呈递过程无损耗;③物料取用动作最省、时间最短;④衬垫用量最少,处理时间最短;⑤前期准备时间最短（如移去捆扎带、包装纸和盖子等）;⑥可回收物料箱和一次性物料箱标准包装数量相同;⑦备用一次性物料箱尺寸等于或小于可回收物料箱尺寸;⑧编制统一的识别标志。

（2）在不增加生产成本的前提下,物料箱包装数量满足配送要求,并不断缩短间隔期,同时物料传递不对物料箱造成损坏。

（3）制订物料传递容器化作业标准。

（4）根据人机工程原理设计物料箱:①设计把手或手孔,方便搬运;②装载重量小于 20千克。

（5）物料箱尺寸与运送装置匹配。

（6）改变物料箱造成的成本增加与精益生产整体改造效益对应。

（7）尽可能降低物料箱定制或采购成本。

（8）物料箱到货严格检查,特别注意尺寸不一致和物料呈递方面的问题。

（9）在零件计划数据库中修订物料箱改变数据。

（10）关键点:①根据生产节拍计算物料箱和单位包装数量;②解决物料传递均衡性和比例性问题。

三、物料传递容器化的实施步骤

1. 前期准备

（1）物料呈递合理化。

（2）零件计划。

2. 组织实施

（1）组建实施团队。

（2）检查可重复利用物料箱处理、回收和存储的流程及关联性。

（3）物料输送考虑便捷操作。

（4）由零件计划计算物料需求量。

（5）根据物料移动标准化规定，结合批量生产和工业工程原理设计物料箱尺寸和包装数量。

（6）综合平衡成本，选择可重复利用或一次性物料箱。

（7）可重复利用物料箱设计：

①根据物料配送循环次数，计算所需物料箱数量。

②确定物料箱实际需求量。

③在物料箱上做标识（如供货商、接收厂家等）。

④与供货商协商，制订物料箱重复使用计划（如物料箱不能重复使用，可采用一次性物料周转箱）。

（8）与供货商协商，制订一次性包装使用方案。

（9）计划实施之前向采购、物流、生产等管理部门通报信息。

（10）供货商遵守包装承诺，按生产计划准时发运物料。

（11）调整超市周转箱存放空间和目视标识。

（12）调整生产工位。

（13）工作过程标准化。

（14）编制物料箱回收清单。

（15）采用新的物料箱。

（16）更新零件计划数据库信息。

物料传递容器化实施流程如图6-16所示。

3. 物料箱设计

（1）计算生产节拍。

（2）核定物料单位重量，这是设计标准包装的重要因素。

（3）物料重量等于或小于10千克，优先考虑用人工搬运物料箱。

（4）如果物料重量超过10千克，每班需求量大于50个，考虑用整装箱和辅助搬运设备。

（5）计算各工位需要的物料箱数量。通常用于周转的物料箱数量不大于每天物料总用量，如果因为零件尺寸、重量和使用的原因可以适当调整，但不能超过全天物料用量的10%。

（6）确保有合适的摆放位置，便于零件呈递。

（7）规定物料箱标准包装数量并严格执行。

（8）如果一个班次物料箱数量超过50个，考虑用整装箱和辅助搬运设备。

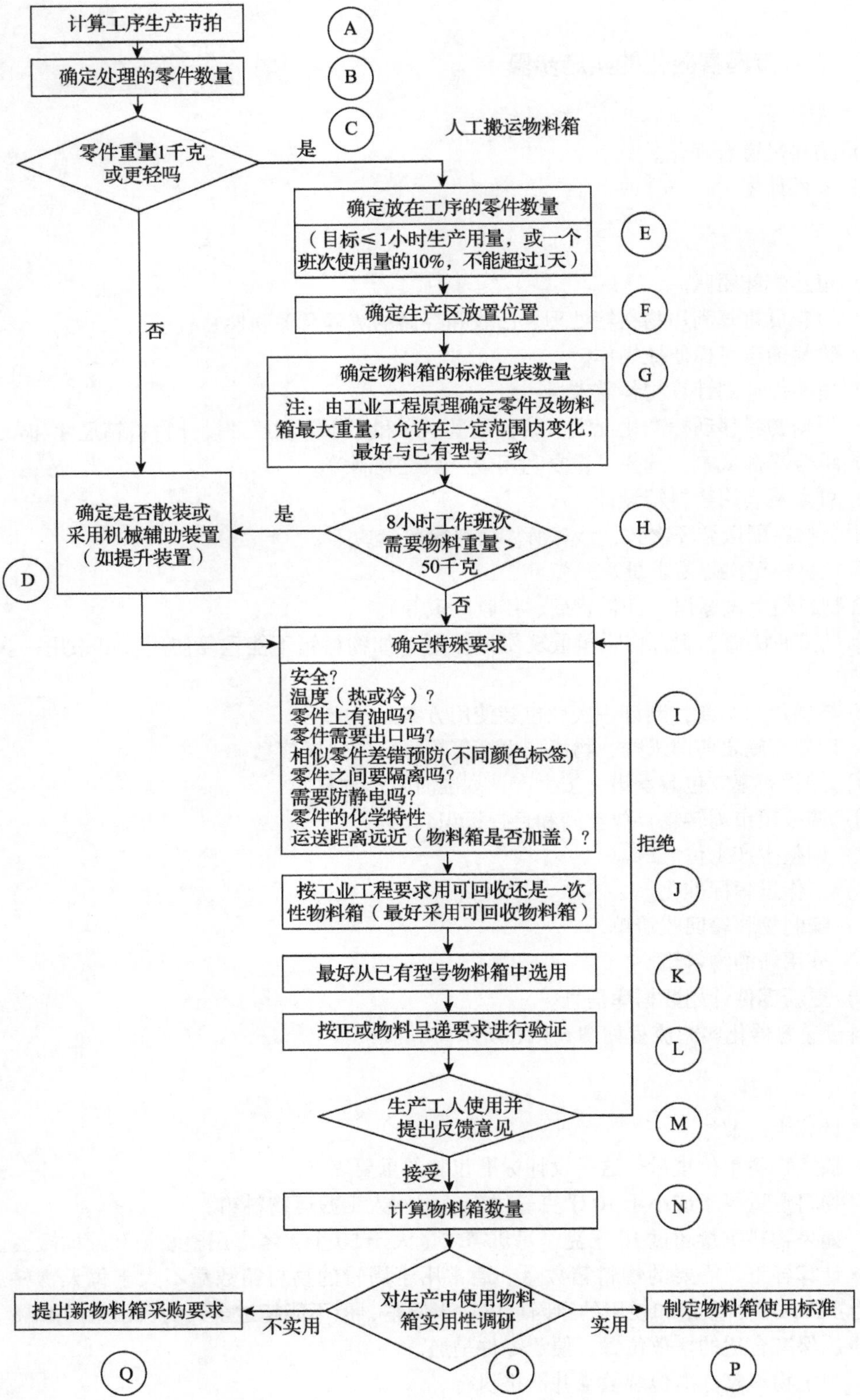

计算工序生产节拍 —— A

确定处理的零件数量 —— B

零件重量1千克或更轻吗 —— C

人工搬运物料箱

是 →

确定放在工序的零件数量
（目标≤1小时生产用量，或一个班次使用量的10%，不能超过1天） —— E

确定生产区放置位置 —— F

确定物料箱的标准包装数量 —— G

注：由工业工程原理确定零件及物料箱最大重量，允许在一定范围内变化，最好与已有型号一致

否

8小时工作班次需要物料重量 > 50千克 —— H

是 →

确定是否散装或采用机械辅助装置（如提升装置） —— D

否

确定特殊要求
安全？
温度（热或冷）？
零件上有油吗？
零件需要出口吗？
相似零件差错预防(不同颜色标签)
零件之间要隔离吗？
需要防静电吗？
零件的化学特性
运送距离远近（物料箱是否加盖）？ —— I

按工业工程要求用可回收还是一次性物料箱（最好采用可回收物料箱） —— J

最好从已有型号物料箱中选用 —— K

按IE或物料呈递要求进行验证 —— L

生产工人使用并提出反馈意见 —— M

拒绝

接受

计算物料箱数量 —— N

对生产中使用物料箱实用性调研 —— O

不实用 ← 提出新物料箱采购要求 —— Q

实用 → 制定物料箱使用标准 —— P

图 6-16 物料传递容器化实施流程

（9）分析生产工艺，确定所选物料箱是否有材料特殊要求。

（10）选用物料箱取决于系统的经济效益评价，如果成本分析不支持使用可回收物料箱，可改用一次性包装。

（11）使用物料箱能优化与供应商或用户之间的物料流动。

（12）综合评价每种物料箱举起高度、转动角度和搬运重量等因素。

（13）让操作人员现场评价选用的物料箱，实际使用中会发现意想不到的问题。

（14）最后核定物料箱需要总量。

（15）分析物料箱在其他生产部门的适用性。

（16）对当前不适用的物料箱进行调配。

（17）订购新的物料箱。

4. 注意事项

（1）对于操作者而言，最好的包装是没有包装。

（2）物料箱改变要确保产品质量不受影响。

（3）只考虑包装和运输问题时，可以进行局部优化。

（4）制订物料箱回收标准作业流程和管理制度。

（5）物料流动各阶段应用工业工程原理（装卸搬运和输送）。

（6）尽量少用衬垫，仅在必要时用于分隔（如方便检查数量、维护质量、呈递物料等）。

（7）做产品价值流分析，确定选择可重复使用物料箱或一次性物料箱。

（8）选用物料箱与企业整体物流规划保持一致。

（9）物料箱专用于生产过程的物料传送。

（10）物料箱最好能满足不同用户，对需求量不同的用户采用不同的发货频率。

（11）在制品到成品的加工过程中最好用专用物料箱。

（12）物料传递容器化是持续改善的过程，不能等到物料箱准备好以后再实施。要与分包装、排序、配套、一次性物料箱使用有机结合，作为精益生产物流系统的一个部分。

单元七　分包装、排序与配套

一、分包装、排序与配套的含义

分包装、排序和配套均是为了支持精益生产所采取的物料处理措施，在实践当中可以灵活应用。

分包装是指按加工要求把大包装物料分装到小的或不同类型物料箱的过程，属于物料呈递合理化的相关作业。

排序是把零件按加工顺序摆放、输送到生产工序的作业，以适应均衡化生产的需要，又分为品种排序和数量排序。

配套是按组装工序装配要求，预先对相关零部件组合摆放，方便装配的作业。

分包装、排序与配套

二、分包装、排序与配套的实施要点

（1）物料处理占用空间最小。

（2）与生产加工过程紧密结合。

（3）实施目视管理：①标识物料处理区位置（名称、颜色、数量等）；②标识运输车、物料箱进出位置。

（4）物料处理区临近超市和散装物料存储区。

（5）能清楚识别经过处理的物料箱。

（6）各种方法之间数量对应，配送路线和时间契合。

（7）与内部配送小车装载量对应。

（8）拉动看板指示送料。

（9）应用工业工程方法减少搬运（如重力倾斜、升降台和台架等）。

（10）运输小车上配备轻便的货架台、挂钩、拖杆和承载支架等。

（11）物料处理过程没有安全健康隐患。

（12）管理标准化，能及时发现潜在问题。

（13）物料箱标签：①在物料箱上标示零件名称、数量、分包装位置、加工工序和存放地点；②物料箱能显著识别。

（14）当物料传递过程出现非增值活动时，就应当采取措施。

（15）最好由供应商完成。

三、分包装实施

1. 管理目标

（1）消除工人非增值作业。

（2）改进工序间物料呈递方式：①减小个人取用物料的走动范围；②合理利用生产空间，减少库存总量；③提高生产加工的灵活性；④物料传递符合工业工程原理。

2. 实施步骤

（1）开发多能工小组。

（2）核定哪些物料需要分包装。

（3）从零件计划审核流动信息，包括日消耗量、配送频率等。

（4）根据生产批量，计算物料箱尺寸和包装数量。

（5）根据加工和分包装周期计算物料箱需要量。

（6）划定分包装区域，可以在外购件超市、生产加工区，或远离车间的位置（分包装区规划设计可参考超市布局）。

（7）明确工作内容，制订工作标准。

（8）核定工人人数。

（9）培训员工掌握作业标准。

（10）实施分包装。

（11）持续推进生产过程，最终消除分包装。

3. 注意事项

（1）分包装是改进物料供应过程的临时措施。

（2）第三方完成分包装是最佳选择。

（3）收益和成本分析比较困难。

四、排序实施

1. 排序的种类

（1）品种排序。按加工顺序摆放零件送到生产工序，例如：

下道工序加工顺序为：红、蓝、蓝、黑、黑、黑、红、黑、白、白、蓝和红色的零件。送料小车则把12种零件按红（1件）、蓝（1件）、蓝（1件）、黑（1件）、黑（1件）、黑（1件）、红（1件）、黑（1件）、白（1件）、白（1件）、蓝（1件）和红（1件）的顺序摆放零件。

（2）批量排序。按批量加工顺序摆放零件送到生产工序，例如：

下道工位加工顺序为：红、蓝、蓝、黑、黑、黑、红、黑、白、白、蓝和红色的零件。送料小车则把12个零件按红（3件）、蓝（3件）、黑（4件）和白（2件）的顺序装载。

2. 管理目标

（1）支持一个流生产。

（2）减少物料流动浪费，改进物料输送过程：①减少操作者拾取面，缩小活动范围；②有效利用生产空间，减少生产面积占用；③操作者适应零件加工顺序变化；④提高零件呈递效率。

（3）消除非增值和非周期性作业。

（4）消除或减少生产过程中处理衬垫的时间。

3. 实施步骤

（1）开发多能工小组。

（2）分析生产过程对零件呈递的要求，确定零件排列顺序。

（3）由零件计划审核流动信息，包括日需求量、配送频率、标准包装数量、发货频率等信息。

（4）由价值流程图制订零件排序计划（最好的办法是让供应商在不增加成本的条件下在发货前进行排序）。

（5）综合评价工人、生产工艺和内部配送对排序的要求：①确定零件排序批量；②按加工动作确定零件呈递方向和位置；③设计排序零件运送小车。

（6）按已有配送线路运输物料。

（7）计算内部循环送料需要的小车数量。

（8）规划排序作业场地和作业流程，参考生产单元、超市布局、自动防错技术等实施要求。

（9）调整零件计划数据库中配送和加工部分的相关内容。

（10）计算需要的人员数量。

（11）工作过程标准化，对排序作业、物料配送和生产操作员工进行培训。

（12）调整生产区布局和目视标识，适应排序小车的运行。

（13）操作者按序加工零件，保证正常作业。

（14）如有必要，更新零件计划数据库的相关内容。

（15）根据生产变化对排序做调整，消除各种浪费，增加产品附加值。

4. 注意事项

（1）最好由供应商完成零件排序。

（2）物料呈递能减少移动和负重。

（3）要求对生产进程和产品质量影响最小。

（4）考虑用排序小车配送零件。

（5）增加排序作业员，调整其他生产人员。

（6）增加了零件损坏的额外风险。

（7）需要专用货架。

（8）制订损毁零件补充制度。

排序实施流程如图 6-17 所示。

五、配套实施

1. 管理目标

（1）实现一个流生产。

（2）改进生产切换。

（3）避免零件分散呈递：①减少操作者拾取面，缩小活动范围；②有效利用生产空间，减少在制品库存；③让操作者适应零件加工数量变化；④提高零件呈递工效。

（4）消除非增值性作业。

（5）减少或消除生产过程处理衬垫的作业。

（6）减少零件配送次数，可以用不同的装置传送配套的零件，如零件传递装置（动力或非动力的产品传送带）、零件呈递装置（斜滑道）、配送装置（运输小车）。

2. 实施步骤

（1）开发多能工小组作业。

（2）检查零件呈递要求，根据生产要求确定配套零件。

（3）从零件计划数据库调取流动信息，如日需求量、配送频率、标准包装数量、发货频率等。

（4）如有可能，由供应商完成零件配套。

（5）综合考虑人员、生产工艺和内部配送等因素制订零件配套流程：①确定零件配套的批量；②由操作动作确定零件呈递方向和位置；③设计配套运输工具和容器。

（6）参考内部配送所需容器数量。

（7）制订零件配套场地布置和容器标准，并参考生产单元设计、超市布局、自动防错实施要求。

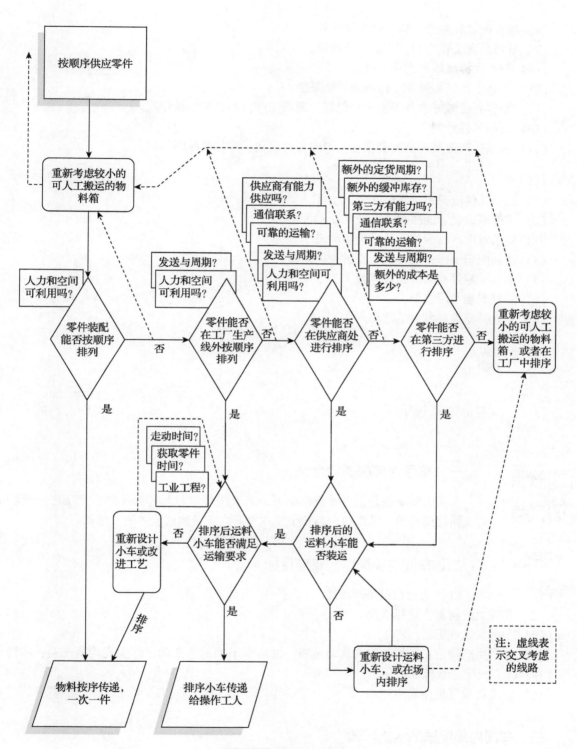

图 6-17　排序实施流程

（8）根据配送和生产过程调整零件计划。

（9）分析配套工作内容，核定人员数量。

（10）按作业标准培训作业人员。

（11）调整生产区布局和工作场地目视系统。

（12）操作者已做好准备接收配套包装，现场能进行配套和运送作业。

（13）更新零件计划。

（14）根据生产需要调整配套作业，消除各种浪费、增加产品附加值。

3. 注意事项

（1）最好让供应商完成零件配套。

（2）零件呈递装置能减少操作者移动和负荷。

（3）要求对生产排程和产品质量影响最小。

（4）增加配套操作，应对生产人员做再平衡。

（5）增加了零件损坏的额外风险。

（6）需要配套专用容器。

（7）建立补充损坏零件的流程。

08 单元八 车间内部配送

车间内部配送

一、车间内部配送的含义

车间内部配送是指在看板拉动下，工人按规定时间和路径向生产工序补充物料和回收周转箱，是按照产品价值流在车间内配送和回收的物流活动。

二、车间内部配送的管理目标

（1）支持精益生产改造。

（2）实现生产物流作业标准化。

（3）小批量柔性配送。

（4）改进生产物流：①控制物料流动过程；②减少不确定性变动；③实现均衡配料；④降低库存；⑤实现配送管理标准化。

（5）促进看板管理拉动生产。

三、车间内部配送的实施步骤

1. 前期准备

（1）总体规划。

（2）均衡生产。

（3）零件计划。

（4）地址系统。

（5）物料传递容器化。

（6）物料合理呈递。

（7）看板管理。

2. 实施步骤

（1）划定职责部门、服务对象和项目实施团队：

①职责部门：生产控制与物流中心和生产车间。

②服务对象：生产操作人员。

③项目实施团队：生产物流和制造部门管理人员、工业工程师、包装工程师。

（2）对职责部门和生产人员做针对性培训。

（3）培训项目小组成员熟悉内部配送系统。

（4）根据资源状况和环境条件制订实施日程表。

（5）参照物流总体规划明确实施范围。

（6）由零件计划获取相关信息。

（7）绘制车间平面布置图。

（8）确定物料配送工序。

（9）识别和确认不同物料的存储位置，包括周转箱和物料（外购件、在制品）。

（10）确定生产节拍和生产速度。

（11）基于上述信息，确定每小时（或班次）所需物料箱数量，在平面布置图上做标识。

（12）项目组成员明确作业内容：①超市作业（物料分拣和装卸搬运）；②向各工位配送物料和回收周转箱；③记录物料输送到各工位的时间，如：

——运送车速：100 米/分钟。

——配送点停留时间：7 秒。

——回收周转箱和配置物料（3 米范围内）：8 秒。

（13）明确作业区域和活动范围，包括：活动区域、生产区域、物料种类（成品、外购件、在制品、散件或整件搬运物料箱）、配套和非配套零件、消耗速度等。

（14）优化配送路线的因素：①配送人员人力资源状况；②配送物料的工序数；③配送需要的运料车装载量和数量；④关联或非关联配送；⑤配送频率（30 分钟、60 分钟、90 分钟等），见表6-6。

表6-6　零件特性决定的配送频率

内部配送	成本	重量	尺寸	零件变化	频率
排序	高	重	大	多	10 分钟
排序	高	轻	大	多	10 分钟
电子拉动系统	高	重	大	少	20~60 分钟

（续）

内部配送	成本	重量	尺寸	零件变化	频率
电子拉动系统	低	重	大	少	20～60分钟
配套	高	—	小	多	30分钟
配套	低	—	小	多	30～120分钟
看板拉动	高	轻	小	少	30分钟
看板拉动	低	轻	小	少	—

（15）结合取货拉动系统，保证按频率定时配送。

（16）确定周转箱回收程序和路径。

（17）完成路径设计。

（18）由配送频率决定配送和超市辅助人员的数量和工作任务。

（19）核定运料车数量和停放位置。

（20）借助纠错装置和目视标识制订调整计划。

（21）平衡和优化配送人员和超市服务人员工作内容。

（22）制订配送人员和超市服务人员标准作业规程（包括标识配送路线和工作说明）。

（23）对配送人员和超市服务人员进行系统运行原理和岗位职责培训。

（24）根据需要，改善工作场地：①实施目视管理；②更新地址系统。

（25）绘制和发布内部配送路线图。

（26）调整生产包装计划。

（27）实施前进行内部配送和看板管理培训：①培训全体员工；②演示循环配送的工作程序；③讨论可能出现的问题及应对策略。

（28）整体检查超市、看板拉动系统和配送路线运行状态。

（29）实施内部配送。

（30）检查拉动看板数量和配送时间，持续改善。

（31）更新零件计划数据库。

（32）检查和改进工作程序，包括配送路线。

3. 注意事项

（1）配送系统保证均衡生产。

（2）先小范围试验，验证有效性后再推广。

（3）设计运送方式和线路结合安全健康和工业工程要求。

（4）再包装和批量生产最好已完成。

（5）物料箱最好可人工搬运。

（6）有必要改善工作场地组织和实施目视管理。

（7）利用现有的人力资源。

（8）制订灵活的人员计划（周末、加班、频繁换产、设备维护等）。

（9）制订牵引车和拖车计划，定期进行安全性检查。

（10）考虑设备（牵引车和拖车）采购周期。

（11）优先采用支架式牵引车。

（12）优先选用回转半径大的四轮牵引车。

（13）培训员工熟悉内部配送系统。

（14）严格遵守配送计划时间。

（15）领导必须理解和支持配送系统并能予以指导。

单元九　物料接收

一、物料接收的含义

物料接收是指收货场地按天和小时制订计划，接收供应商物料和返还周转箱的作业过程。

物料接收

二、物料接收的管理目标与实施要点

1. 管理目标

（1）统一规划收货台作业：

①整车运输、发运周期、零担运输和费用核定。

②明确职责，合理配置人员，增强主人翁意识和责任感。

（2）均衡作业：

①均衡每天的供应量。

②均衡各收货台周、日和班次的工作负荷。

③增强物料供应的预测性和均衡性，减少库存。

④减少设备需求。

⑤调配和管理司机。

2. 实施要点

（1）指定货物运送入口。

（2）制订和发布承运人、供应商和厂方代表的各自职责。

（3）目视标识指示承运人、接收台、货品和时间等的作业安排、运行绩效。

（4）合理安排周、天、小时的收货进程，均衡工人劳动负荷和库存。

（5）合理配置收货台。

（6）货物集散区设计：①设计先进先出运送路线；②收货点目视标识指示分批运进外购件和运出周转箱。

（7）在供应商、承运人之间建立起有效的跟踪反馈系统，及时沟通解决出现的问题。

（8）异常情况处理：①发货延迟，承运人及时向工厂报告；②货物不能按计划到达，及时调整供应计划；③在作业计划表上做标注；④快速向供应商和承运人反馈延误信息，作为评判绩效的依据；⑤解决由此带来的其他问题。

（9）用牵引车或拖车发运物料。

（10）保证安全。

（11）核对货物品种和数量。

（12）物料接收标准化。

三、物料接收的实施步骤

1. 前期准备

（1）总体规划。

（2）均衡生产。

（3）地址系统。

（4）指定存储区。

（5）生产包装和零件呈递。

（6）拉动系统。

（7）以往收货时间。

（8）以往运输信息（承运人、方式、运输时间）。

2. 组织实施

（1）成立项目团队，组建多能工小组。

（2）收集汇总以往几周数据，用图表描述，找出每周的物料消耗规律。

（3）用图表汇总至少两周的历史数据，总结供货商、承运人和各种物料按天和班次的接收方式。

（4）合理安排人员、班次和优先顺序，找出制约因素、分歧及问题：①专用设备限制；②装卸时间因素；③劳动保护规定。

（5）合理设置收货台。

（6）安排收货作业应结合以下因素：①生产能力；②运输信息（承运人、运输方式和时间）；③以往收货作业方式；④每辆货车卸货所需配备的叉车数或人工；⑤现场工作人员要求的作业顺序、制约因素、潜在问题等。

（7）现场管理和操作人员审议初步拟定的作业安排。

（8）与供应商接触——核实包装、体积、作业安排和可行性。

（9）与承运人接触——核实运输时间和承诺。

（10）布置收货台。

（11）实施作业计划：①与现场管理和操作人员进行沟通；②根据需要调整货物摆放位置和接收频率；③根据需要调整目视标识；④与供应商和承运人沟通，确定供货开始日期。

（12）按现场作业要求，设计目视管理标识：

①收货作业看板，见表6-7。

表 6-7 收货作业看板

日期：2021 年 5 月 16 日　　　　班次：1

时间	发货台		
	1	2	3
6:00	车辆 1 供应商 A 完成情况Ⓩ		
6:30			车辆 4 供应商 E 完成情况Ⓩ
7:00		车辆 2 供应商 C 完成情况Ⓣ　Ⓢ	
7:30	车辆 1 供应商 B 完成情况Ⓣ　Ⓓ		
8:00		车辆 3 供应商 D 完成情况Ⓩ	车辆 3 供应商 D 完成情况Ⓩ
8:30	车辆 1 供应商 F 完成情况Ⓩ		
9:00	车辆 2 供应商 D 完成情况		
9:30			车辆 1 供应商 D 完成情况
10:00	车辆 1 供应商 G 完成情况	车辆 2 供应商 D 完成情况	
10:30			车辆 3 供应商 D 完成情况
11:00			
11:30			
	…	…	…

注：Ⓩ（绿色）准时到达　　Ⓢ（红色）供应商问题（短缺）

　　Ⓣ（红色）运输问题（迟到、丢失）　　Ⓓ（红色）场地问题延误

②收货作业对策表，见表6-8。

表6-8 收货作业对策表

(S) 供应商 (T) 运输 (D) 场地	日期	时间	承运人	问题/表现	对策
T	3/15	7:00	承运人2	货车迟到25分钟/本周第三次	与运输部门电话联系
S	3/15	7:00	承运人2	零件12458短缺	3月16日货车运送补充
T	3/15	7:00	承运人1	货车迟到45分钟/下雪	—
D	3/15	7:00	承运人2	接收场地入口阻塞/延误	运送货车到3号场地，召集工作人员调整入口

（13）制订作业人员工作规范：①工作人员必须严格执行；②异常情况及时记录在作业看板上。

（14）收货作业区工作场地组织：①收货台识别；②规划出输送通道。

3. 作业人员分批向车间运送物料，供应商回收周转箱

（1）组建多能工小组。

（2）布置周转箱存储区和发货台。

（3）制订从货物集散区到超市的物料配送计划。

（4）制订从存储区到货物集散区的周转箱回收计划。

（5）核定货物从收货台到货物集散区所需设备型号和数量。

（6）核定周转箱从存储区到货物发送台所需设备型号和数量。

（7）工作过程标准化。

（8）制订物料配送和周转箱回收作业标准和管理制度。

4. 注意事项

（1）收货点实施目视管理。

（2）最好取消货物集散区，减少物料装卸搬运环节。

（3）记录承运人的准时和延误情况。

（4）承运人出现延迟，及时向工厂汇报。

（5）为了保证计划实施，拖车装卸作业最关键，后续拖车要等待收货台清空。

（6）生产物流中心及时向承运人通报运输绩效。

（7）定期检查收货作业，保证生产需要。

（8）各种潜在问题可能导致计划不能正常执行（劳动力/设备、恶劣天气、海关检查）。

（9）作业看板应简洁明了，便于修改。

 单元十 周转箱回收

一、周转箱回收的含义

周转箱回收是指收集存放无损坏的可重复利用周转箱和衬垫，分批返还供应商的过程。

周转箱回收

二、周转箱回收的管理目标

（1）确定物料箱和衬垫回收处理工作程序：

①制订作业标准，有效发挥物料管理人员的作用。

②制订物料箱回收作业标准，以便持续改进。

（2）保证物料箱完好并定期返还供应商：

①供应商的物料箱与供应的物料一样重要。

②避免或减少由于处理不当或路径错误导致的物料箱损毁或丢失。

③避免物料箱在供应商之间的错误发送。

④避免物料箱放在不适当的位置。

⑤避免或减少物料箱错误装运和运送增加的费用。

⑥确保不会由于物料箱短缺或错误影响供应商生产。

⑦确保不会由于物料箱过多影响生产操作。

（3）与生产过程的物料需求集成。根据生产需要可以追加物料箱投资。

（4）物料箱存储区设计与超市结合：

①尽量缩小物料箱堆放区。

②送还物料箱遵守先进先出原则。

③减少物料箱存储和处理空间。

三、周转箱回收的实施步骤

1. 前期准备

（1）总体规划。

（2）成品发送。

（3）零件计划。

（4）地址系统。

（5）指定存储区。

（6）生产包装。

（7）拉动系统。

（8）车间内部配送。

（9）收货作业。

2. 组织实施

（1）成立项目实施团队。

（2）检查物料箱回收程序（参见图6-14），与生产包装、周转箱存储和物料箱回收结合。

（3）制订周转箱从生产工位到存储区，再到货物集散区，直至供应商的流程，包括：①目前空的存储区；②可利用的存储区（快速周转和短期存放）；③不可用的存储区；④移出一次性物料箱的存放区；⑤超市位置；⑥物料配送线路；⑦一次性物料箱处理办法。

（4）由物料箱流程图找出改进机会，解决中断循环的作业、安排不当的作业、物料箱停留时间过长、发运和接收不均衡等问题。

（5）在物料存储区划出周转箱存放和整理区。

（6）由车间内部配送路线识别周转箱从生产区移送到周转箱存放区的流程。

（7）制定新的物料箱回收制度，包括：

①收集相关信息：

——零件计划相关数据。

——生产过程中的人工搬运物料箱。

——生产过程中的大件物料箱。

——当前的收货作业。

——操作人员的要求。

——供应商的要求。

——当前的物料箱回收程序和改善机会。

②关键因素：

——重点在于消除浪费。

——支持生产操作。

——工作标准化。

——利用指定的存储区域。

——实施目视管理。

——工作场地改善。

③设定新的系统工作程序：

——设计周转箱回收整理流程。

——按供应商要求顺序整理摆放。

——按方便内部配送顺序摆放。

——制订周转箱承载托盘、封盖、绑扎和标识、可回收周转箱清洁的作业流程，以便将其返还供应商。

——周转箱回收返还工作过程标准化。

（8）对员工进行过程和方法培训。

（9）实施新的工作流程：

①重新布置物料箱存储区。

②对相关人员进行作业标准培训。

③设计和更新目视管理标识，包括地址系统、悬挂式存储标记、货架标签、拣选表、货物分散通道、配送路线表单等。

（10）找出存在的问题并加以解决。

3. 注意事项

（1）每个人都应认识到周转箱对于供应商就像物料对生产者一样重要。

（2）保证成品发送正常。

（3）指定物料和周转箱存储区。

（4）利用内部配送路线回收周转箱和衬垫，及时从生产区移出周转箱，减少车间内部交通拥堵，并充分利用回程车辆和人员。

（5）确定供应商和收货方周转箱预警程序。

（6）供应方和接收方员工应认识到周转箱回收的意义。

（7）对相关人员做专项培训。

（8）作业标准说明各种衬垫的处理方法（填塞物、隔条、隔板等）。

（9）核算周转箱和衬垫的支出费用。

（10）目视管理支持周转箱回收管理。

（11）周转箱信息输入零件计划数据库。

（12）周转箱仅用于供应商发货和生产配送。

（13）物料接收和周转箱返还的频率应相匹配。

四、周转箱预警程序

预警是必须进行检查的提示，目的是避免发生事故导致行动中断或将这种现象发生的频率减至最少（**注**：报警先后不表示优先顺序，可回收周转箱的流动是一个封闭的、持续不断的循环过程）。预警发生的场合主要有：

1. 物料缓冲超市

（1）运错供应商周转箱（如一次性物料箱或型号不符）。发生这种情况，运输人员应将物料箱送回，并把情况向部门主管汇报，该主管与相关人员共同解决问题：①核实一次性物料箱与内部配送和呈递系统的兼容性；②查询供应商是否还有可回收物料箱，如有必要，专门向供应商发运周转箱。

（2）物料超市仍有托盘装载生产用周转箱。发生这种情况表明周转箱溢量，工作人员应将物料箱送回，并把情况向部门主管汇报，该主管与相关人员共同解决问题：①运送周转箱到分类存放区；②检查是否还有可回收的物料箱，如有必要，专门向供应商发运周转箱。

2. 生产工序有托盘装载周转箱（分类排列摆放等待疏散）

（1）物料箱存放区过量。发生这种情况时，托盘使用人将情况向部门主管汇报，然后与有关人员共同解决问题：①检查该区域存放的物料箱是否正确，是否超过了最大允许量（例如，可能是供另一个用户或供应商使用的物料箱）；②检查是否错过了上一次发运机会；③检查是否还有可回收的物料箱，如有必要，专门向供应商发运周转箱。

（2）内部配送无物料箱运回。发生这种情况应向部门主管汇报，该主管与相关人员共同解决问题：①在放置错误的地点寻找物料箱（使用标牌容易进行寻找）；②核查供应商是否存有过多的物料箱。

3. 货物接收场地、第三方物流服务商

货车无可用的周转箱托架，或对于供应商无专用周转箱托架。发生这种情况，工作人员及时向部门主管汇报情况，该主管与相关人员共同解决问题：①检查周转箱或托盘是否放错位置；②在其他地点寻找物料箱托架；③向供应商通报，没有周转箱可返还。

4. 成品发送场地

来自用户的货车中没有物料箱。发生这种情况，工作人员及时向部门主管汇报，该主管与相关人员共同解决问题：①向用户或第三方物流服务商通报收到的物料箱不正确或未收到物料箱；②向生产人员通报未收到用户发回的周转箱；③承运商返回时，把拿错的物料箱送还给用户。

5. 供应商周转箱存储区域

周转箱的准备低于最低需求——没有足够的周转箱保证生产正常运行。发生这种情况，工作人员及时向部门主管汇报情况，该主管与相关人员共同解决问题：①在其他地点寻找物料箱；②通知用户周转箱短缺，并要求快速发运可回收周转箱；③以相同尺寸的一次性包装或标准包装发运物料。

单元十一 供应商拉动

一、供应商拉动的含义

供应商拉动是指供应商按拉动信号补充物料的外部供货过程。供应商拉动是看板拉动系统在收货点与供应商之间的扩延，概念和原理相同，只是应用在不同的环节。

二、供应商拉动的管理目标

（1）目视管理控制物料消耗、均衡物料流动。

①有利于作业标准化；②实现物料流动各环节的有效沟通。

（2）建立供应商和用户之间的物流和信息流。

（3）消除加工、储存、跟踪、延时、维修、返工、设备设施、超量库存和短缺造成的浪费。

（4）有效组合小批量、高频率配送和均衡生产，控制库存水平并持续改善。

①当系统出现变化时，生产和物流中心负责回应；②制订系统作业标准，按双方协议执行。

三、实施步骤

1. 前期准备

（1）总体规划。

（2）成品发送。

（3）均衡生产。

（4）零件计划。

（5）地址系统。

（6）指定存储区。

（7）生产包装。

（8）拉动系统。

（9）内部配送。

（10）物料接收。

2. 组织实施

（1）选择供应商对象。均衡稳定消耗的物料容易实现供应商拉动，开始最好选择供应品种单一，物料用量大、重复性强，能够每天供货的供应商。选择供应商可以根据物料类型、供应商位置、生产线、物料价值、占用空间和生产过程等因素综合考虑。

（2）从零件计划获取信息，如日需求量、发送频率、包装数量、缓冲库存等。

（3）评价供应商的响应敏捷性。

（4）结合收货作业和零件计划，评价承运商作业内容和相关信息，如供货频率、供货时间、运输方式、承运商运输的诚信度和可靠性等。

（5）设计供应商拉动循环，用图示法描述供应物流，同时与供应商沟通、达成一致。

（6）联系方法可选择：

①传真。物料从接收区发往生产区时，取出物料箱中的拉动看板，物料管理员每天收集拉动看板，汇总到一定数量后，将供货信息发送给供应商，供应商按供货信息备货，数量核对无误后发送给用户。

② EDI（电子数据交换）。与供应商联系采用 EDI 方式，其他类似于传真。

③条码扫描识别。物料消耗完后，用条码枪扫描物料箱标签，得到物料消耗信息，通过 EDI（电子数据交换）等方式传到供应商。

（7）拉动系统设计：

①计算供应商拉动系统看板周转数量，相对简便的计算方法为

看板周转数量＝日均需求量×（生产提前期＋供货提前期＋安全因子）/标准包转数量

其中，生产和供货提前期由物料箱回收程序决定。生产提前期包括：

——每天超市的物料箱存储量（空或满的）。

——周转箱存储区每天分批发运的数量。

——每天生产消耗的物料箱数量（空或满的）。

供货提前期包括：

——每天供应商的物料箱。

——每天在途物料箱数量（空或满的）。

安全因子：防止出现残缺品、机器故障等而备用的库存，也称为安全库存。由于供货拉动信息传递、交通和天气等原因影响正常供应，安全因子也需要考虑这些因素。因此，要预估各种潜在问题出现的概率，在此基础上计算安全库存。

例题 日均需求量＝100单位，用户生产周期＝1天，供应商生产提前期＝1天，安全因子＝0.2天，标准包装数量＝5。则：

$$看板周转数量 = \frac{100 \times (1 + 1 + 0.2)}{5} = 44$$

②计算出供应商到用户之间的周转数量再加上已有库存就是初始库存量。

③调整库存量与拉动系统的循环匹配。

④每个物料箱附带一张拉动看板。

⑤拉动看板与物料箱对应。

3. 注意事项

（1）拉动看板用于供应商和用户之间。

（2）供应商拉动系统是生产物流系统中的一部分，不可孤立看待。

（3）拉动系统不容易与批量生产匹配。

（4）培训管理人员和员工，充分认知实施拉动系统的重要性和意义。

（5）以降低库存为目标实施供应商拉动。

（6）利用现有人力资源实施拉动系统。

（7）减少批量、提高配送频率，保证生产的均衡性。

（8）领导需熟悉拉动系统运行原理，能正确地指导实施。

（9）建立小型试验演示区，用于培训指导。

（10）使用统一的拉动信号，避免混淆。

（11）物料由系统内周转量（订货点）控制，不影响生产计划（小时或件数）。

（12）物料配送过程实现作业标准化，拉动系统效果才明显。

（13）需要经常维护拉动看板（损坏、位置改变、丢失、物料数量变化等）。

（14）最好内部已经建立起一个功能完善、运行正常的拉动循环系统。

（15）跟踪检验系统运行效果（员工是否理解，是否需要增加培训，运行过程是否要调整，

是否有更适宜的解决方法）。

（16）制订拉动系统管理制度和作业标准（包括物料周转量、拉动信号和工作程序）并严格执行。

12 单元十二　精益物流服务

一、精益物流服务的含义

精益生产企业把生产物流服务委托外包，由物流服务商承担供应商和用户之间的物料配送和周转箱回收。物流服务商是区别于供应方和需求方的第三方物流，是一种专业化的物流组织，具有很强的经济性。随着第三方物流的发展，它的经济性会发挥得更加充分。第三方物流的经济性主要包括规模经济性、价值创新性，其中，规模经济性是它的基本特征，价值创新性是它的功能特性。从表6-9可以看出传统运输与精益物流服务之间存在着显著差异。

表6-9　传统运输与精益物流服务对比

传统运输	精益物流服务
1. 按运输线路和运输方式连接供应商和生产商： （1）支线运输、零担运输、短途配送等混合方式 （2）不同用户的货物混合运输 2. 按运输线路与承运商结算 3. 按报价高低选择承运商 4. 根据情况变化调整价格（负载量、承运商绩效、供应商等） 5. 司机负责货物运输	1. 开发物流模式： （1）关注物料和物料箱在供应商和生产商之间的流动 （2）建立物流配送系统 2. 评价系统的总成本 3. 按系统服务能力选择服务商 4. 与物流服务商合作，共同减少成本 5. 物流经理负责物料分拣、装卸和运输

二、精益物流服务的管理目标与实施要点

1. 管理目标

（1）尽可能以最低的成本、最高的效率配送合格产品。

（2）降低产品价值流上的总成本。

（3）均衡收货作业。

（4）在必要的地点、必要的时间，以必要的数量为生产工位提供物料：①支持内部配送发货频率；②实施有计划的拣选和配送；③优化物流效率；④简化文书、审核和支付流程。

2. 实施要点

（1）物流服务集成：

①在企业设立专门办事机构。

②提供物流整体方案。

③物料供应支持精益生产。

④及时与供应商沟通信息。

⑤用公告板在生产控制与物流中心展示物流线路，并及时更新。

⑥跟踪管理供应商、承运商和生产商各自的物流绩效，包括运输作业（发货、接收和周转箱回收）和实物不符等问题。

⑦在拣选物料时，核实包装单元和包装数量。

⑧记录和保存数据。

⑨寻找降低成本的机会。

⑩发现问题，制订对策加以改善。

（2）实现按小时、天、周为生产厂商配送物料。

（3）为车间或工位配送物料，通常安排15分钟一次的作业频率。

（4）依据现有能力，尽可能以最小单位拣选和配送物料。

（5）选择最适宜的设备载运物料进出，使载运量效率最优。

（6）货物装卸借助重力原理。

（7）运输过程无损耗。

（8）制订周转箱回收流程。

（9）承担由于货物延迟发运而增加的费用。

三、精益物流服务的实施步骤

建议企业在车间实施精益生产时，通过物流服务集成把精益管理模式向供应商推广。如果车间内部没有实施精益生产，则不能体现物流服务商的优势。

1. 前期准备

（1）总体规划。

（2）均衡生产。

（3）零件计划。

（4）地址系统。

（5）指定存储位置。

（6）生产包装。

（7）拉动系统。

（8）内部配送。

（9）物料接收。

（10）物料箱回收。

2. 组织实施

（1）与物流服务商共同制订或改进精益物流方案，如选择运输方式和承运商、规划路线、改进内部循环配送、简化流程。

（2）及时与服务商沟通信息。

（3）管理服务商绩效，如作业绩效（短缺或过量供应）、物料箱和标准包装绩效、标签绩效等。

（4）其他，如物料调配、仓库管理、库存控制、运输管理、配送路线优化、零件计划更新等。

3. 注意事项

（1）要求车间精益化生产水平较高。

（2）选择的服务商最好同时为多个供应商和用户服务。

（3）物流服务商管理供应商和用户的物料流动过程。

（4）根据零件计划的变动，监控物流服务过程。

精益物流服务实施流程如图6-18所示。

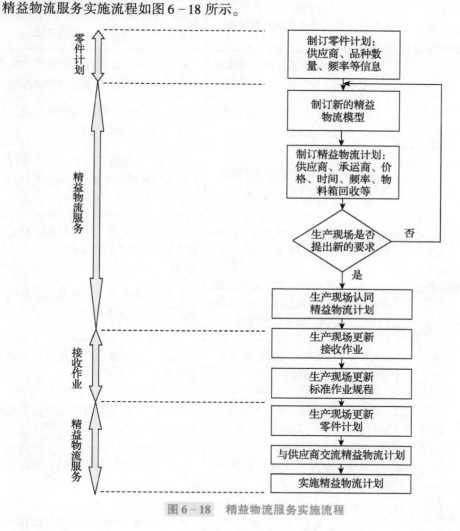

图6-18　精益物流服务实施流程

| 模块小结 |

　　本模块在对精益生产物流理论进行概述的基础上，结合精益生产实际，以成品发送、物料存储和处理、车间内部配送、物料接收等为主线介绍了精益生产物料流动的主要环节，同时对物料周转箱存储和回收、零件计划、分包装、排序、配套、供应商看板拉动、物流服务商等物流支持要素做了介绍，重点介绍了每个物流环节实施的目标、步骤和注意事项。

精益生产物流职业能力标准

职业功能	工作内容	能力单元要素	实作指标
4. 精益生产物流	4.1 成品发送作业组织	4.1.1 通过历史数据分析掌握成品发送规律，根据用户需求组织成品发送	4.1.1 能用成品发送公告板发布每天的作业计划、记录执行情况，能用对策表反映发送作业出现的问题及改进办法
		4.1.2 通过数据分析掌握周转箱发送规律，能组织周转箱回收	4.1.2 能制订周转箱回收作业计划、记录执行情况，能用对策表反映周转箱回收及储存出现的问题及改进办法
		4.1.3 掌握沟通技巧，能与用户有效沟通，协调处理各类问题	4.1.3 能在发送过程中与用户保持有效沟通，及时汇报或处理出现的问题
		4.1.4 通过数据分析预测用户需求，合理控制成品库存	4.1.4 能根据历史数据分析成品发送情况，制定合理库存量
	4.2 车间内部物料配送	4.2.1 掌握车间物料配送特点，能组织车间物料配送	4.2.1 能根据车间物料消耗情况，制订车间物料配送计划，记录执行情况，提出改进办法
		4.2.2 掌握车间周转箱、废弃物回收规律，制订回收计划	4.2.2 能制订车间周转箱、废弃物回收计划，合理存放和处理
		4.2.3 熟悉分包装、排序、配套概念和特点，根据生产加工需要制订作业方案，保证生产需要	4.2.3 能根据加工需要，对物料做分包装、排序、配套处理
		4.2.4 根据车间生产运营情况，合理控制在制品库存	4.2.4 能根据生产运行情况控制在制品库存
	4.3 物料接收作业组织	4.3.1 通过历史数据掌握物料接收规律，组织物料接收作业	4.3.1 能制订物料接收作业计划并按照程序组织实施
		4.3.2 掌握供应商送货特点，组织周转箱返还作业	4.3.2 能制订供应商周转箱返还计划并组织实施
		4.3.3 掌握沟通技巧，能与供应商有效沟通，协调处理各类问题	4.3.3 能在物料接收作业过程中与供应商保持有效沟通，及时汇报或处理出现的问题
		4.3.4 通过数据分析预测物料需求情况，合理控制生产物料库存	4.3.4 能根据生产运行情况控制原材料、零部件库存

（续）

职业功能	工作内容	能力单元要素	实作指标
4.精益生产物流		培训后达到水平	
	水平综述	学会通过历史数据分析预测未来发展趋势，根据用户需要组织成品发送作业和周转箱回收作业，掌握沟通技巧，能与用户有效沟通协调处理问题，合理控制成品库存；掌握车间物料配送特点，组织车间物料配送作业，及时回收处理周转箱和废弃物，熟悉分包装、排序、配套作业方法，能根据生产需要制定处理方案，掌握生产运营情况合理控制在制品库存；根据历史数据掌握物料接收规律，组织物料接收及周转箱返还作业，能与供应商有效沟通协调处理问题，能预测物料需求情况，合理控制生产物料库存	
	学习水平（培训对象获得学习成果）		能力水平（培训对象展示能力）
	熟悉分析预测基本方法，掌握成品发送、物料接收规律，学会沟通技巧；掌握车间配送特点，学会分包装、排序、配套适用方式；掌握成品、生产物料、在制品控制技术		能组织成品发送及周转箱回收作业，物料接收及周转箱返还作业；能组织车间物料配送及周转箱、废弃物回收作业；能根据生产需要制定分包装、排序、配套实施方案；能与用户有效沟通，协调处理问题；能有效控制成品、在制品、原材料库存

练习与思考

一、单选题

1. 精益生产是基于_____的管理，以消除浪费、提高生产效率为目标。

　　A. 多能工　　　　　　B. 标准规程　　　　　C. 时间　　　　　　D. 生产单元

2. 生产工位旁边的物料一般不应超过_____小时的使用量。

　　A. 3　　　　　　　　B. 4　　　　　　　　C. 5　　　　　　　　D. 6

3. _____是送货作业现场常用到的管理工具。

　　A. 价值流程图　　　　B. 作业看板和对策表　C. 标准作业规程　　D. 帕累托图

4. 允许在总装车间设成品库，以保持生产过程的_____。

　　A. 连续性　　　　　　B. 节奏性　　　　　　C. 均衡性　　　　　D. 稳定性

5. 零件计划包括零部件移动过程中从_____的所有信息，对持续改善有重要作用。

　　A. 原材料到成品　　　　　　　　　　　　B. 用户到供应商

　　C. 零配件车间到总装车间　　　　　　　　D. 供应商到销售商

6. 精益生产要求车间_____以上的物料用物料箱盛放，多数可以回收再利用。

　　A. 70%　　　　　　　B. 80%　　　　　　　C. 90%　　　　　　D. 95%

7. 除非有特殊限制，一般从货架的_____搬运物料。

　　A. 顶端　　　　　　　B. 中部　　　　　　　C. 底端　　　　　　D. 任意位置

8. 物料存取遵循先进先出原则，多个位置存放物料根据_____区分先后。

　　A. 物料多少　　　　　B. 摆放顺序　　　　　C. 前后位置　　　　D. 目视标识

9. 空物料箱、废弃物存放区最好设在_____。

    A. 明显位置   B. 边角位置   C. 通道旁   D. 生产区域外

10. 超市存储量的大小，要根据_____确定。

    A. 物料箱规格   B. 接收和送货频次   C. 生产节拍   D. 周需求量

11. 物料箱装载量一般不超过_____千克，以便于人工搬运。

    A. 50   B. 40   C. 30   D. 20

12. 排序、配套、看板拉动、电子拉动四种方式在物料配送中，_____的配送频率最短。

    A. 排序   B. 配套   C. 看板拉动   D. 电子拉动

13. 一般而言，_____的零件配送频率长。

    A. 成本高、重量重、尺寸大、品种变化多   B. 成本高、重量重、尺寸大、品种变化少

    C. 成本低、重量重、尺寸大、品种变化多   D. 成本低、重量轻、尺寸小、品种变化少

14. 下述不属于生产指令看板的是_____。

    A. 工序内看板   B. 工序间看板   C. 信号看板   D. 临时看板

15. 车间内部配送小车，行进速度一般在_____左右。

    A. 100 米/分钟   B. 200 米/分钟   C. 300 米/分钟   D. 500 米/分钟

16. 收货台和发送台是货物接收和发送的短暂集散地，从持续改善的角度看应该_____。

    A. 规范管理   B. 逐步减少   C. 逐步取消   D. 多处设点

17. 精益物流服务商为企业提供_____的物流服务。

    A. 企业、供应商和用户之间   B. 供应商到企业之间

    C. 企业内部   D. 企业到用户之间

18. 精益物流服务商与传统运输商之间最大的区别在于_____。

    A. 结算运输费用   B. 开发物流模式

    C. 提供运输工具   D. 与企业合作共同降低成本

19. 有害物品管理的关键在于_____。

    A. 为物品做标识   B. 明确的管理制度

    C. 确保工人的安全和健康   D. 有效的储存保管

20. 有害物品应做到_____处理。

    A. 多次少量   B. 一次性   C. 转移   D. 委托

二、 简答题

1. 精益生产与物流的关系是什么？

2. 送货作业的主要内容有哪些？送货作业管理如何实现目视化？

3. 什么是零件计划？零件计划包含哪些信息？

4. 精益生产在哪些环节涉及物料存储？如何分类存储物料？

5. 如何实现自由存放位置的库存管理？

6. 分包装、排序、配套对精益生产的意义是什么？

7. 内部配送要注意哪些事项？如何与零件计划、物料箱回收结合？

8. 可能在哪些生产环节设置空物料箱存储位置？物料箱管理有什么意义？

9. 如何让供应商实现拉动生产？精益物流服务有什么优势？

模块七
精益质量管理

学习目标

- 全面认识精益质量管理
- 理解精益质量管理的含义及特点
- 熟悉精益质量管理目标、实施要点和支持要素
- 理解质量计划的含义及要点
- 理解质量控制方法和实施步骤
- 理解质量改进实施要点

单元一　精益质量管理概述

一、精益质量管理的含义及特点

1. 精益质量管理的含义

在传统质量检验阶段，检验从生产中分离出来（如泰勒主张成立专门的检验部门），改变了原有工人自己检验的方式，设立专职检验员进行产品检验。在 20 世纪中期，数理统计被引入质量管理中，质量管理进入统计质量控制阶段，抽样检验、统计过程控制等理论和方法不断完善，并被大量应用于质量管理之中。随后，数理统计被应用于企业经营全过程，质量管理工具不断推陈出新，ISO9000 标准也开始形成并不断被企业接受，质量管理理念随着市场竞争加剧也提到了新的高度，全面质量管理成为质量管理百年历程中具有深远影响的发展阶段。

精益质量
管理概述

在 20 世纪 80 年代，在生产管理领域和质量管理领域，分别基于企业实践总结形成了两个革命性的理论，即精益生产管理与六西格玛管理。从二者各自的核心思想看，精益生产强调减少浪费，强调生产效率的改进；六西格玛强调减少偏差或波动，强调质量的持续改进。质量、效率、成本在企业经营管理过程中尤其是生产过程中是相互伴随、密不可分的，因而在改进过程中若孤立改善某方面常会限制改进效果。精益质量管理是综合精益生产和六西格玛的各自特定成果而形成的方法。

精益质量管理是在对关键质量数据定量分析的基础上，综合运用多种知识和方法，对关键质量指标系统持续改进，按照国家、地区和行业标准，实现显著提高质量及经营绩效的目的。精益质量管理是综合了精益生产管理、ISO9000 质量管理体系及六西格玛管理等优秀管理理念而形成的质量管理系统，是企业提高经营业绩的重要战略；精益质量管理是对作业系统质量、效率、成本综合改善的方法，是在精益生产与六西格玛关于作业系统相关理论方法的基础上，吸收其他关于作业系统综合改善的相关理论和方法形成的管理模式。

2. 精益质量管理的特点

（1）员工职业化。精益质量管理将员工职业化放在一个非常突出的位置，作为推行精益质量管理革新的首要关键要素。对生产作业系统而言，员工职业化包括工人的职业化，也包括主管及更高层次人员的职业化。虽然角色不同，但对作业系统的质量、效率、成本均产生影响。

（2）生产系统化。生产系统化是精益质量管理的核心子系统，其研究对象是生产作业系统，系统化的含义就是从作业系统全局寻求影响质量、效率、成本的全局性关键因素，采用系统化的方法寻求问题的根本解决，以达到作业系统的综合改善。精益质量管理利用精益生产中的5S管理、目视化管理工具保证生产系统有条不紊地运作，并通过多种工具方法分析产品质量信息，找到并解决影响产品质量的各种因素。

（3）工序标准化。工序标准化是生产系统化的重要组成部分，工序是产品形成过程的基本单位，工序质量直接决定着产品的质量和生产效率。工序质量受多方面因素影响，概括起来主要有六个方面，即"5M1E"（操作者、机器、材料、方法、测量和生产环境），也是工序标准化的关键要素。根据作业系统的构成，可形成作业系统和作业工序的5M1E标准。质量管理的目标是通过各作业工序实施5M1E标准，提高工序能力指数（C_{PK}），进而促进整体作业系统质量水平的提高。

作业系统及其组成工序同时面临着拉动看板指令和C_{PK}两方面要求，质量的具体要求表现为5M1E标准，5M1E标准的执行结果表现为C_{PK}指标。JIT指令要结合5M1E标准和C_{PK}指标，精益质量管理中"精益"与"质量"形成互相促进关系，共同促进作业系统质量、成本、效率的改善。

（4）度量精细化。度量是六西格玛管理和ISO9000质量体系强调的重点，在生产管理中常以"统计"一词表达相关生产结果。度量与统计是有区别的，度量隐含着与标准的比照，数据结果是处于坐标系中的，而统计则未强调与标准的比照，对偏差常不做深究。

精益质量管理中"质量"的核心工具是"C_{PK}指标"，即工序能力指数。根据作业系统的构成，在作业工序C_{PK}指标的基础上，形成各作业子系统和作业系统的C_{PK}指标，是衡量作业工序加工精确度和加工准确度的综合指标，是作业工序质量能力评价的指标，可作为质量的要求，也可反映实际质量状况。精益质量管理针对效率和质量分别提出了准时化生产要求C_{PK}指标，并可总体用西格玛水平来度量。

（5）改进持续化。持续改进是精益生产、六西格玛、ISO9000体系共同强调的理念。改进持续化在精益质量管理中起着承前启后的作用，是度量精细化的延续和要求，缺少改进持续化将削减度量的作用，而员工职业化、生产系统化、工序标准化则会缺少新的活力和要求，管理将止步不前甚至倒退。

3. 精益质量管理的实施

精益质量管理借鉴、综合了精益生产和六西格玛管理的研究成果，根据其特点采取相应策略。精益质量管理推行的切入点是作业工序，主抓的重点是标准化作业，进而转入作业系统的精益管理改善阶段，通过作业系统和作业工序的精益质量管理拉动外围相关工作的改善。其应用工具包括价值流分析、连续流、一个流生产、自働化、看板拉动、均衡生产等，这些工具的应用效果是精益生产实现程度的评价依据。精益生产实施以质量为基础，且以不降低质量为标准。

传统质量管理依靠事后检验来保证品质，而精益生产质量管理强调预防为主、事先控制，从5M1E等方面消除不合格品产生的源头。生产当中，如果某道工序出现不良品，则整条生产线全部停工，直到检查出引起质量的问题并及时解决。产品质量问题会影响准时交货，而且出现不合格品也会造成材料、机器、人工浪费，修复不合格品还将造成额外费用的增加，因此各道工序必须从源头控制和消除不合格品。

通过开展 5S 管理促进现场管理改善，促进 5M1E 标准的落实与完善。5M1E 标准应随着企业管理水平的提高而不断改进，即企业应追求 C_{PK} 指标的不断提高，因而作为 C_{PK} 指标基础的 5M1E 标准也应不断改进。精益质量管理离不开度量和反馈，除 C_{PK} 可以度量工序标准化执行结果外，对看板管理指令的执行情况要纳入度量，即从偏差或波动的角度分析工序对拉动生产相关要求的保障程度。

精益质量管理要求企业在组织机构设置、职责划分、工作流程、企业文化等多方面重视质量，并最终落实在产品设计、生产组织、生产控制、产品销售、用户服务等环节，以超预期的产品激发用户的购买欲望。

二、精益质量管理目标与实施要点

1. 管理目标

（1）从源头控制质量，为用户提供超预期产品，提高企业竞争力。

（2）建立质量保证体系，质量管理贯穿于产品设计、采购、加工和服务全过程，特别是严格控制生产过程，杜绝不合格品出现，消除各种浪费。

（3）分析质量管理当前状态，制定预期实现目标，结合精益生产特点制定相应策略，质量管理成为精益生产管理体系的重要组成。

（4）生产质量显著改善，一次合格品率不断提高，生产周期不断缩短，取得的经验能在企业内普遍分享。

2. 实施要点

（1）领导高度重视，推动生产现场质量改进。

（2）企业通过 ISO9000 认证并落实，对提高生产效率和降低成本发挥重要作用，不断改进完善。

（3）质量问题控制在规定范围内，同样问题不再重复出现。

（4）有效解决测量波动问题。

（5）工序能力指数（C_{PK}）应大于等于 1.67，并长期保持稳定。

（6）生产线上应用自动防错装置，降低对成品质量检验的依赖度。

（7）加强过程控制，通过方法和步骤管理解决质量问题。

（8）分析生产过程找出潜在的问题点，尽可能把质量问题消除在源头。

3. 精益质量管理工具

PDCA 循环是质量管理常用工具，由美国统计学家戴明博士提出，反映了质量管理活动的基本规律。P 表示计划（Plan）；D 表示执行（Do）；C 表示检查（Check）；A 表示处理（Action）。PDCA 循环是提高产品质量、改善企业经营的有效方法。

PDCA 分为 4 个阶段，8 个步骤：

（1）计划阶段：

——分析现状。

——找出问题的原因。

——分析产生原因。

——找出主要原因。

——拟订措施计划。

（2）实施阶段

——执行生产技术改进计划。

（3）检查阶段

——将执行结果与预定目标对比。

（4）总结、再优化阶段

——巩固成绩，提升到标准化程序。

三、精益质量管理支持要素

精益生产从质量计划、质量控制和质量改进三个方面开展质量管理，保证从源头控制质量问题，提高产品一次合格品率，消除各种生产浪费，杜绝不合格品流向用户。

1. 质量计划

质量计划是对向用户提供超预期产品的全过程进行产品质量规划，在产品开发、工艺设计、生产和销售等各个环节把控质量，从源头上控制质量问题。质量计划包括：领导重视、质量管理标准化、建立质量保证体系。

2. 质量控制

质量控制保证质量管理目标的实现，是质量计划的实施和改进提高的过程。应用自动防错装置（或系统）控制质量问题是精益生产质量管理的特点。质量控制包括：供应商质量管理、内部审查、用户保护、测量系统、工序能力指数、生产过程控制、自动防错。

3. 质量改进

质量改进是不断提高质量的长期活动，通过采取预防措施减少差错和消除浪费，使生产质量不断改进。质量改进重视过程控制，及时发现潜在问题，不让不合格品传递到下道工序。质量改进主要包括：持续改进、发现和解决质量问题、检测反馈系统。

02 单元二 质量计划

质量计划

一、领导重视

1. 含义

领导主动承诺和积极参与质量管理改善，"承诺"是表明态度，"参与"则是用行动证明。在追求卓越的企业文化氛围下，领导及全体员工必须认识到产品质量的重要性，同时还必须提供必要的资源以保障质量管理的顺利开展。随着质量管理工作的推进，解决问题应当从被动应对向主动预防转变，领导层必须高度重视质量管理，不断促进产品质量的提高。

2. 实施要点

（1）制订企业质量管理计划：

①将质量管理计划提到企业战略层，规定产品质量目标和改进方向。

②企业质量管理计划统筹部门负责质量管理计划。

③质量管理计划要点包括：

——从源头控制产品质量。

——降低产品不合格品率，支持企业经营目标实现。

——采取措施改进和预防质量问题，提高一次合格品率。

——规定任务和期限，确保质量目标的实现。

——明确评价方法和指标，及时跟踪质量完成情况。

（2）企业向用户承诺达到行业、国家或国际质量标准。

（3）健全组织机构，明确职责和任务。如设立质量管理委员会，部门指定质量负责人。

（4）为实施质量管理或保证质量，提供必要的资源保障。

（5）制订工作程序和监管制度，保证质量目标的实现。如果实际目标和预期不符，采取措施缩小差距。

（6）领导组成员定期进行"质量巡视"：

①生产现场质量控制和改进情况。

②现场解决出现的各种质量问题。

（7）用帕累托图描述质量状况，找出改进机会。

二、质量管理标准化

1. 含义

标准化工作是成文的、当前最佳的、安全有效的完成工作的方法，以此达到必要的质量水准。标准化工作的应用领域包括生产操作、质量检验、物料包装发送、维修操作。质量管理标准化是在分析产品和服务质量基础上，根据用户需求制订质量管理工作程序和产品质量标准的过程，并不断总结提高、持续完善，切忌一成不变或复制模仿。

2. 原则

（1）将标准作为培训的基础。

（2）广泛宣传标准，并用以验证生产工序。

（3）始终如一地坚持标准化工作。

（4）将标准作为解决问题的工具。

（5）标准化工作有助于稳定生产状态并持续改进。

（6）永远不要打断其他班组成员的标准化工作。

（7）一旦生产线停止（例如停工休息等），务必完成标准化工作改进。

3. 前期准备

(1) 学习质量管理专业知识。

(2) 对企业质量管理建立全面认知。

(3) 持续改进与质量标准不符的问题。

(4) 各部门为检查质量提供便利条件。

4. 实施步骤

(1) 组建质量管理小组，包括基层班组长和员工、项目经理、生产主管、职能部门领导等，请他们参与质量标准研讨和制订。

(2) 评价质量管理现状，对照质量标准进行自我评价和检查。

(3) 选择重点生产部门（或工序）制订质量标准。首先选择对产品质量影响大的部门制订质量标准，而不是全面铺开、耗时耗力、没有重点。

(4) 选择标准制订的合作对象，建立合作关系，可以是企业内部人员，也可以是外部的相关人员。

(5) 组织合作者到现场参观。

(6) 明确当前的差距。

(7) 找出存在差距的原因。

(8) 制订部门质量标准，并不断完善和改进。

三、建立质量保证体系

1. 含义

企业各部门在质量管理总体目标要求下，按照质量保证体系（质量手册、质量程序和作业说明）制订质量管理制度和文件。质量保证体系能确保生产工艺的稳定性和可靠性，着重点在于预防质量问题的产生，减少质量波动和消除浪费，从而使企业和用户共同受益。

2. 实施步骤

(1) 学习质量保证体系：①学习质量管理相关知识；②组织培训；③与用户沟通；④与质量管理部门和员工交流；⑤制订实施计划，明确任务和期限。

(2) 编制质量管理手册：①分析质量管理活动和工作流程；②编写质量管理手册大纲；③编写2~3级文件初稿；④组织培训学习；⑤初步实施。

(3) 组织内部检查和审核：①组建审核小组；②培训小组成员；③制订检查审核时间表；④向企业领导汇报发现的问题；⑤制订方案解决问题；⑥按时间表继续审查。

(4) 在实施当中改进：①根据审查结果修改文件；②组织内部评审；③向企业领导汇报结果；④修改不符合质量保证体系要求之处。

(5) 选择第三方认证机构：①调查认证机构的信誉；②评价选择机构；③初步接触了解；④提交企业质量手册和文件；⑤评估认证；⑥向上级领导汇报结果。

(6) 第三方认证机构现场审查：①带领审查员到现场；②召开内部会议；③向企业领导汇报；④提出改正措施；⑤与认证机构共同确认改正的有效性；⑥完成认证过程。

企业质量管理改进过程如图7-1所示。

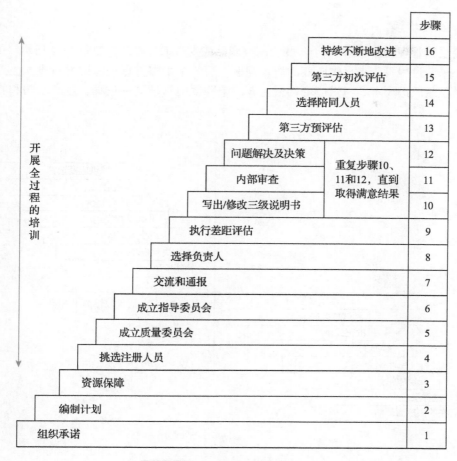

图 7 - 1　企业质量管理改进过程

03　单元三　质量控制

一、供应商质量管理

（一）含义

供应商质量管理规定了企业从供应商处购买原材料或零配件的流程和制度，以保证企业采购到合格的原材料或零配件。供应商质量控制程序确保原材料采购质量，防止生产还没开始就出现质量问题，造成后期一系列的质量问题。

采购部门按工作程序采购，企业质管部门监督和反馈意见。定期召开采购研讨会，审查采购过程中的质量问题，制订相应计划督促改进。

质量控制
（一）

（二）实施步骤

供应商质量管理程序包括16个步骤，围绕产品或生产工艺展开，如图7-2所示。前8个步骤重点防止采购过程可能来自供应商的质量问题，后8个步骤重点关注原材料投入生产后，对供应商产品质量改进要求和与供应商沟通协调。采购部门管理这一过程，生产车间和管理部门配合实施。

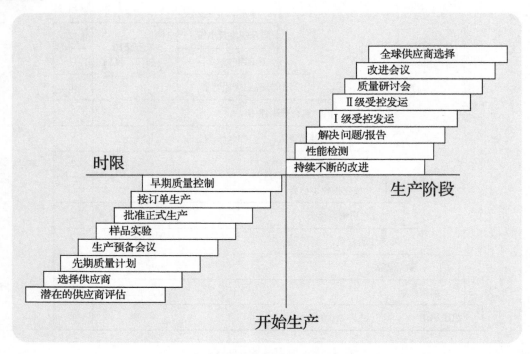

图7-2　供应商质量管理程序

二、内部审查

（一）含义

组织企业专业人员审查质量管理体系，以确保产品满足用户需求，也是促使企业不断改进的过程。通过内部审查，验证是否达到质量标准要求。为了审查质量管理体系的有效性，必须全面检查产品和生产工艺，以确保用户的利益。

审查过程包括：生产计划和工艺是否符合产品质量要求，所有生产和检验环节是否合理，成品包装和标签有无质量问题，验证质量管理程序是否合理。

（二）实施步骤

（1）明确质量手册的适用条款，并加以说明。

（2）确定审查目标和范围。

（3）划分领导和审查人员的任务和职责。

（4）保证审查人员的公正和独立性。

（5）启动审查工作，包括：①审查范围；②审查周期；③学习工厂质量保证体系。

（6）前期准备：①审查计划；②团队成员和工作任务；③工作文件（审查表等）。

（7）执行审查：①召开会议；②现场查看和收集数据；③总结大会。

（8）撰写书面审查报告，内容包括：①前期准备情况说明；②报告目录；③报告任务分配；④报告审查结果。

（9）评价内部审查工作。

（10）确保审查出的问题得到解决。

三、用户保护

（一）含义

用户保护是针对不同质量问题采取相应的管理措施，确保当预计到有质量问题发生或已发生时，启动用户保护程序。

1. 质量问题控制

在生产过程中发现产品质量问题后，应查清产品批次和数量、做出书面说明、评估质量问题、隔离不合格品、采取处理措施，保证用户始终满意是行动的本质。

2. 产品遏制

产品遏制是指用户收到不合格品或有迹象表明有问题产品流向用户时，采取应对措施，控制生产和输出，直到问题得到解决，是保护用户的一种临时方法。在改变产品设计和生产工艺时，应当采取预防性产品遏制，直到产品质量符合用户要求。当产品出现质量问题时，采取应对性产品遏制。

3. 用户评价

企业请用户检查和评价产品，及时掌握用户对产品的使用情况，避免让用户使用质量不佳的产品。主要通过用户反馈掌握产品质量信息，促进企业改进生产工艺和提高管理水平。

4. 供应商和生产商建立协作关系

通常指零部件厂和装配厂的协作过程，零部件厂家或售后服务人员参加协作交流。这个过程能对产品使用情况和遇到的问题有更深入的了解，有利于在讨论当前或潜在问题时汲取多方意见并达成共识。

（二）实施步骤

1. 质量问题控制

（1）控制产品生产批量，当出现质量问题时把数量限制在最少。

（2）查明生产数量和批次，结合生产物流系统查找。

（3）建立产品追溯制度，包括生产线上的产品。

（4）对比产品质量标准，由专人负责检查和提出解决办法：①返工或修理达到质量要求；②产品不经返工说服用户接受；③重新评价、改变用途；④零件或产品报废。

（5）如产品已发送到指定地点，对合格品和不合格品要做出明确区分。

（6）必要情况下通知用户或售后工程师启动产品遏制程序。

（7）识别可疑的问题产品，书面说明原因、责任人、数量和日期等信息。

（8）如果产品附有拉动看板，将拉动看板取掉，表明已脱离生产过程。

（9）分析生产工艺和其他相关过程，确定产生质量问题的原因。

（10）如果确实出现生产质量问题，看能否进行返工或维修，直到达到质量标准。

（11）说明拒收、维修和返工的原因，以促进持续改进。

（12）完成产品质量问题处理报告。

（13）建立跟踪制度，减少产品检验误差。

2．产品遏制

（1）确定是否需要进行产品遏制（预防性或应对性）。

（2）确定要堵截的产品范围。

（3）向发货点通报产品编号，完成产品遏制程序后再发运。

（4）制订产品遏制计划，说明检验特征和放行标准。

（5）对工人进行产品遏制程序培训。

（6）启动产品遏制，并将结果书面报告。

（7）发现单件问题产品，启用问题解决程序，书面说明处理结果。

（8）没有发现问题产品，满意放行。

3．用户评价

（1）在生产现场之外建立用户评价区。

（2）建立用户评价组织机构，机构人员不附属于生产部门（最好属于质控部门），专职负责用户评价。

（3）根据用户投诉、暴露问题、质控数据等，用排列图对问题进行排序。

（4）编制产品问题调查表，制订用户评价计划。用户对产品做全面评价，严格把关质量检验过程。

（5）制订用户评价结果报告制度。

（6）培训用户评价工作人员。

（7）制订书面或图表形式的工作指导说明书。

（8）向送货部门通报用户评价的产品编号，只有在完成用户评价后产品才能发运。

（9）确定哪些是用户评价产品，并放到用户评价区。

（10）产品生产活动（包括修理和产品遏制）全部完成后组织用户评价，用户评价应在产品包装之前进行。

4．供应商和生产商建立协作关系

（1）制订工作计划，包括任务职责：①用户联系表；②用户联系表名录。

（2）如果没有售后工程师，则请相关人员帮助联系。

（3）选择用户联系对象。

（4）可能情况下，走访装配厂并向售后工程师通报情况。

（5）讨论分析当前某个质量问题或潜在问题，请售后工程师到场，现场解决问题。

四、测量系统

（一）含义

分析测量系统统计特性，找出环境因素对测量系统的影响。测量系统由操作流程、测量仪器、软件和测量人员构成，经过完整的测量过程得到数据。按照质量保证体系要求做统计分析，找出数据变异的量和类型。这些研究包括：

质量控制
（二）

（1）测量标准。

（2）测量仪对比。

（3）评价不达标的测量仪。

（4）测量仪维修前后对比。

（5）计算生产工艺改变所需数据和可接受的范围。

测量系统没有系统误差，表明测量系统的变化仅受随机因素影响。测量系统的随机误差与制造工艺的系统误差相比较，前者在较小的技术标准范围内。通常，测量随机误差是工艺和技术标准等系统误差的 1/10。

从测量系统精度、测量系统稳定性、测量系统误差是否在质量控制接受范围内三方面评估测量系统。

测量系统误差有五种类型：测量误差、重复测量误差、重复再现测量误差、稳定误差和线性误差。测量误差指观察的测量平均值与参考值之间的误差；重复测量误差指同一人使用同一台测量仪对同一零件、同一特性若干次测量所获取的测量值变化；重复再现测量误差指不同人使用同一台测量仪对同一零件、同一特性若干次测量得出测量平均值的变化；稳定误差指熟练工人用测量系统长期测量所得到的总误差；线性误差指测量仪在预期范围内的基本偏差。

（二）实施步骤

（1）检验测量系统误差是否在允许范围之内。

（2）分析以往数据，确认测量系统的统计误差可以接受。

（3）规定测量程序。

（4）评估测量系统，包括测量系统精度、测量系统稳定性、测量系统误差。

五、工序能力指数

（一）含义

工序能力指数是指工序在一定时间里，处于控制状态（稳定状态）下的实际加工能力。它是工序固有的能力，或者说是工序保证质量的能力。

这里所指的工序，是指操作者、机器、原材料、工艺方法、测量方法和生产环境等影响质量的基本因素综合作用的过程，也就是产品的生产过程。产品质量就是工序中的各个质量因素所起作用的综合表现。

对于任何生产过程，产品质量总是分散的。工序能力越高，则产品质量特性值的分散就会越小；工序能力越低，则产品质量特性值的分散就会越大。通常用 6σ（即 $\mu + 3\sigma$）来表示工序能力。

若用符号 P 来表示工序能力，则：

$$P = 6\sigma$$

式中，σ 是处于稳定状态的工序的标准偏差。

工序能力是表示生产过程客观存在着分散的一个参数，但是这个参数能否满足产品的技术要求，仅从它本身还难以看出。因此，还需要另一个参数来反映工序能力满足产品技术要求（公差、规格等质量标准）的程度，这个参数就称为工序能力指数。它是技术要求和工序能力的比值，即：

工序能力指数 ＝ 技术要求（公差）／工序能力

当分布中心与公差中心重合时，工序能力指数记为 C_P；当分布中心与公差中心有偏离时，工序能力指数记为 C_{PK}。运用工序能力指数，可以帮助我们掌握生产过程的质量水平。

（二）分析

工序的质量水平按 C_P 值可划分为五个等级。按其等级的高低，在管理上可以做出相应的判断和处置（见表7-1）。该表中的分级、判断和处置对于 C_{PK} 也同样适用。

表7-1　工序能力指数的分级、判断和处置参考表

序号	C_P 值	级　别	判　断	采取措施
1	$C_P > 1.67$	特级	能力过高	（1）可将公差缩小范围 （2）允许较大的外来波动，以提高效率 （3）改用精度差些的设备，以降低成本 （4）简化检验
2	$1.67 \geqslant C_P > 1.33$	一级	能力充分	（1）若加工件不是关键零件，允许一定程度的外来波动 （2）简化检验 （3）用控制图进行控制
3	$1.33 \geqslant C_P > 1.0$	二级	能力尚可，可能有不合格品	（1）用控制图控制，防止外来波动 （2）对产品抽样检验，注意抽样方式和间隔 （3）$C_P = 1.0$ 时，应检查设备等方面情况
4	$1.0 \geqslant C_P > 0.67$	三级	能力不足	（1）分析极差 R 过大的原因，并采取措施 （2）若不影响产品最终质量和装配工作，可考虑放大公差范围 （3）对产品全数检查，或进行分级筛选
5	$0.67 > C_P$	四级	能力严重不足	（1）必须追查各方面原因，对工艺进行改革 （2）对产品进行全数检查

注：极差 R 为一批产品中最大与最小尺寸之差。

工序能力指数分析是机器、生产工艺固有特性与生产技术要求对比分析的工具，对缩短生产周期极其重要。它能够提供机器设备、工夹量具误差状态的有价值信息，也是监控生产工艺过程和持续改善的基础。其主要成员包括：车间统计、质控主管、现场操作和管理人员。

工序能力指数分析能保证产品加工生产关键特性的稳定性，但不应当仅仅局限于此。缺乏稳定生产能力的控制，将严重影响产品一次合格率并延长生产周期。

（三）　实施步骤

（1）确定要分析的特性指标，如产品关键特性指标、工艺关键控制指标或其他指标。

（2）检验设备/工具能否满足规定要求。

（3）检验来料能否满足规定要求。

（4）检验测量系统。

（5）检验设计标准是否在规定范围内。

（6）分析工序能力：

①至少需要 100 个样品，分为 20 组。

②将数据绘制到控制图上，以确定工艺是否在控制范围之内。

③工艺稳定，可计算工序能力指数 C_P，若 $C_P \geq 1.67$，可以接受，除非用户提出其他特殊要求；若 $C_P < 1.67$，要找出问题原因，消除引起误差的原因。

④对于产品经常变换，长期不稳定的工序，应当用样本群中的标准偏差计算性能指标 C_{PK}，且应满足 $C_{PK} \geq 1.67$。

（7）持续改进：

①由正常生产过程获取数据，计算工序能力指数。

②工艺长期稳定的，计算 C_P，若 $C_P \geq 1.33$，可以接受，除非用户有其他方面的特殊要求；如果 $C_P < 1.33$，要找出问题根源加以解决。

③对于生产量能够满足任务书要求并可以预测，但是长期不稳定的工艺，应当使用样本群中的标准偏差计算其性能指标 C_{PK}，且应满足 $C_{PK} \geq 1.33$。

（8）上述方法假设当分布中心与公差中心重合，当实际情况不是这样时，采用这种方法获得的数据就可能不可靠。供应商和用户应当选择其他方法，选择的方法可能需要不同类型的指标或进行某些数据转换，并且应当将重点放在掌握异常的原因和控制变化上。

六、生产过程控制

（一）　含义

生产过程控制是工厂保证用户需求的所有行动的集合，重点在于维护和持续不断地改进工艺能力，从源头上控制质量问题。其主要内容包括：①生产工艺文件；②操作说明；③全员生产维护；④自动防错；⑤工序能力；⑥装配检验；⑦操作人员资格认证。

（二）　前期准备

生产现场明确产品加工工艺和工序，每道工序在规定的控制条件下运行，这些条件包括：①产品质量文件；②适宜的生产设备；③适宜的工作环境；④有关标准、生产计划或其他文件符合规定要求；⑤对工艺参数和产品特性的掌握和控制；⑥使用专用设备和相关工艺；⑦制订工艺生产标准；⑧有效维护设备。

（三）实施步骤

1. 工艺特性

在开始进行工艺控制行动的过程中，明确工艺特性是非常重要的一个步骤。通过 DFMEA（设计失效模式及后果分析）和 PFMEA（过程失效模式及后果分析）应当能够确定在制造过程中需要特别关注的所有关键特性（见模块八）。基于这些结果和已经掌握（或预期）的工艺能力，需要考虑使用自动防错。

2. 拟订初步计划

根据上面获取的数据，拟订一个初步控制计划。这个控制计划应确定生产试验和批量生产的零件尺寸和材料性能，还应包括生产工艺确定前其他的产品、工艺控制。

3. 收集相关数据

在初步控制计划执行过程中，需要通过适当的工艺能力研究来收集其他相关数据以确定工艺的稳定性和工艺能力。此外，根据得到的结论必须对需要使用自动防错装置来防止或检测产品的不一致性进行评估。

4. 制订生产过程质量控制计划

根据获取的全部数据制订正式生产质量控制计划。生产质量控制计划应当是初步计划的完善和扩充，确定产品的工艺特性、工艺控制、测试和生产批量，是全面的测量系统基准文件。随着零件生产经验的增加，要不断更新和改进控制计划。

5. 制定或细化标准作业规程

在此期间分析所有的工作要素（5M1E），包括检测和测试的特殊操作。标准作业规程（SOP）的制订可保持生产的一致性和可预测性。标准作业规程必须放在工作现场容易看到的地方，并用工人容易理解的表格形式表示。在制订作业标准的过程中，建议让现场工人参与和提出建议。

6. 工人培训

每个工人在安排上岗之前必须接受培训，确保能够全面掌握作业标准。在执行任务时，需要验证工人技术掌握程度，或进行上岗资格认证。

7. 生产过程验证

验证生产过程，以确保每次调整都能够稳定地生产符合要求的零件。在进行产品换产调整后，建议对第一件和最后一件产品进行检查。

8. 工序检测

需要对正在执行的每道工序进行检测并对比标准。对于非 C_{PK} 的不正常数据和方法，如 PPM（每百万件中不合格品数）或其他基于用户要求的数据，需要确定其性能。鼓励改变工艺来促进持续不断的改进，工艺改进必须用文件说明。

七、自动防错

（一）含义

自动防错是预见、防止和检测错误的装置或过程。为了在生产过程中保证产品质量、缩短生产周期，产品设计和加工过程中的自动防错非常必要。自动防错可以提高检测错误的能力，减少或消除质量问题或生产事故。具体包括：

（1）在任何有可能产生缺陷的地方，缺陷发生前就将其防止。

（2）缺陷发生时对其诊断以防止缺陷件继续流到下道工序。

诸如色彩编码、操作方法和作业描述对于工人正确地完成作业能够起到帮助作用，而对于新的操作工人则更有价值。自动防错融入产品设计或工艺设计中能够避免错误的发生；自动防错的检测装置能够捕捉缺陷，并防止有缺陷的产品流入下一个环节。自动防错的验证应该体现在生产控制计划中。

（二）常见问题和防错方法

1. 常见问题

（1）工作失误：如不正确的操作、工作场地布置不合理、包容有缺陷的零件/原料、错误的零件/原料、缺少调节测量、设备故障、工夹刀具准备不足。

（2）工作错误：

①漏装零件，如忘记装螺钉、标签、节流管等。

②零件装配不正确，如安装错误，导致零件太松、上下颠倒、没对准、支架装反、密封没对上、螺钉松、标签贴反。

③不正确的工序过程，如零件在检测时，放在错误的零件架上。

④不正确的零件，如从混合的零件堆中拿错零件，选错密封、标签、支架、箱体。

2. 常见防错方法

（1）工位防错：①重新设计工装及零件；②工艺标准化；③安装防错装置/设备。

（2）传递防错：①开展自检工作；② 100% 通过工具进行检查；③当检测到缺陷时停止加工。

（3）防错一般程序：①在工段/班组内收集零件信息、缺陷（可通过废料或返修件获取）等信息；②确认产生错误的根源、确认需要防错（红色标记）才能确保工序能力的情况；③推荐的预防及检查措施。

（三）实施步骤

（1）学习自动防错的相关知识及方法。

（2）制订自动防错计划并安排优先次序。

（3）对自动防错实施过程进行管理并用文件说明。

（4）将工业工程方法应用于自动防错。

（5）引入自动防错的实际应用和程序。

单元四　质量改进

一、持续改进

（一）含义

持续改进

持续不断的改进是识别和消除浪费，进而提高产品质量的一种系统化方法。持续改进必须系统化、制度化。持续改进对于企业提高竞争力非常必要，变革方法和问题解决模型是其常用工具。

（二）实施步骤

1. 变革方法

（1）查找改进对象，选择和确定改进对象。

（2）发现因果关系，找出根本原因。

（3）对变革进行计划和论证，消除或控制根本原因。

（4）实施变革。

（5）评估变革的有效性。

2. 问题解决模型（Model for Analytical Problem Solving，MAPS）

（1）初步调查。

（2）识别问题。

（3）详细阐述。

（4）限定问题。

（5）隔离并解决问题。

（6）采取措施。

（7）系统分析。

（8）设计。

（9）分析差异。

（10）用户指导。

（11）封闭循环。

（12）检查解决方案。

（13）检查其他争议。

（14）制度化。

（15）文件化。

（16）发布。

（17）总结经验教训。

二、发现和解决质量问题

（一）含义

用问题解决模型识别、分析和解决质量问题，鼓励每个员工积极发现和解决质量问题，并提出合理化建议。

（二）实施步骤

（1）收集信息，明确当前和预期状态之间的差距。

（2）应用统计分析方法找出因果关系，制订解决方案。

（3）从系统设计、运行和变化中找出解决问题的方法或改进措施。

（4）找出关键点，确定如何最有效地解决问题。

（5）系统整理"经验学习"成果，上升到理论。

三、检测反馈系统

（一）含义

组织内部应有畅通的信息交流渠道，建立纠正和预防质量问题评测系统。企业制订各类评测标准有助于识别、分析和消除质量问题，整个组织可以共享经验成果，进一步提高用户满意度。

（二）实施步骤

（1）收集用户问题，与用户沟通了解产品存在的问题。

（2）对用户反映的各类问题分类整理，如装配错误导致的不合适、漏装、错装和损坏；设计、紧固件、标签、泄漏、金属成型、机加工和模具成型、噪声、供应商等也是可能的问题点，可以将用户反映的问题归到其中某一类。

（3）找出各个项目负责人，负责解决相关问题。

（4）具有共性特征的问题，由部门负责人解决。

（5）用帕累托图和趋势图对数据进行分析。

（6）发布用户问题报告，用帕累托图说明各种问题出现的比例。

模块小结

精益质量管理要求从源头控制产品质量，生产线采用自动防错措施，一旦发现问题产品，整条生产线就要停止生产，直到找出问题产生的原因并将其解决。精益质量管理由质量计划、质量控制、质量改进构成质量保证体系，按照 PDCA 循环程序完成质量管理过程。质量计划包括领导重视、质量管理标准化、建立质量保证体系。质量控制包括供应商质量管理、内部审查、用户保护、测量系统、工序能力指数、生产过程控制、自动防错。质量改进包括持续改进、发现和解决质量问题、检测反馈系统。

精益质量管理职业能力标准

职业功能	工作内容	能力单元要素	实作指标
5.精益质量管理	5.1 质量计划	5.1.1 熟悉质量保证体系，组织建立车间质量保证体系，在车间推行全面质量管理	5.1.1 能从质量计划、质量控制、质量改进三方面建立车间质量保证体系
		5.1.2 掌握质量标准文件主要内容，能严格执行车间质量标准文件的要求，保证生产质量	5.1.2 能按质量标准文件要求组织生产
	5.2 质量控制	5.2.1 掌握工序能力指数计算和使用方法，能计算工序能力指数，分层级控制产品质量	5.2.1 能计算 C_P、C_{PK} 工序能力指数
		5.2.2 掌握质量控制绘制方法，能绘制质量控制图，掌握生产质量情况	5.2.2 能绘制质量控制图，能用质量控制图分析生产质量情况
		5.2.3 懂得防错装置设计原理，掌握常见防错装置，能设计或改进防错装置，从过程和源头控制质量问题	5.2.3 能结合生产实际设计或改进防错装置，防止生产过程的质量问题
		5.2.4 掌握用户保护概念与程序，能制订用户保护措施，防止问题产品扩散	5.2.4 能根据问题性质采取措施防止不合格品扩散
		5.2.5 熟悉内部审查要求与程序，能组织车间内部审查	5.2.5 能按程序步骤组织企业专家进行车间内部审查
	5.3 质量改进	5.3.1 掌握持续改进的方法和步骤，能持续改进车间质量管理体系，不断提高质量管理水平	5.3.1 能组织实施持续改进活动
		5.3.2 掌握常用质量管理工具，能用质量管理工具预防和改进产品质量	5.3.2 能用质量管理工具预防或改进产品质量

培训后达到水平	
水平综述	熟悉质量保证体系的概念，掌握质量标准文件编制方法，能建立车间质量保证体系，编写质量标准文件；学会工序能力指数的计算方法、质量控制图绘制方法，能用于工序质量控制；熟悉防错装置的概念和方法，能设计改进防错装置，防止质量问题发生；熟悉用户保护的概念和方法，能防止问题产品扩散；掌握内部审查方法，能组织车间内部审查

学习水平（培训对象获得学习成果）	能力水平（培训对象展示能力）
熟悉质量保证体系、质量标准文件内容和要求，学会工序能力指数计算方法、控制图绘制方法，熟悉防错装置类型和设计方法，掌握用户保护与内部审查的步骤和方法；理解持续改进的概念和方法，熟悉常用质量管理工具	能组织编制质量保证体系与质量标准文件；能计算工序能力指数，绘制质量控制图，控制工序质量；能设计或改进防错装置，防止质量问题，能采取用户保护措施，防止问题产品扩散；能使用质量管理工具持续改进质量问题

| 练习与思考 |

一、单选题

1. 质量管理要从_____开始促进质量改进，使企业达到卓越。
   A. 过程控制　　　　　　B. 源头抓起　　　　　　C. 检验环节　　　　　　D. 人员培训
2. 质量控制要把工序能力指数（C_{PK}）控制在_____。
   A. 3σ 范围之内　　　　B. ≥1.67　　　　　　C. =1.67　　　　　　D. ≤1.67
3. 质量管理的基本程序是_____。
   A. 识别、分析、计划、实施和评估
   B. 识别、检验、计划、实施和评估
   C. 识别、计划、实施、检验和评估
   D. 计划、识别、分析、实施和评估
4. 企业 ISO9000 的认证，应该由_____来认证。
   A. 国际标准化组织　　　　　　　　　B. 获得授权的专业认证机构
   C. 企业自我认证　　　　　　　　　　D. 国家市场监督管理总局
5. 下述不属于用户保护行动的是_____。
   A. 产品不一致控制　　　B. 产品遏制　　　　　　C. 用户评价　　　　　　D. 质量检验

二、简答题

1. 质量管理包括哪些策略？各自的实施内容有哪些？
2. 质量体系的建立有哪几个步骤？
3. 测量系统分析从哪几个方面展开？
4. 什么是工序能力指数？哪些人员参与分析？
5. 发现和解决质量问题的实施步骤是什么？

模块八
综合提高运行效率

学习目标
- 掌握运行效率的计算方法
- 理解生产报表制度及实施方法
- 掌握快速响应系统的构成和运行机制
- 理解快速换产含义及实施方法
- 了解综合提高运行效率的方法

01 单元一 运行效率概述

一、运行效率的含义

运行效率概述

运行效率是指生产系统的实际生产率，精益生产要求以有效满足用户需求为目标，充分利用企业资源要素，减少生产过程中的非增值时间，消除由于设备停顿或管理不善导致的浪费，保证生产加工和物料流动正常有序进行，综合提高生产系统运行效率。

二、提高运行效率的管理措施与实施要点

1. 管理措施

提高运行效率的目的在于减少生产过程中的非增值时间，使有效生产时间最大，主要采取以下措施：

（1）生产报表制度。车间必须建立健全生产报表制度，实现对生产过程监控的持续稳定性。要对所有非生产时间做分析，评判其合理性和是否有改进余地。包括：对生产损失时间调查跟踪，确定是否由于缺勤、物料短缺、质量不合格等问题造成时间浪费；分析计划停顿时间，以确定是否由于设备故障导致生产停顿；分析生产切换时间的合理性，找出缩短换产切换时间的改进机会。在此基础上，用排列图表分析非生产时间，找出改进机会。

（2）快速响应。生产出现故障能快速发出报警信号，相关人员及时到场解决问题，以减少由于生产停顿带来的时间浪费。快速响应系统由安顿系统、分层负责、紧急维护及主人翁意识四要素构成。

（3）快速换产。切换对生产周期影响较大，如果切换时间大于加工周期，将制约批量生产和库存均衡；如果工序间不能快速灵活切换，就要准备大量的在制品库存应对用户需求的波动。快速换产以减少切换时间、增加切换频率、及时响应品种和数量不断变化的客户订单为目的。快速换产能稳定和均衡生产，快速换产的关键在于采取措施缩短切换时间。

快速换产改进要平衡内外部调整时间，把需要在内部调整完成的作业转换到外部，以减少设备停运时间。所有工具、模具和紧固装置在切换之前预先摆放到位、便于识别。综合应用快速换产技术，能够不断改进设备、工具和紧固装置的设计和使用方法，不断提高快速换产水平，有效缩短生产周期、减少库存、实现均衡生产。

（4）全员生产维护。全员生产维护是以提高设备综合效率为目标，以全系统的预防维修为过程，以全体人员参与为基础的设备保养和维修管理体系，是精益生产系统的重要组成，也是精益生产顺利实施的基本保障。全员生产维护是在事后维修、预防维修的基础上发展起来的一种先进设备维修管理方法。

（5）常用分析方法。①"PM分析法"，是找寻和分析设备的重复性故障及其相关原因的全面分析方法。②"工艺过程验证"，是在开始生产之前验证制造工艺能否正常生产合格产品，从制造过程保证产品正常生产。③"过程失效模式及后果分析"，是帮助分析和评判生产制造过程中潜在问题及可能导致的后果。④"可制造性设计"，是在产品设计阶段就把产品的物理特征与制造系统功能结合，以实现制造过程的总体优化，提高产品可制造性，达到降低成本、缩短生产时间的目的。综合应用上述方法，能对产品设计和生产制造过程进行优化设计和评价，从而综合提高制造系统的运行效率。

2. 实施要点

（1）企业全体员工对运行效率有统一认识，全力提高生产线运行效率。

（2）以生产报表为依据，不断改善运行效率。

（3）采用有效的运行效率评价方法。

（4）避免设备出现紧急故障，影响车间生产。

（5）实施全员生产维护，保证设备正常运行。

（6）操作者的时间尽可能全部用于生产加工。

（7）快速换产在多个生产环节应用，并不断加以改善。

（8）产品设计和生产制造结合，优化生产过程。

三、运行效率计算

运行效率的计算公式为

$$运行效率 = \frac{实际运行时间}{计划运行时间}$$

1. 实际运行时间

实际运行时间的计算方法有两种：

（1）方法1：把全部非生产时间（从生产报表获得相关数据）分成由于设备原因导致的计划停顿时间、快速换产时间和生产损失时间三类，如图8-1所示。计算公式为

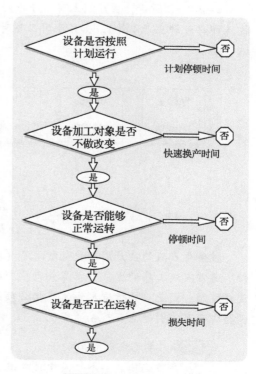

图8-1　实际运行时间

$$实际运行时间 = 计划运行时间 - (停顿时间 + 快速换产时间 + 损失时间)$$
$$停顿时间 = 仅由于设备原因而造成的生产时间损失$$
$$快速换产时间 = 由于改变加工对象而损失的时间$$
$$损失时间 = 除上述两种原因之外的生产损失时间$$

（2）方法2：此方法计算实际运行时间更准确，因为它计算了生产过程中隐含的时间损失，两个关键变量是产品生产数量和生产节拍。计算公式为

$$实际运行时间 = \frac{产品生产数量}{生产节拍}$$

$$产品生产数量 = 工作时间生产的产品数量（每班或每天）$$
$$生产节拍 = 由生产要素决定的强制性生产节拍$$

注：生产节拍可以是设备或操作工人决定的生产节拍，或按客户规定的计划节拍折算。

2. 计划运行时间

计划运行时间的计算公式为

$$计划运行时间 = 有效工作时间 - 计划停顿时间$$
$$有效工作时间 = 每班时间 - 规定的休息时间$$
$$计划停顿时间 = 预定停止的时间 + 安排的预防维护时间 + 班组会议等时间$$

例题1 流水线同步生产

如图8-2所示，生产线上有依序排列的6台设备，瓶颈工序是"精调距离"，生产节拍15秒（即每分钟生产4件）。如8小时工作时间生产1 500件，除去46分钟的法定休息时间，计算运行效率。

贴标签	印字机	布 置	精调距离	电阻烘干	X射线
7秒周期	10秒周期	12秒周期	15秒周期	10秒周期	11秒周期

图8-2 生产线设备排列

$$运行效率 = \frac{1\,500 \times 0.25}{434} \times 100\% \approx 86.4\%$$

该条生产线的生产周期受瓶颈工序（精调距离）限制，生产速度不可能比瓶颈工序时间更短。通常瓶颈工序的生产节拍是整条生产线的节拍，如果某道工序的节拍发生变化，也有可能变成瓶颈。因此，分析流水线的节拍必须知道每道工序的节拍及变化，设备生产能力降低或者调整都有可能引起生产节拍的变化。

例题2 单元生产节拍

单元生产节拍按照一个工人完成产品加工的时间计算，工人在加工过程中必须以规定的速度生产出合格产品。如工人的生产节拍是60秒（即1分钟），并且每个工作班8小时（即480

分钟）生产 350 件产品。其中，46 分钟是计划停顿时间，20 分钟用于设备维护。因此，计划运行时间是 414 分钟，计算运行效率。

$$运行效率 = \frac{350 \times 1}{414} \times 100\% \approx 84.5\%$$

如果在这个单元中增加 3 个操作工人以增加产量，生产节拍是 15 秒（即 0.25 分钟）。同样在计划运行时间 414 分钟内生产 1 450 件产品，计算运行效率。

$$运行效率 = \frac{1\,450 \times 0.25}{414} \times 100\% \approx 87.6\%$$

例题3 注塑机

注塑机有 12 个注塑口，总生产周期 36 秒，即每件产品的生产周期是 3 秒（即 0.05 分钟），8 小时（即 480 分钟）共生产 7 000 件产品，没有计划停顿时间，计算运行效率。

$$运行效率 = \frac{7\,000 \times 0.05}{480} \times 100\% \approx 72.9\%$$

例题4 同一生产线或工序加工多种产品

如果多种产品在同一条生产线上生产，可能由于产品尺寸、生产工艺或其他原因而有不同的生产节拍。使用同一公式计算同一台设备或工序生产多种产品时的运行效率的计算公式为

$$运行效率 = \frac{(产品1产量) \times (节拍1) + (产品2产量) \times (节拍2) + \cdots + (产品n产量) \times (节拍n)}{计划运行时间}$$

如 8 小时一个班次（计划运行时间 434 分钟），产品 1 产量为 400 件，生产节拍为 0.25 分钟/件；产品 2 的产量是 800 件，生产节拍是 0.2 分钟/件；产品 3 的产量是 350 件，生产节拍是 0.4 分钟/件。计算运行效率。

$$运行效率 = \frac{400 \times 0.25 + 800 \times 0.2 + 350 \times 0.4}{434} \times 100\% \approx 92.2\%$$

例题5 时间损失

在 8 小时工作时间内，有两个 10 分钟的休息时间和一个 20 分钟的午餐时间，设备在休息和午餐期间不运行。由于液压管线的故障停顿 45 分钟，由于零件短缺导致停产 30 分钟，生产线由于员工的早退停顿 15 分钟。计算运行效率。

$$停顿时间 = 45 分钟$$
$$损失时间 = 30 + 15 = 45 分钟$$
$$计划停顿时间 = 40 分钟$$
$$计划运行时间 = 480 - 40 = 440 分钟$$
$$实际运行时间 = 440 - (45 + 45) = 350 分钟$$
$$运行效率 = \frac{350}{440} \times 100\% \approx 79.5\%$$

单元二 生产报表制度

一、生产报表制度的含义

生产报表制度

生产报表是生产数据的主要载体，也是生产分析的依据。通过生产报表数据分析，可以发现生产过程中的非增值时间（损失时间、换产时间和停顿时间），采取相应措施提高生产系统的运行效率。车间要建立生产报表管理制度和标准作业规程，以保证生产过程监控的持续稳定性。

生产报表有以下两种表现形式：

1. 生产公告板

生产公告板是现场目视管理工具，工作小组用来及时记录和发布当下生产状况。生产公告板对改善生产绩效、检查资源配置和使用情况、针对问题提出改进措施、提高工人竞争意识都能起到重要作用。

2. 生产日报表

生产日报表汇报每天生产情况，是编制统计分析报表的基础。生产日报表用于找出时间浪费的原因、促进改进，通常用帕累托图表示分析结果。生产时间损失一般由设备故障、设备调试、操作不熟练、库存不足、质量缺陷等方面原因导致。

二、生产报表管理目标

（1）及时与客户沟通，保证满足用户需求。

（2）向各部门通报生产信息，掌握生产进度，予以支持和配合。

（3）监控生产过程，及时发现和解决问题。

（4）分析记录生产数据，作为制订标准作业规程的依据，持续改进生产过程。

三、生产报表制度实施

（一）生产公告板

1. 监控对象

关键工序是生产公告板的监控对象，生产作业情况及时反映在看板上。

2. 内容填报

每个关键工序应设一块看板，生产公告板适合对多个作业点综合管理。生产公告板应注重填写或修改方便，可以根据管理侧重点和实施效果及时修改看板形式和内容。

3. 摆放位置

生产公告板尽可能靠近监管点，以便随时反映并解决问题，也有利于形成现场竞争气氛。生产公告板附近应留有适当的空位，能让多人同时查看、展开讨论。

4. 生产公告板样式设计

设计看板应征询管理人员和员工意见，确定表现形式和内容，要有明确的任务、日期和完成时间，出现的各种状况分别用符号标注。

5. 生产效率监控

生产公告板能及时反映现场信息，在尽可能短的时间发现和解决问题，但与生产相关的其他信息也是必要的。最常见的方法是用图表反映每天的生产成效（如每天或每班的生产数量、生产每件产品所需时间等）。

6. 质量监控

用图表形式反映生产质量状况。

7. 监控非生产时间

用5M1E法分析生产停顿和时间浪费的原因，用帕累托图找出主要影响因素，并采取相应措施。

8. 持续改进

根据生产能力和生产效率，制订不同阶段的改进目标，不断缩短非增值时间，提高生产效率。

9. 检查和跟踪

生产主管定期对生产公告板检查跟踪，及时发现和指出存在的问题。

10. 生产公告板管理制度

指定专人负责，明确任务和职责，定期更新内容，领导检查跟踪。

11. 人员培训

培训主管和现场人员，使其能通过生产公告板发现和分析问题，并不断改进。

（二）生产日报表

1. 编制生产日报表

（1）收集信息内容。
（2）明确制表人。
（3）明确报表填写和使用人。

2. 保持数据的一致性

生产日报表应与其他报表和生产公告板数据一致。

3. 加强人员培训

培训主管和员工，使其能准确填报生产数据，学会使用生产日报表。

4. 明确责任人

明确数据收集和分析的责任人。

5. 填写生产日报表

（1）记录日期、有效生产时间（分钟）、工艺过程和班次等。

（2）记录每小时生产数据。

（3）记录损失时间、停顿时间、切换时间、计划停顿时间等非生产时间。

（4）分析生产日报表，制订改进措施。

（5）完成生产日报表，不断更新数据。

单元三　快速响应

一、快速响应的含义

快速响应

快速响应是指能及时向职责人员发出报警信号，快速解决生产停顿和时间浪费问题的生产响应系统，对于保证产品质量、提高生产效率起到重要作用。快速响应系统由安顿（Andon）系统、逐级上报、紧急维护、主人翁意识四个要素构成。

二、快速响应系统构成

（一）安顿系统

1. 含义

安顿系统通过手动或自动触发声音或视觉报警信号，指示生产过程的异常情况，请求职责部门或相关人员的支持，以快速应对出现的问题，如图8-3所示。

安顿系统涉及的职责部门或人员包括：①生产主管；②设备维修；③质量控制；④生产调度。

2. 监控过程

（1）目视或听觉当前状态：①生产进展状态；②库存状态；③设备状态；④质量状态；⑤请求帮助的状态；⑥生产延缓状态。

（2）工人在生产过程中检查产品质量，出现问题立即停止整条生产线的生产，防止产品继续出现问题或将不合格品传到下道工序。

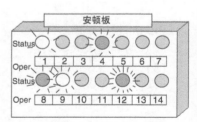

图8-3　安顿系统

（3）职责部门或相关人员能快速应对。

（4）生产工人学会应用。

（5）车间生产报表记录状态。

（6）异常问题及时解决。

（7）能提高生产运行效率。

（8）减少等待浪费时间。

3. 实施要点

（1）系统设计：

①尽量简单易行，让使用者容易掌握。

②编写使用说明，明确使用的条件和相应职责。

③安顿系统靠近操作者。

④系统能自动检测异常情况，并停止生产。

⑤出现异常情况，人工或自动触发报警信号。

⑥相关人员能及时听到或看到报警信号。

⑦可视信号能指示出事地点，便于及时赶到予以支持。

⑧系统能记录跟踪生产部门、生产线、班次和支持的部门或人员，记录数据包括：发出请求的次数、生产线停顿的次数、累积的停顿时间、换产调整导致的停顿时间、响应时间、维修时间、生产效率等。

（2）实施条件：

①企业上下对安顿系统的认同性。

②系统设计的安全因素。

③明确任务和职责。

④对相关部门和人员进行培训。

⑤明确职责部门或指定专人负责。

⑥检查通信线路是否畅通。

⑦管理制度和工作流程能保证快速解决问题。

4. 运行原理

在生产实际中，安顿系统有多种类型，但基本功能是相似的。安顿系统能够由操作工人或设备触发，当非正常情况出现时，生产线上的工人通过一条拉绳或使用键盘/按钮输入一个编码激发该系统，或由自动识别仪器通过红外线或传感器激发该系统。当某处需要支持时，声音和视觉信号显示在安顿系统的发光板上提示相关人员到场支持。当问题得到解决或做出随后修理的决定后，系统由人工进行复位。安顿系统运行原理如图8-4所示。

安顿系统示例：

（1）安顿板（可视控制）。

①用不同颜色的信号灯指示设备状态。

②颜色表示的状态：

绿色——生产正常。

红色——生产停顿。

黄色——请求支援。

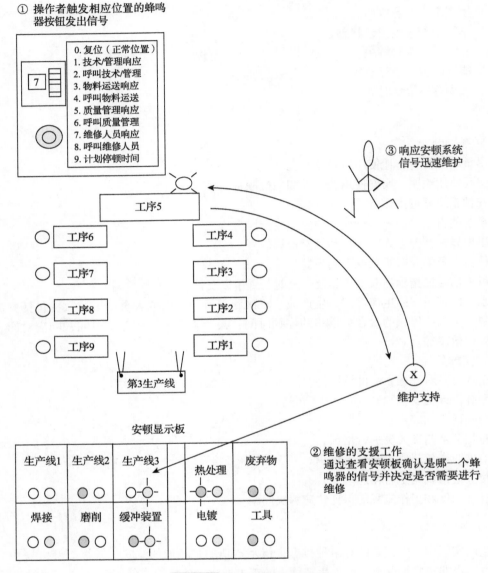

① 操作者触发相应位置的蜂鸣器按钮发出信号

0.复位（正常位置）
1.技术/管理响应
2.呼叫技术/管理
3.物料运送响应
4.呼叫物料运送
5.质量管理响应
6.呼叫质量管理
7.维修人员响应
8.呼叫维修人员
9.计划停顿时间

③ 响应安顿系统信号迅速维护

工序5

工序6　工序4
工序7　工序3
工序8　工序2
工序9　工序1

第3生产线

X
维护支持

② 维修的支援工作
通过查看安顿板确认是哪一个蜂鸣器的信号并决定是否需要进行维修

安顿显示板

生产线1	生产线2	生产线3	热处理	废弃物
○○	○○	○─○	○─○	○○
焊接	磨削	缓冲装置	电镀	工具
○○	○○	○─○	○○	○○

图8-4 安顿系统运行原理

③红色信号指示的状态：

零件不足——上道工序零件供应不足导致生产停顿。

零件积压——零件不能及时传递到下道工序导致停顿。

停顿——设备停止运行，或出现故障。

超过规定生产时间——设备运转正常，但生产速度减慢。

④黄色信号指示的状态：

维修——与维修部门联系的信号表示需要支持。

协调——与生产控制部门联系的信号表示需要支持。

（2）停顿时间记录（记录信息的方法）。记录由于设备故障、材料短缺、生产速度减慢等原因导致的时间损失，可以把安顿系统与计时系统连接起来记录停顿时间。

（3）呼叫盒。呼叫盒位于操作者方便使用的位置上，能提供向仓库、生产调度、维修部门呼叫的功能。呼叫盒与安顿系统的指示灯结合在一起表示生产状态：

绿色——设备正常运转。

白色——库存呼叫。

黄色——生产调度呼叫。

蓝色——要求维修。

红色——停顿。

（4）声音系统。安顿系统主要有三种曲调：①维修呼叫（音调由高到低）；②设备停顿（连续重复某种乐曲）；③呼叫管理人员（高低音调重复播放），有时候也为一些特定功能指定唯一曲调。

（二）逐级上报

按制度和程序逐级向上汇报生产停顿或时间损失情况，以提高快速响应能力，迅速解决问题。逐级上报并用图表描述，目的是快速解决问题，提高生产效率，见表8-1。

表8-1 逐级上报程序

每小时可用 生产时间（分钟）	产量目标 （件/小时）	现场主管向车间主任 报告的产量警戒点	车间主任向主管厂长 报告的产量警戒点
60	145	131	113
55	133	120	104
51	123	111	96
50	121	109	94
25	62	56	48

（三）紧急维护

生产线上要求维护的信号发出后，相关人员能迅速到场解决问题、恢复生产，相关人员的维护技能、工具及零配件保证、通道畅通对顺利维护非常关键，相关组织或人员应该靠近生产区。

（四）主人翁意识

工人发挥主人翁意识，主动维护和检查设备运行状况，要点包括：

（1）自身感官发现噪声、振动、传送带燃烧、离合器打滑和漏油等问题，及时通知维护。

（2）定时对设备进行安全检查，保持工作区域整洁有序。

（3）预见设备可能出现的问题，配合和协助有关人员进行维护。

（4）配合设备维护人员制订和遵守设备使用安全规范。

（5）对设备做局部简单维护，如关闭电源、关上保险闸、清洁环境等。

单元四 快速换产

一、快速换产的含义

快速换产

生产作业切换时间指从前一种产品加工结束，转换到能生产出后一种产品的合格品所需要的时间。在生产现场，从一种产品切换到另一种产品通常都要做许多工作，如进行换模、换刀、更换物料和调试等作业切换辅助工作，此时往往要使生产活动停顿下来。生产线上加工的品种越多、生产批量越小，则切换的次数也越多。每次切换耗费的时间对工厂而言是一种损失，为了减少这种损失，传统的做法是增加生产批量和减少产品种类以达到减少切换次数的目的。这种做法仅考虑到减少切换本身的成本，却忽视了工厂的整体效益，往往会引起制造过多或过早、等待、库存、搬运、生产周期过长等问题。

传统生产切换观点认为：

①生产切换调整时间分摊到各个零件中可以减少单件成本。

②减少生产切换次数可以增加设备运行时间。

③设备故障、产品质量问题和紧急订单带来的生产变动，可以通过在制品库存解决。

④由于大批量生产，对长时间的生产切换已习以为常。

精益生产快速换产观点认为：

①库存不能增加价值，并且占用生产空间，因此是一种浪费。

②额外库存的增加，带来设备、人力、运输和储存的浪费。

③大批量生产使得生产周期延长，不准确的市场预测又使库存增加。

④快速换产能保证多品种、小批量按订单生产需求。

快速换产是通过工业工程改造，将设备换模时间、启动时间或调试时间等尽可能缩短的一种过程改进方法，目的在于缩短生产品种转换的时间。

生产切换时间缩短，便于组织多品种、小批量生产，如果生产切换时间大于产品生产周期，精益生产的优势将不能发挥。生产切换应该保持产品生产工艺和效率的稳定，如果下游生产工序不能实现快速换产，那么上游工序就必须存储大量的在制品。

快速换产对于保持生产均衡稳定、降低库存、缩短生产周期、增加生产柔性、提高设备使用效率意义重大。在推行改接作业切换的过程中，很多企业不仅仅把缩短作业切换时间当作一种技术来应用，还把它看作一种改变工厂全体员工态度的方法。

二、快速换产的类型与实施要点

1. 类型

（1）换模作业。一般是指模具、刀具、工装夹具等的切换，在机械加工厂和注塑厂比较常见。

（2）改变作业标准。具有数控系统的机床、化学装置、测试仪器作业时，一旦产品变更，就必须重新设定条件更换相应的工作标准，例如调整加工参数、工作温度、测试程序等。在整个切换的过程中，调整是最耗费时间的，也是较难克服的部分。

（3）换线作业。在加工或组装生产线上，当切换产品加工时，所使用的材料或零部件等就必须跟着更换，这种切换作业一般称为换线作业，换线作业有同时换线、顺序换线两种方法。

①同时换线：生产线上正在加工的最后一个产品加工完成、整条生产线停下来，各工序同时进行换线。这是传统的换线作业，若有很多任务位的生产线，采用这种换法造成的停线时间就会很长，有效工作时间的损失也就会相应地增大。

②顺序换线：生产线上正在加工的某类最后一个产品每做完一个工位，就马上对该工位进行切换，依次对各个工位切换完成。如果采用顺序换线的做法，那么不管装配线有多少工位，换线时间仅为一个工位的切换时间。

（4）准备作业。准备作业是指在制造开始前所必须要做的准备工作，如机械加工前的图样审阅、工作指派、工作后的清洁整理等。

以上四种切换作业均会造成生产停顿的浪费。传统上只着重于对第一种类型的切换作业，即换模作业切换动作的改善，而忽视了其他三种类型的改善，而后三种类型的改善节省的切换时间也很可观。

2. 实施要点

（1）区分外部作业调整和内部作业调整。

①外部作业调整，是指在设备运行的时候也能进行的操作，可在停机前或停机后进行切换的作业，如工具和材料的准备、夹具与模具的准备、工作区域的整理与清洁等。外部作业时间不影响作业切换时间。

②内部作业调整，是指设备必须停止运转才能进行的换产作业，如模具、刀具、夹具和导轨等的拆装、更换和调整，以及试车生产等，内部作业时间决定了作业切换时间。

（2）制订生产切换的工作流程，用图示法表示标准操作规程。

（3）工具、材料和设备摆放有序，有目视标识。

（4）定期检查和评估生产切换过程，找出进一步改进的机会。

生产切换作业内容有四个方面：

①收集、准备和归还工具、夹具等（占用切换时间的30%左右）。

②在设备上移除前道模具，装上下一个要用的模具（占用切换时间的5%左右）。

③测量、校准、调整（占切换时间的15%左右）。

④进行试车生产、调整，直到零件合格（占切换时间的50%左右）。这也是减少切换时间最明显的一步。

在工厂中由于没有正确地区分这些操作行为，导致很多的切换过程都是在内部作业时间内完成的，也就是说，在设备停止运行期间进行操作，这样大大增加了作业切换时间。因此快速换模的核心思想就是要把内部作业尽量转化为外部作业，内部作业时间尽量压缩。实施过程要做到：把内部调整转变为外部调整，对设备进行通用化改造、减少调整步骤，设计容易更换的模具和夹具。

（5）发现生产切换过程的异常情况，采取措施加以消除。

（6）生产切换过程标准化，保持工作过程的稳定性。

（7）对员工进行培训，安全有效地完成生产切换。

（8）所有工具、夹具和模具预先准备到位，随时可用。

（9）提高工具、夹具和模具的通用性。

三、快速换产的实施步骤

（一）前期准备

组建以具有相关知识经验人员为主的团队，如生产工人、技师、技术工程师、工业工程师等。团队成员应熟悉生产作业切换的基本程序，能够按照快速换产五步法组织实施。生产切换基本程序包括：

1. 准备

预先准备好生产切换所需工具、夹具和模具。

2. 更换

生产切换过程中模具、夹具、软管和螺栓的更换和安装。

3. 定位

生产切换过程中对模具或夹具的定位或移动。

4. 调试

为保证正常运行对设备的调试活动。

通过对上述步骤的分析研究，尽量消除不必要的步骤，改进操作过程，达到缩短生产切换时间的目的。

（二）组织实施

1. 区分内部调整和外部调整

内部调整必须等设备停止运行后才能进行，将带来生产时间的损失；外部调整在设备运行时进行，不影响加工时间。通常准备工作属于外部调整，更换、定位和调试属于内部调整。改善生产切换首先要减少内部调整，从而减少总的调整时间。

熟悉生产切换步骤是实施快速换产的基础，现场访谈、录制工作过程、记录工作时间是常用的方法。如果发现某些步骤多余，就要尽快取消。记录过程要用正式的记录表，以便于统一保存。需要注意的是，生产切换时间长，往往是没有区分内外部调整，没有把有些作业放在设备运行时进行。例如：停机以后才将部件或工具移至设备处；在装配时才发现工具或部件的缺陷；在部件安装好后才发现部件的缺陷；在装配过程中更换和维修部件；在装配过程中寻找部件、螺钉、材料等。

2. 把内部调整转化为外部调整

重新检查每一个内部调整动作，以确定是否可以转化到外部，目标是缩短内部调整时间。把需要设备停止运行的作业转化为设备运行中进行，就是转化为外部调整。如注塑机在更换模具之前就预热，上机后可以不必再预热。

3. 缩短内部调整时间

为了实现快速换产，必须优化内部调整时间，所用工具应该尽量通用化。将已有设备按照快速换产要求做标准化和简化处理，比为了快速换产而购买新设备更节省。快速换产要求尽量简化调整过程，让操作者自行完成生产切换，尽量不增设专人。可采用的方法主要有：

（1）并行工程。同时进行多项作业缩短调整时间，有时需要多个工人才能完成，但是多人参与需要相互协调，这是一种潜在的延误。因此，多人并行操作被认为是临时的解决办法，最终还是要由一人完成。

（2）改进装置。快速换产过程中夹具、模具和其他装置的安装调试占用大量时间，任何多出的人、动作和工具都可以作为改进对象，改进装置是有效的解决办法。如螺栓紧固主要是最后一圈，松动是第一圈，中间的环节都是动作和时间的浪费，设计紧固件可有效避免此类问题。

标准化的紧固件能有效缩短调整时间，用通用工具也能消除不必要的寻找时间。使用标注尺寸的支架和夹具能减少定位的时间，有助于实现快速作业。

（3）减少调试。调试时间在快速换产过程中占50% ~ 70%，零件用夹具安装要经过检验和纠错的过程，包括加工样件、测量和调试，技能再高的工人也不能跳过这一步。所有调试完成后，测试零件应报废或返工。调试过程一般有三个步骤：①在设备上安装夹具和零件；②将夹具和零件调整到正确位置；③组合设置压力、进刀速度和温度等，以达到零件加工要求。

设备、夹具和工具多附带仪表、刻度和标尺，当油污覆盖后就变得难以辨认，经常清洁和校准这些装置能减少错误的发生。当加工零件的种类固定时，可以在仪表或标尺上做固定标记以便于调试。

减少调试必须区分调整和调试，限位开关改变位置需要调整，试验开关性能需要调试。如果调试是必需的，这就要耗费很长的不必要时间，并且需要具备较高技能和经验的工人；如果用计量器精确定位限位开关位置，就可以大大减少调试时间；如果用数控装置或刻度盘标注尺寸，就可以减少对工人技术的依赖，提高精确性。

（4）模具标准化。包括定位、居中、转换等。

4. 缩短外部调整时间

相比较而言，缩短外部调整时间不像缩短内部调整时间那么重要，因为外部调整时间可以在设备运行生产过程中进行，所以一般不会限制调整过程。但是同样能通过一定的技术方法做到优化和标准化，主要包括：

（1）放置。常用物品尽可能临近使用位置，理想状态下放在设备或生产单元旁边；不常用的公用物品放在中心位置以便和他人共享。物品放置按序排列，存储位置用彩色编码，工夹具用匹配的彩色编码标注，这样不容易放错位置，便于寻找。

（2）使用多用工具箱和工具车。多数调整过程需要组合使用夹具、工具和紧固件等，如果这些物品放在不同位置，操作者就要来回走动寻找。如果把需要的物品集中在多用工具箱中，放在设备或生产单元附近就可以减少此类时间的浪费。要为多用工具箱编制物品存放目录，用隔板分开放置，并能明显识别错位放置。

当工具不能放在多用工具箱中，或不能靠近生产单元放置时，可以集中放在工具车上。工具车分类存放各种所需物品，随时可以拉到需要的位置。此外，组合工具还可以使用便携工具包。如图8-5所示。

（3）物料处理。工具车靠近设备或生产单元附近，应不影响物料进出运送，要留出足够的空间供物料传送。尽量避免使用叉车和升降装置进行调整，这些设备占用空间太大，需要预先安排使用。

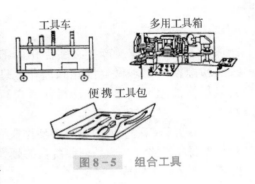

工具车　　多用工具箱

便携工具包

图8-5　组合工具

5. 注意事项

完成1~4步后，应当多次重复，不断减少生产切换时间，直到能在生产周期内完成。在此过程中要不断优化和标准化，预防差错。

还可以通过下述方法缩短调整时间：

（1）改进产品设计，减少零件种类。

（2）改变模具和夹具，由通用设备加工多种型号零件。

（3）专用设备加工单一零件（一般仅用于相对便宜的设备）。

（4）培训工人掌握换产调整的知识和技能，特别注意安全生产。定期对生产切换改进效果做测评，公开发布评价结果，便于进一步深入推进。

05 单元五　全员生产维护

一、全员生产维护的含义

全员生产
维护

全员生产维护（Total Productive Maintenance，TPM）是以提高设备综合效率为目标，以全系统的预防维修为过程，全体人员参与为基础的设备保养和维修管理体系。全员生产维护的五个原则如下：

（1）以设备综合效率最大化为目标。

（2）为设备全寿命周期建立彻底的预防维修体制。

（3）由各个部门共同推行。

（4）涉及每个员工，从最高管理者到现场工人。

（5）通过动机管理（即自主的小组活动）来推进。

其内涵为：

（1）以追求生产系统效率（综合效率）的极限为目标，实现设备综合管理效率的持续改进。

（2）从观念改变到采取各种有效措施，构筑能防止所有灾害、不良、浪费的体系，最终构成"零灾害""零不良""零浪费"的体系。

（3）从生产部门开始实施，逐渐发展到包括开发部门、管理部门在内的所有部门。

（4）从最高领导到一线作业者，全员参与。

二、设备维护发展历程

全员生产维护起源于日本，第二次世界大战后日本的设备管理大体经历以下四个阶段：

1. 事后修理阶段（1950 年以前）

第二次世界大战后的一段时期，日本经济陷入瘫痪，企业以事后维修为主，设备破旧、故障多、停产多、维修费用高，生产的恢复十分缓慢。

2. 预防维修阶段（1950—1960 年）

20 世纪 50 年代初，受美国的影响，日本企业引进了预防维修制度。对设备加强检查，设备故障早期发现、早期排除，使故障停机大大减少，降低了成本，提高了效率。在石油、化工、钢铁等流程工业系统效果尤其明显。

3. 生产维修阶段（1960—1970 年）

日本生产一直受美国影响，随着美国生产维修体制的发展，日本也逐渐引入生产维修的做法。这种维修方式更贴近企业的实际，也更经济。生产维修对部分不重要的设备仍实行事后维修，避免了不必要的过剩维修；同时，对重要设备通过检查和监测，实行预防维修。此外，为了恢复和提高设备性能，在修理中对设备进行技术改造，随时引进新工艺、新技术，这也是改善维修。

到了 20 世纪 60 年代，日本开始重视设备的可靠性、可维修性设计，从设计阶段就考虑到如何提高设备寿命，降低故障率，使设备少维修、易维修，这也就是维修预防策略。维修预防的目的是使设备在设计时，就赋予其高可靠性和高可维修性，最大可能地减少使用中的维修，其最高目标可达到无维修设计。20 世纪 60—70 年代是日本经济大发展的 10 年，家用设备生产发展很快，为了使自己的产品在竞争中立于不败之地，很多企业的产品已实现无维修设计。

4. 全员生产维护阶段（1970 年至今）

全员生产维护体制又称全员生产维修体制，是日本原设备管理协会（中岛清一等人）在引入美国生产维修体制之后，在日本的电器公司试点的基础上，于 1970 年正式提出的。

在前三个阶段，日本基本上是学习美国的设备管理经验。随着日本经济的增长，在设备管理上一方面继续学习其他国家的先进经验，另一方面又进行了适合日本国情的创造，这就产生了全员生产维护体制。这一体制，既有对美国生产维修体制的继承，又有英国综合工程学的思想，还吸收了中国"鞍钢宪法"中工人参加、群众路线、合理化建议及劳动竞赛的做法。最重要的一点，日本人身体力行地把全员生产维护体制贯彻到底，并产生了突出的效果。

三、全员生产维护理念的革新

随着全员生产维护的推广，形成了一个以"价值"为基础的管理模式，核心在于生产设备的整体效率而非维修，在于全体员工的积极参与而不仅仅是管理人员。全员生产维护体系不仅涉及维护和操作人员，还应包括诸如研发人员、采购人员及现场主管在内的全体员工。生产设备整体效率所带来的效益将通过操作人员与维护人员之间的良好合作加以实现。

1. 强调全员的参与意识

全员的参与意识是推行全员生产维护活动中最核心的指导思想。上自经营层下至一线生产员工，形成从小事做起的风气，人人都将公司的生存和发展视为自己的事情，积极关心参与全员生产维护的各项活动，这种参与意识体现出每个员工强烈的责任心，是产品质量的可靠保障。

2. 树立全员生产维护管理理念

开展全员生产维护活动不是只为了维修设备，而是要通过全员的参与和共同的劳动，使工作场所更加安全可靠，排除影响生产效率和质量的不利因素，给员工提供清洁、整齐、优美的工作环境，给用户留下深刻印象和充分信心，创建良好的企业文化，使得员工为一个共同的目标，即为企业的持续发展做出应有的贡献。

3. 养成员工的自律习惯

全员生产维护活动的重要思想之一是"从小事做起，从我做起，认真做好每一件事情"，这种思想使得员工形成人人做好事的习惯，养成遵守每一种协议规则的习惯。

4. 培养员工成为复合型人才

传统的生产运作主要依靠细致的劳动分工，如操作员只会设备的操作，如果设备出了故障，生产就会停止，等到维修员修好设备后才能重新开始操作，这样势必会影响企业的产量和经济效益。而全员生产维护的基本要求是全体动员起来，都要掌握设备的操作和维修技能，以高水平的设备操作和经常性的设备维护相结合的方式来提高企业效率。这些要求自然促使每个员工成为熟练操作设备和维护设备的复合型人才。

5. 追求"零化管理"

在全员生产维护活动中，"零化管理"意味着在现场条件下，实现"零灾害、零不良、零浪费"，将所有损失在事先加以预防；在质量管理活动中，"零化管理"意味着以完美无缺的产品质量，给用户提供"无缺陷"产品；在间接部门工作中，"零化管理"意味着在所有的业务内容、格式、文字中要实现"零出错"。这些"零化管理"的思想要求企业的所有干部和员工树立"零错误"的思想，追求"十全十美"的作风。

四、全员生产维护的八大支柱

要达到全员生产维护的目的，必须开展以下八项活动，这称为"开展全员生产维护的八大支柱"。

1. 运转部门的自主保养体制的形成

"自己的设备自己保养"，自主保养的中心是防止设备的劣化。只有运转部门承担了"防止劣化"的活动，保养部门才能充分承担"专职保养"工作，使设备得到真正有效的维护。

2. 保养部门的计划保养体制的形成

在运转部门自主保养的基础上，设备的保养部门就能够有计划地对设备的劣化进行复原和改善保养。

3. 个别改善

为追求设备效率化的极限，最大限度地发挥出设备的性能和机能，就要消除影响设备效率化的损耗，这里将消除引起设备的综合效率下降的七大损耗（故障损耗、准备调整损耗、部件调换损耗、加速损耗、检查停机损耗、速度损耗、废品及返修损耗）的具体活动称为个别改善。

4. 设备初期管理体制的形成

为了适应生产的发展，必定有新设备的不断投入，于是要形成一种机制能按少维修、免维修的思想设计出符合生产要求的设备，按性能、价格、工艺等要求对设备进行最优化规划、布置，并使现有设备的运作和维修人员的技术能够和新设备相适应，总之，要使新设备一投入使用就达到最佳状态。

5. 品质保养体制的形成

为了保持产品的所有品质特性处于最佳状态，要对与质量有关的人员、设备、材料、方法、信息等要素进行管理，对废品、次品和质量缺陷的发生防患未然，从结果管理变为要素管理，使产品的生产处于良好的受控状态。

6. 技能教育训练

不论是运转部门还是保养部门，仅有良好的愿望还难以把事情做好，因此必须加强技能的教育和训练。这里有一点需要说明的是，教育和训练不仅是培训部门的事情，也是每个部门的职责，并且应成为每个员工的自觉行动。而且，随着社会的发展和进步，工作和学习已经不可分割地联系在了一起，学习和培训是工作的新形式，要把学习融入工作当中，在工作中学习，在学习中工作。

7. 间接管理部门的效率化体制的形成

间接管理部门的效率化主要体现在两个方面，一是要有力地支持生产部门开展全员生产维护及其他的生产活动，二是应不断有效地提高本部门的工作效率和工作成果。

8. 安全、环境等管理体制的形成

"安全第一"是一贯的认识，但仅有意识是不够的，还必须要有一套有效的管理体制才能确保。对卫生和环境也一样，我们在不断提高意识的同时，也要建立起相应的机制来确保卫生和环境的不断改善。建立和实施 ISO14000 环境管理体系不失为一种良策，一方面保护环境是对社会应尽的责任，另一方面也可以提高企业形象。

全员生产维护将维修视为企业中必不可少的和极其重要的组成部分，维修停机时间也成了工作日计划表中不可缺少的一项，而维修也不再是一项没有效益的作业。在某些情况下可将维修作为整个制造过程的组成部分，而不是简单地在流水线出现故障后才进行维修，其目的是将应急的和计划外的维修最小化。

五、全员生产维护的实施步骤

1. 企业决策引入全员生产维护管理

企业领导应对推进全员生产维护充满信心，下决心全面推进全员生产维护，在全体员工大

会上宣布全员生产维护活动的开始,讲解其基本概念、目标和结果,并散发各种宣传资料。通过领导高层会议或者以其他形式宣布引入全员生产维护的管理模式。

2. 全员生产维护培训与教育

对企业干部进行培训,了解全员生产维护活动。教育和培训是多方面的,首先应该让企业的全体员工认识到推进全员生产维护的好处、可以创造的效益;其次要冲破传统观念的影响,如打破"操作工只管操作、不管维修,维修工只管维修、不管操作"的习惯;另外,还要从操作规范、5S管理、维修技能等多方面对工人进行培训。

3. 建立组织机构推进全员生产维护

全员生产维护的组织机构是从企业最高推进委员会到各部门、车间、班组推进委员会,直到全员生产维护小组,层层指定负责人,赋予权利和责任。企业、部门、车间、班组级的推进委员会应该是专职和脱产的。同时还应成立各种专业的项目组,对全员生产维护的推行进行技术指导、培训,解决现场推行困难问题。因此,这是一个纵横交错的矩阵式结构。

推进全员生产维护的组织架构也可以在公司层次的基础上加以改造而完成。从公司最高领导人——董事长开始,一层层建立推进委员会。上一层的推进委员会成员即是下一层次推进委员会的负责人。全员生产维护的组织又像一个金字塔,从上到下,涉及各个不同部门。

4. 制订全员生产维护的基本方针与目标

全员生产维护的目标体现在三个方面:①目的是什么;②量达到多少;③时间表,即何时达成。也就是要在什么时间在哪些指标上达到什么水平。

这一阶段所考虑的问题顺序是:外部要求→内部问题→基本策略→目标范围→总目标。

在总目标里包括故障率、设备停止运行时间、生产率、废品率、节能、安全及合理化建议等。

5. 制订全员生产维护活动主计划

做出全员生产维护活动计划并对活动的效果进行预测,所谓主计划,即从企业全局考虑建立起来的中心计划,其主要内容为:

(1)通过减少浪费,改进设备效率(由专业性的项目小组协助推进)。

(2)建立操作工人的自主维修程序。

(3)质量保证。

(4)维修部门的工作计划时间表。

(5)教育与培训,提高认识和技能。

6. 开展全员生产维护启动会

启动会虽然是一种形式,但可以起到鼓舞人心、宣传理念的作用。在启动会上,企业总经理要做报告,介绍全员生产维护的准备情况、主计划、组织机构、目标和策略。因为全员生产维护是从上到下参加的活动,在会上应有部门负责人和一线工人表决心。

7. 提高设备运行效率

关于如何减少浪费、提高效率以及设备综合效率的计算,前面已做过介绍,这里主要强调如何发挥专业项目小组的作用。项目小组应该是由维修工程部、生产线机调员和操作班组的成员组成的技术攻关小组。这种项目小组有计划地选择不同种类的关键设备，抓住典型，总结经验，进行推广，起到以点带面的作用。在全员生产维护实施的初期，这种攻关小组的作用尤为明显。他们可以帮助基层操作小组确定设备点检和清理润滑部位，解决维修难点，提高操作工人的自主维修信心。在解决问题时，可以采用 PM 分析方法（见本模块单元六）。

8. 建立操作者的自主、自动维修程序

首先应克服"我操作，你维修"或"我维修，你操作"的分工。从宣传到项目小组的具体工作，要帮助操作工人树立起"操作工人能自主维修，每个人对设备负责"的信心和思想。在操作者小组中大力推行 5S 管理活动，在此基础上推行自主维修七步法：

（1）初始清洁。清理灰尘，搞好润滑，紧固螺钉。

（2）制订对策。防止灰尘、油泥污染，改进难以清理部位的状况，减少清洁困难。

（3）建立清洁润滑标准。逐台设备、逐点建立合理的清洁润滑标准。

（4）总检查。小组长按照领导制定的检查手册检查设备状况。首先是小组长接受培训，由小组长引导小组成员学会各种检查项目和标准。

（5）自检。建立自检标准，按照自检表进行检查，并与维修部门的检查结果进行对照，逐步改进小组的自检标准，树立新的目标。维修部门要划清不同检查范畴的界限，避免重叠和责任不明。

（6）整顿和整理。要做到每个工作场所的控制范围标准化。要有清洁润滑标准、现场清洁标准、数据记录标准、工具部件保养标准等。

（7）全自动、自主维修。到这一阶段，工人应该是更自觉、更纯熟、更有自信心地进行自主维修，因此也就更有成就感。

由设备主管与高层管理人员对自主维修所进行的循环检查，对这一活动的开展有着重要意义。检查人员必须熟悉现场情况，而且对小组活动的每一步给以肯定。

9. 维修部门的日程化维修

维修部门的日程化维修必须与生产部门的自主维修小组活动协同配合，就如同自行车的两个轮子一样。在总检查变成操作工人日常的习惯性做法之前，维修部门的工作量可能会比实行传统生产维修时还要大。需要指出的是，与传统生产维修中的计划维修不同的是，实行 TPM 的维修部门，应随时结合小组活动的进展对备件、模具、工具、检测装置及图样进行评估和控制，对维修计划进行研究和调整。这一体制的另一明显特征是每天早晨召开的生产线主管与设备维修负责人的工作例会。这个例会将随时解决生产中出现的问题，随时安排和调整每周的维修计划、每月的维修计划或更长远的计划。

10. 改进维修与操作技能的培训

培训是一种多倍回报的投资。实施全员生产维护的企业，不但应对操作人员的维修技能进行培训，而且要使他们的操作技能更加完善。培训教师应因材施教，像医生对待病人一样，懂得"对症下药"。

培训可以外聘教师在企业内安排上课，必要时创造模拟训练条件，结合本企业设备实际情况进行培训。全员生产维护的教育与培训是从基本概念的理解，直到设备维修技术的培训。这种培训与教育是步步深入的，分层次、对象的。全员生产维护的培训，可以引导员工从无知转为出色，使员工由不自觉的无能力达到不自觉的有能力。

11. 开发设备前期管理程序

设备负荷运行中出现的不少问题，往往在其设计、研制、制造、安装、试车阶段就已潜藏。例如，设备寿命周期在设计阶段已决定了95%。

设备前期管理应充分集中生产和维修部门的丰富经验，尽可能考虑维修预防和无维修设计。这一目标体现在设备投资规划、设计、研制、安装、试车及负荷运行各阶段，随时根据试验结果和出现的问题，结合现场技术人员的经验改进设备。其目标是：

(1) 在设备投资规划期所确定的限度内，尽可能争取达到最高水平。

(2) 减少从设计到稳定运行的周期。

(3) 争取不打破工作负荷，以最少的人力进行有效的推进。

(4) 保证设计在可靠性、维修性、经济运行及安全方面都达到最高水平。

12. 全面推进全员生产维护，向更高目标前进

最后一个步骤是使全员生产维护活动更加完善，建立更高的目标，奖励推行全员生产维护优秀的部门。

单元六　综合提高运行效率的分析方法

一、PM 分析法

1. 含义

PM 分析法是找寻分析设备所产生的重复性故障及其相关原因的一种手法，是把重复性故障的相关原因无遗漏地考虑进去的一种全面分析方法。

P 指的是 Phenomena 或 Phenomenon（现象）及 Physical（物理的）。

M 指的是 Mechanism（机理）及其关联的 Man（人）、Machine（设备）、Material（材料）。

2. 适用时机

当要求达成因设备所衍生的慢性损失为零的目标时，即可采用 PM 分析法。其特点是以理论来指导事实，要求对设备具有相当的了解，尤其适用于设备慢性损失的个别改善。

3. 实施步骤

(1) 明确故障现象。正确地认识故障现象是解决故障问题的先决条件。认识和分析故障现象的表现方式、状态、发生部位、设备种类差异等，并对故障进行层次分析。

在对故障现象进行探索调查时，要讲究研究方法，根据现象确定相关的调查、测定、检验、分析方法，确定调查项目、检测范围、容差、基准、限定值等。

(2) 对故障现象进行物理、化学等原理分析。所谓对现象的原理分析，就是用物理、化学等探究原理的方法对现象进行分析。

任何故障现象不会是无缘无故发生的，都存在其物理或化学背景。因此要力图用物理或者

化学的科学原理来解释发生的故障现象。如果能够通过理化检验、验证的手段来辅助就更好。

例如，机床主轴出现轴向裂纹，可以通过金相检验判断其是原材料缺陷还是热处理应力，抑或是疲劳应力集中。再如，物体出现伤痕，这是由于物体与物体之间接触、撞击而产生的现象。从物理的角度来看，伤痕肯定出现在物体软弱的部位。这样，通过分析物体与物体有可能接触的部位，就能清楚地知道所要研究的部位和发生现象的原因。如果实在无法解释现象，可以做出假设来加以验证。

进行物理、化学等原理分析，从理论上加以考虑并将问题展开，不会将因素遗漏，并能系统地进行解释，能防止经常出现的主观感觉的判断，对那种尽管采取了很多措施仍没有将慢性损失减少下来的对策，可从根本上对其原因、措施、管理要点重新加以修正。

（3）探讨故障现象成立的条件。根据科学原理、法则来探讨现象促成的条件。通过穷举方法尽可能多地列举促成现象的条件，无论其出现概率大小都应加以考虑，然后再进行分析、筛选。

从原理、原则角度探讨现象成立的条件，如果具备这种条件，现象就一定会发生，对此加以整理是解决问题的关键。这就需要从物理的角度来分析现象，说明其产生的机理、成立的条件。

一般对现象成立的条件掌握得不充分，在采取对策时只能对某些条件予以考虑并采取对策，而对其他的成立条件就不予以考虑，其结果是慢性损失往往没有降低。同时还应注意，对各种成立条件不考虑其概率的大小。

（4）对故障原因进行多角度探讨。从生产现场六要素（即设备、工具、材料、方法、环境、作业者）多角度寻找故障的原因，把与故障现象有关的原因列出来，画出因果关系图。

对设备细分到零件这一层次进行讨论是重要的，有时，各种原因会重复地影响各自的促成条件。

（5）确定主要原因。上一步骤中列出的一些原因可能不是主要原因，这一步就是要针对各项故障原因进行验证（调查、检验、分析），找出产生故障现象的主要原因。

针对各种原因，要具体地研究不同的验证方法、调查方法、测定方法、调查范围、标准面的确定方法、调查项目等。如果调查方法及所需调查的因素有所偏差，则验证的结果将无法取信他人，那么找出的原因也不是主要原因，这样未来的解决措施就会失效。

（6）提出改进方案。根据各种验证后的故障要因，都要提出改进的方案，根据掌握的工具、手段和方法，确定如何解决问题或者改善问题。

制订出方案后，就要组织实施。针对故障问题点指定对策，实施改善，使其设备更趋完备。在实施改善的过程中，要做好记录。

二、工艺验证

1. 含义

工艺验证（Process Validation）由一系列活动组成，正确完成这些活动才能保证生产系统满足特定的技术要求；同时，能确定在预定的生产速度下，制造工艺能否稳定生产合格产品。因此，在开始生产之前对设备和生产系统实施有效验证非常必要。为了使工艺验证行之有效，前期必须明确规定设备或生产系统的特定要求，即通过测试对设备进行检验，以验证新设备或改进设备是否合格。设备在生产厂家验证，称为设备一次检验，用 MQ1 表示；设备在使用地点验证，称为设备二次检验，用 MQ2 表示。

试运行属于生产验证，用来检查制造系统是否完善。为了保证完成生产任务，试运行一般以正常生产速度进行实验性生产。

2. 实施步骤

（1）制订有效性验证计划。

（2）在设备生产厂家进行一次验证（MQ1），在使用地点进行二次验证（MQ2）。具体包括：①设备性能（生产率、有效运行时间和快速换产时间）；②加工质量（工艺能力分析、一次质量合格率、废品率等）；③健康和安全（人机工程、噪声、防护等）；④设备文件（使用手册、备用零件清单和计划维护建议等）。

（3）系统试运行。成立专门工作小组，包括工艺工程师、质量工程师和设备维护人员。工作小组应制订计划，对每台设备的验证安排时间，最终对系统做出整体评价。

三、过程失效模式及后果分析

1. 含义

过程失效模式及后果分析（Process Failure Mode and Effects Analysis，PFMEA），是负责制造、装配的工程师或小组团队采用的一种主要分析技术，用以最大限度地保证各种潜在的失效模式及其相关起因、机理已被充分地考虑和论证。

2. 实施步骤

（1）确定与工艺生产或产品制造过程相关的潜在失效模式与起因。

（2）评价失效对产品质量和用户的潜在影响。

（3）找出减少失效发生或失效条件的过程控制变量，并制定纠正和预防措施。

（4）编制潜在失效模式分级表，确保严重的失效模式得到优先控制。

（5）跟踪控制措施的实施情况，更新失效模式分级表。

（6）针对各种行动方案，制定优先级体系。

3. 失效模式及后果分析

（1）工艺或过程。被分析的工艺或过程可以是技术过程（如焊接、产品设计、软件代码编写等），也可以是管理过程（如计划编制、设计评审等）。尽可能简单地说明该工艺过程或工序的目的，如果工艺过程包括许多具有不同失效模式的工序，那么可以把这些工序或要求作为独立过程列出。

（2）潜在的失效模式。这是指过程中可能发生的不满足过程要求或设计意图的形式或问题点，是对某具体工序不符合要求的描述。它可能是引起下一道工序失效的潜在失效模式，也可能是上一道工序失效模式的后果。典型的失效模式包括断裂、变形、安装调试不当等。

（3）失效后果。这是指失效模式对产品质量和用户可能引发的不良影响，根据用户可能注意到或经历的情况来描述失效后果，对最终使用者来说，失效的后果应一律用产品或系统的性能来阐述，如噪声、异味、不起作用等。

（4）严重性、可能性及不易探测度。"严重性"是指潜在失效模式对用户影响后果的严重程度，为了准确定义失效模式的不良影响，通常需要对每种失效模式的潜在影响进行评价并赋予分值，用1~10分表示，分值越高则影响越严重。"可能性"是指具体的失效起因发生的概率，可能性的分级数着重在其含义而不是数值，通常也用 1 ~ 10 分来表示，分值越高则出现的机会越大。"不易探测度"是指在零部件离开制造工序或装备工位之前，发现失效起因、过程缺陷的难易程度，评价指标也分为 1 ~ 10 级，得分越高则越难以被发现和检查出。

（5）失效原因与机理。这是指失效是怎么发生的，并依据可以纠正或控制的原则来描述，针对每一个潜在的失效模式在尽可能广的范围内，列出每个可以想到的失效起因，如果起因对失效模式来说是唯一的，那么考虑过程就完成了。否则，还要在众多的起因中分析出根本原因，以便针对相关的因素采取纠正措施，典型的失效起因包括焊接不正确、润滑不当、零件装错等。

（6）现行控制方法。这是对当前使用的、尽可能阻止失效模式的发生或是探测出将发生的失效模式的控制方法的描述。这些控制方法可以是物理过程控制方法（如使用防错卡具），也可以是管理过程控制方法［如采用统计过程控制（SPC）技术］。

（7）风险级。"风险级"是严重性、可能性和不易探测度三者的乘积。该数值越大则表明这一潜在问题越严重，越应及时采取纠正措施，以便努力减少该值。在一般情况下，不管风险级的数值如何，当严重性高时，应予以特别注意。

（8）建议采取的措施。这是为了减少风险发生的严重性、可能性或不易探测度而制订的应对方案，包括行动计划或措施、责任人、可能需要的资源和完成日期等。当失效模式排出先后次序后，应首先对排在最前面的风险事件或严重性高的事件采取纠正措施，任何纠正措施的目的都是为了阻止其发生，或减少其发生后的影响和损失。

（9）措施结果。这是对上述"建议采取的措施"计划方案之实施状况的跟踪和确认。在明确了纠正措施后，重新估计并记录采取纠正措施后的严重性、可能性和不易探测度，计算并记录纠正后的新的风险级数值，该数值应当比措施结果之前的风险级低得多，从而表明采取措施后能够充分降低失效带来的风险。

四、可制造性设计

1. 含义

可制造性设计（Design for Manufacturing，DFM）主要是研究产品本身的物理特征与制造系统各部分之间的相互关系，并把它用于产品设计中，以便将整个制造系统融合在一起进行总体优化，使之更规范，以便降低成本，缩短生产时间，提高产品可制造性和工作效率。它的核心是在不影响产品功能的前提下，参与从产品的初步规划到产品投入生产的整个设计过程，使之标准化、简单化，让设计有利于生产及使用，减少整个产品的制造成本（特别是元器件和加工工艺方面），简化工艺流程。选择高通过率的工艺、标准元器件，减少模具及工具的复杂性及其成本。

2. 实施步骤

引入可制造性设计，首先要认识到它的必要性，特别是生产和设计部门的领导更要确信其必要性。只有这样，才能使设计人员不只考虑功能实现这一首要目标，还要兼顾生产制造方面的问题。这就是讲，不管你设计的产品功能多完美、多先进，如果不能顺利制造生产，或要花费巨额制造成本来生产，就会造成产品成本上升、销售困难，进而失去市场。其次，统一设计部门和生产部门之前的信息，建立有效的沟通机制。这样设计人员就能在设计的同时考虑生产过程，使自己的设计利于生产制造。再次，选择有丰富生产经验的人员参与设计，对设计成果进行可制造方面的测试和评估，辅助设计人员工作。最后，安排合理的时间给设计人员及 DFM 工程师到生产第一线了解生产工艺流程及生产设备，了解生产中的问题，以便更好、更系统地改善自己的设计。

具体实施步骤为：

（1）建立 DFM 系列规范文件。DFM 文件应结合公司的生产设计特点、工艺水平、设备硬件能力、产品特点等合理制订。这样，在进行设计时，选择组装技术就要考虑当前和未来工厂的生产能力。这些文件可以是很简单的一些条款，也可以是一部复杂而全面的设计手册。另外，文件必须根据公司生产发展进行适时维护，使其更符合当前设计及生产需求。

（2）建立 DFM 检查表。在对产品设计进行策划的同时，根据公司 DFM 规范文件建立 DFM 检查表。检查表是便于系统、全面地分析产品设计的工具，应包括检查项目、关键环节的处理等。从内容上讲，它主要包含以下信息：

①产品信息、数据（如产品工艺图、组装图、CAD 结构文件等内容）。

②选择生产制造的初步加工流程。

③加工尺寸及布局。

④元器件的选择和焊盘、通孔设计。

⑤设计要适合生产工艺、定位孔及基准点的要求。

⑥执行机械组装的各项要求。

（3）DFM 报告。DFM 报告用来反映整个设计过程中所发现的问题。这个类似于 ISO9001 中的审核报告，主要是根据 DFM 规范文件及检查表，开具设计中的不合格项。其内容必须直观明了，要列出不合格的理由，甚至可以给出更正结果要求。DFM 报告是随时性的，贯穿于整个设计过程。

（4）DFM 测试。实施 DFM 设计的结果对生产组装的影响有多大，起到了什么样的作用，这就要通过 DFM 测试来进行证实。DFM 测试是由设计测试人员使用与公司生产模式相似的生产工艺来建立设计的样品，这有时可能需要生产人员的帮助，测试必须迅速、准确，并做出测试报告，这样可以使设计者马上更正所测试出来的任何问题，加快设计周期。

（5）DFM 分析评价。这个过程相当于总结评审，一方面评价产品设计的 DFM 可靠程度，另一方面可以将非 DFM 设计的生产制造与进行过 DFM 设计的生产制造进行模拟比较。从生产质量、效率、成本等方面分析，得出进行 DFM 的成本节约量，这对制订年度生产目标及资金预算起到参考资料的作用，也可以增强领导者实施 DFM 的决心。

3. 意义和作用

（1）有利于降低成本、提高产品竞争力。低成本、高产出是所有公司永恒的追求目标。通过实施 DFM 规范，可有效地利用企业资源，低成本、高质量、高效率地制造出产品。如果产品的设计不符合企业生产特点，可制造性差，则要花费更多的人力、物力、财力才能达到目的；同时还要付出延缓交货，甚者失去市场的沉重代价。

（2）有利于生产过程的标准化、自动化，提高生产效率。DFM 把设计部门和生产部门有机地联系起来，达到信息互递的目的，使设计开发与生产准备能够协调统一，易实现自动化，提高生产效率；同时也可以实现生产测试设备的标准化，减少生产测试设备的重复投入。

（3）有利于技术转移，简化产品转移流程，加强企业间的协作沟通。现在很多企业受生产规模的限制，大量的工作需外加工来进行，通过实施 DFM，可以使加工单位与需加工单位之间制造技术平稳转移，快速地组织生产。DFM 的通用性可以使企业产品实现全球化生产。

（4）DFM 是新产品开发及测试的基础。没有适当的 DFM 规范来控制产品的设计，在产品开发的后期，甚至在大批量生产阶段才发现这样或那样的组装问题，此时再想通过设计更改来修正，无疑会增加开发成本并延长产品生产周期。所以新品开发除了要注重实现功能外，也要重视 DFM 的实施。

（5）适合应对制造技术日趋复杂的挑战。制造技术的发展日趋复杂，为了抢占市场、降低成本，企业开发一定要使用最新最快的组装工艺技术，通过 DFM 规范化，才能跟上其发展的脚步。

模块小结

运行效率计算是评价生产系统效率的基础；生产报表制度记录生产状况数据，是运行效率分析的依据；快速响应、快速换产保证精益生产顺利实施，是提高运行效率的具体措施；全员生产维护从全企业、全面、全员、全过程建立起设备维护制度，保证设备的高效利用；从生产制造系统整体优化的角度，有必要学习和理解 PM 分析法、工艺过程验证、过程失效模式及后果分析、可制造性设计等综合提高运行效率的方法。

综合提高运行效率职业能力标准

职业功能	工作内容	能力单元要素	实作指标
6. 综合提高运行效率	6.1 生产报表制度	6.1.1　熟悉车间生产指标及报表，能制订车间生产报表管理制度，做好基础管理工作	6.1.1　能编制车间生产报表，能制订车间生产报表管理制度
		6.1.2　掌握数据统计分析基本方法，能统计分析生产报表数据，及时发现问题点	6.1.2　能运用统计数据分析生产状况、找出改进机会
	6.2 快速响应	6.2.1　熟悉快速响应系统构成，能制订车间快速响应改进方案，应对各类紧急情况	6.2.1　能运用生产报表、分层汇报、设备紧急维修、主人翁意识四方面制订车间快速响应方案
		6.2.2　熟悉快速响应运行方式，能快速响应紧急情况，解决突发问题	6.2.2　能通过安顿系统、逐级汇报、设备紧急维护、主人翁意识四方面快速响应紧急情况
		6.2.3　掌握问题分析方法，能从根源解决问题	6.2.3　能用五步法和 5WHY 等方法，从根源找出和解决问题
	6.3 快速换产	6.3.1　掌握快速换产基本理论，能制订快速换产改进方案，提高生产切换速度	6.3.1　能从区分外部和内部调整时间、缩短内外部调整时间、持续改进等方面制订快速换产改进方案
		6.3.2　能持续改进快速换产技术，增强生产作业适应性	6.3.2　能持续改进快速换产作业

（续）

职业功能	工作内容	能力单元要素	实作指标
6.综合提高运行效率	6.4 全员生产维护	6.4.1 熟悉全员生产维护管理体系，能组织实施车间全员生产维护	6.4.1 能按照全员生产维护五个原则、八大支柱组织实施车间全员生产维护
		6.4.2 掌握自主维护管理方法，能组织实施设备自主维护保养，生产工人参与到设备维护当中	6.4.2 能按自主保养体制组织员工做设备维护保养
	水平综述	培训后达到水平	
		熟悉车间常用生产指标及报表格式，掌握数据统计分析方法，能制订车间生产报表管理制度并统计分析相关数据；掌握快速响应系统构成、运行方式，能制订快速响应方案并组织实施，掌握问题分析方法，从根源上解决问题；掌握快速换产运行机制与实施方法，能制订快速换产改进方案并组织实施和持续改进；熟悉全员生产维护管理体系，掌握设备自主维护管理方法，能在车间组织实施	
	学习水平（培训对象获得学习成果）		能力水平（培训对象展示能力）
	熟悉车间生产指标及报表格式，掌握数据统计分析方法；掌握快速响应系统构成和运行方式，学会从根源找原因解决问题；掌握快速换产基本理论和改进方法；熟悉全员生产维护管理体系和自主维护设备管理方法		能制订车间生产报表管理制度，统计分析相关数据找出问题点或改进方向；能制订快速响应改进方案，快速响应出现问题，从根源上解决问题；能制订和组织快速换产改进方案并持续改进；能组织实施全员生产维护，组织员工自主维护保养设备

| 练习与思考 |

一、单选题

1. 下述哪个时间属于生产损失时间？_____
   A．生理休息时间 　　　　　　　　　　　B．班前会议时间
   C．设备故障维修时间 　　　　　　　　　D．产品质量检验时间

2. 下述哪个时间属于计划停顿时间？_____
   A．等料时间 　　　　　　　　　　　　　B．班前会议时间
   C．设备故障维修时间 　　　　　　　　　D．产品质量检验时间

3. 每年的有效工作天数为_____。
   A．365 天 　　　　B．251 天 　　　　C．250 天 　　　　D．114 天

4. 安顿系统一般不与_____连接。
   A．设备紧急维修部门 　B．质量控制部门 　C．生产控制部门 　D．总经理办公室

5. 现场工人能用身体感官发现异常并及时汇报，属于_____的体现。
   A．技术水平 　　　　B．主人翁意识 　　　　C．训练有素 　　　　D．制度规定

6. 计划维修制对设备的计划维修时间主要安排在_____进行。

    A. 生产间歇   B. 节假日   C. 晚上   D. 工作时间

7. 生产切换应该尽量做到_____。

    A. 内部调整时间最短，外部调整时间放宽   B. 内部调整时间放宽，外部调整时间最短

    C. 取用工具的时间最短   D. 设备调整时间最短

8. _____切换时间造成的浪费相对较小。

    A. 大规模批量生产   B. 单一品种生产

    C. 单件小批生产   C. 多品种小批生产

9. _____是任何生产切换的共性内容。

    A. 准备、更换、定位、调试   B. 检验、更换、定位、调试

    C. 准备、更换、定位、检验   D. 准备、检验、定位、调试

10. 计算生产实际运行时间有两种方法：

    ①实际运行时间 = 计划运行时间 − (停顿时间 + 生产切换时间 + 损失时间)

    ②实际运行时间 = $\dfrac{产品生产数量}{生产节拍}$

    相比较而言，_____。

    A. 第一种方法更准确   B. 第二种方法更准确

    C. 两种方法一样准确   D. 两种方法都不准确

二、 简答题

1. 综合提高运行效率的主要方法有哪些？

2. 如何计算运行效率？对公式做出说明。

3. 工人主人翁意识主要从哪些方面体现？

4. 如何实施快速换产？

5. 如何缩短外部调整时间？

模块九
多能工小组与组织环境支持

学习目标

- 理解多能工小组的含义及运行方式
- 熟悉多能工小组的组建过程和方式
- 理解多能工小组与组织环境支持之间的关系
- 理解企业愿景与价值观，以及企业内部信息交流模式
- 熟悉企业安全健康制度
- 了解企业合理化建议和激励制度
- 了解工作岗位轮换和上岗证制度

01 单元一　多能工小组作业

一、多能工小组的含义

多能工小组
作业

多能工小组是精益生产以团队方式作业的最基本生产组织单位，成员的工作区域相邻，个人掌握多项技能，可以多工位作业，彼此配合、共同完成团队任务目标。小组直接承担看板管理、一个流生产、全面质量管理、5S管理和全员生产维护等精益生产技术方法的实施并起关键支撑作用。

组建多能工小组需要组织结构、管理制度和企业文化的整体改造，由愿景和价值观、沟通交流、安全健康、员工培训、合理化建议、表彰激励等构成多能工小组的企业环境支持要素，对多能工小组运行起到支持保障作用。

精益生产组织变革，要求高层领导的承诺和参与。承诺即表明态度，参与即用行动证明。部门之间围绕变革转换职能，相互配合支持多能工小组的运行，共同实现企业目标，如图9-1所示。

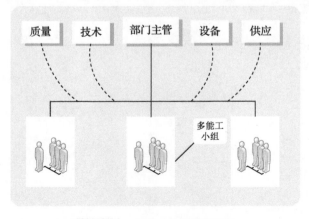

图9-1　多能工小组组织结构

二、 多能工小组的组织结构及运行方式

1. 组织结构

精益生产条件下，生产部门由生产主管、多能工小组，以及质量、技术、设备、物流等辅助团队或人员构成。多能工小组一般由 6 ~ 10 人组成，在看板拉动、平衡生产线、自働化、快速换产、安顿系统、标准化作业、精益生产物流等运行机制下得到授权，生产过程中自我管理并参与或辅助决策，中间管理层大量削减。

2. 运行方式

精益生产车间布局以产品或零部件加工为对象组成并行的 U 形生产单元，或按流水线的不同工艺阶段组成串行 U 形生产单元，如图 9 - 2 所示。

多能工小组以生产单元为对象从事生产加工、持续改善、现场管理三项基本活动，成员相互配合，共同完成团队任务。团队成员经过岗前培训、资格认证后持证上岗，按照标准操作规程作业。而传统大批量生产依据专业化分工原则，按生产工艺组成任务小组，成员只在固定工位上从事与自己有关的单一作业。二者的比较如图 9 - 3 所示。

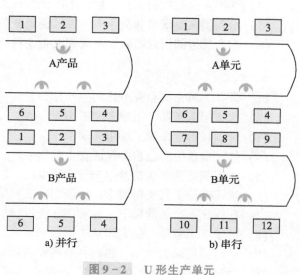

图 9 - 2 U 形生产单元

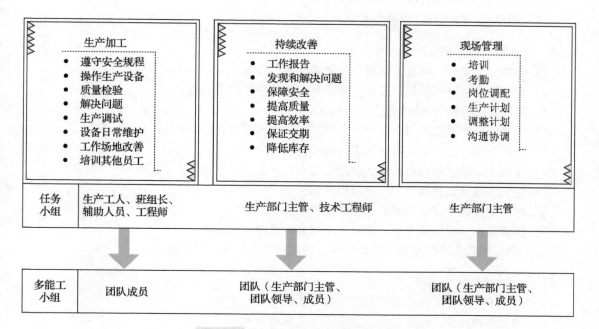

图 9 - 3 多能工小组与任务小组比较

三、多能工小组作业目标和职责

1. 作业目标

（1）保证订单交期，为用户提供优质的产品和服务。

（2）以消除浪费为目标，持续改进生产过程，提高企业竞争力。

（3）团队成员学习新知识和技能，共同促进精益生产的实施。

（4）维护安全健康的工作环境，不断提高员工素质。

（5）增强团队凝聚力和战斗力，持续创新变革。

（6）配合其他部门或团队，共同完成企业目标。

2. 生产部门主管职责

（1）领导下属完成企业下达的生产任务。

（2）选拔团队领导，组建多能工小组。

（3）带领和指导多能工小组开展工作。

（4）推动精益生产改造，保证安全健康生产。

（5）组织制订和落实精益生产管理制度。

（6）快速响应下属支持请求，协调团队之间关系。

（7）在保证生产的前提下，推动创新改进。

（8）征求下属意见，制定团队工作目标。

（9）制订部门培训计划，协调各类培训活动。

（10）表彰奖励先进个人和集体，激励全体成员。

（11）敏锐察觉部门出现的问题，及时化解和处理。

（12）制订生产组织资源保障经费预算。

3. 团队负责人职责

（1）带领团队安全、高效、保质、保量完成生产任务。

（2）掌握精益生产相关知识技能，组织开展各项生产改造活动。

（3）实施5S管理，持续改善工作场地。

（4）快速响应下属支持请求，及时发现问题、找出原因并加以解决。

（5）合理分配工作任务，有计划进行岗位轮换。

（6）保持上下级之间沟通畅通，信息传递准确无误。

（7）组织实施全面质量管理、全员生产维护。

（8）参与制订标准作业规程并在生产中贯彻执行。

（9）探索创新，以消除浪费、提高工作效率为目标持续改进。

（10）领导团队在减少库存、降低成本、提高效率上取得明显成效。

4. 团队成员职责

（1）具有团队精神、主人翁意识和态度，认同企业价值观。

（2）掌握多项技能，持证上岗，能进行多任务位作业。

（3）执行标准作业规程，安全健康生产。

（4）使用工具和仪表检验质量，发现问题启动安顿系统，直到问题解决。

（5）遵守看板管理规则，依据看板指令生产。

（6）实施快速换产作业，柔性生产满足用户需求。

（7）执行设备预防性维修计划，发现问题及时采取措施。

（8）自觉执行 5S 管理制度，不断提高工作素养。

（9）填写生产日报表，分析反馈信息，持续改善生产绩效。

（10）成员之间有效沟通，参加团队研讨会，主动提出合理化建议。

（11）适应精益生产改造要求，不断学习和掌握新技能。

（12）以用户为中心，保证交期、降低库存、消除浪费、提高效率，共同实现团队目标。

四、多能工小组的组建

1. 成立领导小组

负责多能工小组组建的成员对建立多能工小组要有统一认识，理解团队与组织各层级不同部门之间的关系，能提出对团队领导、成员和任务职责的看法，评价团队工作取得的成效和不足，支持团队工作并懂得授权。成员一般由企业高层代表、生产部门主管、技术工程师、工业工程师、工人代表、精益生产顾问组成。

2. 分析现状

（1）当前生产存在的问题。分析当前生产组织状况与精益生产要求有多大差距，现有问题哪些是由于人员使用不当造成的，建立多能工小组能在程度上还是本质上解决问题。

（2）影响多能工小组组建和运行的因素。分析员工对多能工小组的认识和理解程度，相关部门领导看法和态度，以往类似改革的经验教训，员工更换、薪资调整、岗位轮换等潜在阻力，生产布局是否合适。

（3）相关部门。分析部门之间能否有效沟通、相互配合、共同支持多能工小组运行，是否存在官僚主义、部门掣肘、信息渠道不畅等问题。

3. 制订实施计划

实施计划包括团队目标和任务职责、运行条件、进程安排、转变方式、选择领导等。

4. 选择示范样板区

（1）影响因素。选择样板区要考虑区域生产布局、职能隶属关系、人际关系、其他团队活动类型等。

（2）组建团队。生产主管负责组建团队，完整经历团队形成及转化的四个阶段，发现潜在变化因素，及时指导协调，积累经验以便更大范围地推广。团队能独自运行后，生产主管主动退出，只担任顾问角色。

5. 选择团队领导

团队领导负责多能工小组的日常运行管理，其作用至关重要。

（1）选择标准。选择团队领导不是选最优秀的操作者，而是选潜在的未来领导者，要根据任务和职责对知识、技能、态度、禀赋做综合评价，包括人际关系协调、领导能力、工作勤勉度、技术和经验、分工与授权、解决问题能力、自信心等。

（2）选择过程。选择过程包括明确岗位性质、范围和人选、评判标准、最终决策等环节。领导小组制订评价标准和工作程序，由专家小组评判选择，最后集体讨论决定人选。团队领导一经选定，后期还要跟踪考查，人员变更或调整职责要重新制订评价标准和程序。

6. 培训成员

（1）培训内容和进程。领导小组指定培训内容，培训部门负责制订计划并组织实施，培训教师前期要做好充分准备，能应对学员提出的各种问题。

（2）开发培训课程。培训教师根据培训计划开发课程，内容包括：

①知道：企业目标、部门目标、团队目标、个人任务和职责。

②理解：看板管理、工作场地改善、安顿系统等精益生产技术方法。

③改进：工作绩效、解决问题能力、决策能力。

④合作：团队配合，创新提高。

7. 推动和跟进

（1）前期生产主管负责团队组建和运行，成熟后再退出。

（2）主持召开团队会议，动员全体成员并安排任务。

（3）生产主管现场参与或指导团队作业，逐步授权直到能独立运行再退出。

（4）组织相关部门协调配合，提供各种工作便利和资源保障，支持多能工小组运行。

多能工小组的组建要与企业制度和文化环境改进协同进行，下一节将重点分析企业愿景和价值观、沟通交流、安全健康、员工培训、合理化建议、表彰激励、岗位轮换与上岗证制度等关键要素的改进过程。

五、多能工小组的转化过程

传统任务小组由生产部门主管直接领导，小组只负责执行指令，不参与决策，成员除了生产作业几乎没有授权，如图 9-4a 所示。由任务小组向多能工小组转化一般经过以下四个阶段：

1. 形成阶段

生产部门主管组建团队，在征询成员意见后做出决策。团队成员处于适应状态，对做什么、如何做有困惑，这时生产主管与成员之间的沟通和培训指导是关键，如图 9-4b 所示。

2. 波动阶段

团队成员通过沟通交流明确共同目标，开始承担多能工小组的任务和职责。这个阶段由于成员认识问题视角不同，彼此之间会出现看法不一，影响团队作用发挥，生产主管要及时指导和协调，如图 9-4c 所示。

3. 规范阶段

团队成员认识到相互配合才能达成目标，在相互理解和信任基础上，明确了工作准则和程序，成员沟通无障碍、相互配合默契。这时团队凝聚力增强，得到充分授权，能自主运行、和谐发展。生产主管由领导者向服务者、支持者和培训教师转换，如图 9-4d 所示。

4．成熟阶段

成员在公开、信任的氛围下工作，能灵活应对各种变化。成员相互理解，也认识到工作的本质，受到激励努力工作。团队良性运转，能创造性地开展工作，生产主管向顾问角色转变，如图9-4e所示。

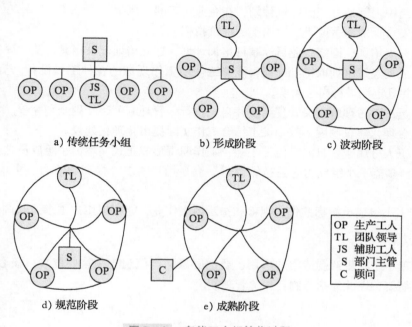

a）传统任务小组　　b）形成阶段　　c）波动阶段

d）规范阶段　　e）成熟阶段

OP	生产工人
TL	团队领导
JS	辅助工人
S	部门主管
C	顾问

图9-4　多能工小组转化过程

单元二　组织环境支持

一、组织环境支持的含义

组织环境支持多能工小组作业，并在精益生产改造过程中持续改进，共同实现企业目标。为此，应该在以下几方面形成良好的企业氛围：

（1）健康安全的工作环境。

（2）优质的产品和服务质量。

（3）卓越的市场竞争能力。

（4）良好的工作保障。

（5）持续改善，消除浪费。

（6）员工积极主动地解决问题。

（7）多能工小组快速响应用户需求。

组织环境支持
（一）

二、组织环境支持的管理目标、 指导思想和保障措施

1. 管理目标

（1）全体员工认同企业愿景和价值观，追求卓越和用户至上是核心。

（2）制订组织内部信息交流改进计划，在企业、车间、班组得到落实。

（3）健康安全保障显著改进，有明确的评价指标。

（4）定期开展培训，围绕企业目标制订培训计划，建立培训记录档案，及时评价培训效果。

（5）团队成员经过培训取得上岗证，能熟练使用工作现场的各种工具设备。员工能胜任岗位职责要求，并且定期进行岗位轮换。

（6）全体员工学习理解相关管理制度并自觉执行，管理制度逐步健全和完善。

（7）建立合理化建议制度，鼓励员工结合工作实际提出合理化建议。

（8）生产工人分属于各自的多能工小组，工作职责形成正式文本，小组成员之间配合默契、工作绩效显著。多能工小组成为企业持续改进、满足用户需求、提高竞争力、实现经营目标的重要组织手段。

（9）多能工小组成员按标准作业规程和指示图表作业，能根据用户需求及时调整工作任务。

2. 指导思想

发挥多能工小组在生产制造中的作用，要把愿景和价值观放在重要位置，核心是满足企业和个人的发展需要，以此为指导制订相关管理制度。

3. 保障措施

多能工小组的成功实施，需要组织环境的改善，鼓励员工不断创新。为此，必须做到：

（1）企业高层制定明确的战略目标，身体力行地推动目标实现。

（2）各部门管理人员落实企业目标，完成各自的分目标。

（3）企业在价值观、组织机构、管理制度、激励和惩罚、劳动保障等方面形成良好的支持环境。

三、组织环境支持要素和实施

对多能工小组的组织环境支持要素如图9-5所示，自下而上主要包括愿景与价值观、沟通交流、安全健康、员工培训、合理化建议、表彰激励、岗位轮换和上岗证制度。

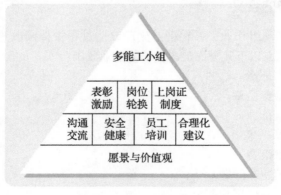

图9-5 组织环境支持要素

（一）愿景与价值观

1. 含义

愿景表明企业家的立场和信仰，是企业最高管理者头脑中的一种概念和对企业未来的设想。价值观是指企业在追求经营成功过程中所推崇的基本信念和奉行的准则。愿景和价值观由企业最高层提出，表明企业的价值取向和经营哲学，目的是要企业全体员工达成共识，形成相互信任的组织氛围，对团队或个人的行为和工作方式产生影响，最终转化为满足用户需求、追求卓越的动力。

精益生产在观念意识上，有理念创新、危机意识、质量意识、杜绝浪费、细节改善、团队配合、以人为本、用户至上等；在生产组织技术上，有准时化生产、柔性生产、均衡生产、现场改善、控制库存等；在作业操作上，有看板拉动、快速换产、安顿系统、标准化作业等。其核心为追求卓越、持续改善。

2. 实施过程

（1）开发。企业高层分析企业内外部环境及员工和用户需求，总结提炼企业愿景和价值观；企业各级领导集体研讨，提出改进建议；修订愿景和价值观，归纳为 4~6 条核心要点，用口号标语、图形符号表述含义。

（2）传播。制订内外传播计划，在各种公开场合宣讲，用标语标识宣传，反复加深员工和用户印象。

（3）落实。企业愿景和价值观落实在经营目标的制订上；领导通过会议或谈话向员工讲解，形成共识并在行动中落实；培训新进员工。

（4）评价。调查员工的认同度和接受度，是否在行动中落实；定期做抽样调查，客观评价实施效果；分析调查反馈结果，针对问题提出改进措施。

（二）沟通交流

1. 含义

沟通交流指企业通过会议、公告、内部文件、私下谈话等正式或非正式交流方式，在组织不同层次的部门之间共享和交换信息的过程，主体是职能部门和生产部门、多能工小组所覆盖的全体员工。企业所要共享和交换的信息包括企业经营战略目标、工作任务和完成质量、个人贡献、用户满意度、工作保障和企业竞争等。

为保证内部沟通交流渠道畅通，应该做到：

（1）建立企业内部信息沟通小组。成员由企业主管领导、部门主管、多能工小组代表组成，职责包括：分析沟通需要，制订沟通计划，组织开展沟通活动，协调沟通过程。

（2）重视沟通交流作用。领导认识到信息沟通的重要性，组织沟通目的明确、形式灵活、内容统一，注意不同时期和范围沟通的连贯性及动态变化性。

2. 实施过程

（1）识别。

①目前状况：是否制订了沟通计划，正式沟通渠道有哪些，沟通对象是谁，非正式沟通渠

道有哪些，沟通效率如何等。

②沟通议题：如企业经营目标、经营绩效、质量、安全、成本等。

（2）分析。沟通信息有哪些，什么议题，谁是主要对象，按什么步骤实施，目的是什么；沟通方式是否恰当，应该怎么改进；沟通效果如何，对实现企业经营目标发挥什么作用。

（3）计划。企业领导、部门领导和沟通小组共同制订沟通计划，包括：

①沟通目标：明确目标和意义；

②沟通方式：沟通所产生的预期效果，后期跟踪测评；

③沟通内容：对不同对象传递什么样的信息，用什么方式和频率；

④进程安排：日程安排与其他活动怎么协调；

⑤沟通组织：划分职责，检查反馈。

（4）实施。企业高层、部门领导和沟通小组全体参与，向实施团队和管理人员传递信息；通过正式或非正式沟通，向不同对象传达相关信息。

（5）评价。沟通小组定期评价和审查实施效果，以确保达到预期沟通目标。沟通活动在不同范围具有协调一致性，沟通过程和精益生产推进保持一致，能充分满足用户需求等。

评价可以通过正式或非正式研讨形式，邀请沟通对象当面反馈信息。主要测评点有：团队的参与度，不同范围沟通的一致性，沟通计划实施的有效性，改进沟通建议和意见等。

（三）安全健康

1. 含义

在推动精益生产改进中，企业要明确表明对于安全健康的态度和理念，采取相应措施落实，涉及对象为企业全体，特别是一线员工，为此要做到：

（1）企业领导把员工的安全健康当作首要大事来抓。

（2）部门或团队召开会议，安全健康列入议事日程。

（3）企业领导在制度执行上起典型表率作用。

（4）安全管理制度化，出现违规行为立即纠正。

（5）编制工作程序，查漏补遗、全面检查。

（6）安全管理渗透到各项工作中，安全意识体现在企业文化中。

2. 制定安全健康纲要

主要内容包括：

（1）遵守安全管理相关法律法规。

（2）主管领导承担的安全责任。

（3）到访者的安全健康保护。

（4）全厂紧急撤离方案。

（5）员工伤病状况跟踪，原因分析及改进措施。

（6）危险材料控制。

（7）不同区域安全控制。

（8）机器设备和能源控制。

（9）人机工程安全改造。

（10）安全委员会和会议制度。

（11）安全培训大纲（活动空间、升降装置、人机安全、停工、化学品安全、移动设备授权、病菌防治等）。

（12）协作单位安全健康要求。

（13）新设备安全标记。

（14）其他（消防措施、预警部门、工业保健防护等）。

3. 实施步骤

（1）安全健康工作检查。对照相关法律法规，检查企业是否达到了要求。

（2）制订安全健康管理制度。针对问题修订或重新制订制度，建立覆盖全厂范围的安全健康管理体系。

（3）贯彻落实。安全管理委员会组织全面落实各项制度，全体员工在工作中贯彻执行。主要测评点可以通过伤残事故、职业病发生率、员工病假比率、人机工程安全改造项目及影响人数、事件报告处置率、事故复发率等指标数据做出定性、定量评价。

4. 注意事项

（1）安全事故报告制度。①列出主要条目，编制安全事故报表；②报告内容简洁明了，用简短语句描述；③分析事件产生根源；④采取措施及落实情况；⑤责任部门填写报告；⑥报告经过有关人员的审批。

（2）安全教育会议。①安全教育与作业会议一起召开；②定期举行；③记录参会人名单。

（3）来访者安全协议。安全协议主要内容包括人身防护装置、紧急电话号码、紧急报警信号等。

（4）检查所有安全管理制度，评价安全管理状况，指出安全漏洞并提出改进措施。

（四）员工培训

1. 含义

员工培训是为了促进精益生产实施，让员工掌握所需知识和技能，提高工作绩效而对培训活动制订的计划组织实施方案。主要工作有以下两方面：

（1）制订实施精益生产的培训计划。

（2）制订评价程序，持续提高培训效果。

组织环境支持
（二）

2. 实施过程

（1）制订培训计划并组织实施。

①培训需求分析。领导小组分析员工对精益生产的认识理解程度、已掌握的知识技能是否适应精益生产要求、哪些方面必须培训、采用什么培训方式等。

②制订员工培训计划。

培训对象：部门领导、生产主管、团队领导、团队成员或新员工。

培训目的：学习精益管理思想，掌握精益生产技术方法。

培训内容：如快速换产、看板管理、5S 管理等。

培训形式：在职培训、脱岗培训、研讨会等。

培训时间：根据培训对象知识技能的掌握情况，结合培训内容制定培训进程。

③培训课程。培训教师负责培训课程开发，还可以与大学和培训机构合作。在此之前，必

须明确回答相关问题：培训对象是谁、培训目的是什么、培训大纲能否满足要求、参加培训需要具备的条件、是否有过类似培训、培训多长时间、培训课程是否联合开发、教学资源是否满足、是否有培训教材等。

④培训组织。

选拔学员：培训计划总体规定不同类型人员参加什么样的培训，也可以根据个人知识技能掌握情况针对性地培训，条件允许尽可能让更多的员工参与。

培训过程管理：包括严格考勤制度、课堂纪律、教室和教材管理、学员通知、出勤记录、结业证等。

⑤培训记录。培训结束后，要将培训结果记录在案，并长期保存。

（2）培训评价。

①培训组织评价。课程评价包括：课程目标是否明确，讲课实现了多少，讲课主题是否明确，培训内容是否易于理解，哪些内容最有用，哪些可以删减，教师讲课是否生动，所学知识能否在工作中应用等。培训包括：教室环境是否适合学习，工作人员服务态度如何，考勤管理制度是否合理，需要改进之处等。

②培训效果评价。培训对象知识和技能是否有效地拓展，是否达到预定目标，是否对工作产生了直接或间接影响，员工掌握的技能在团队中能否发挥作用等。培训流程如图9-6所示。

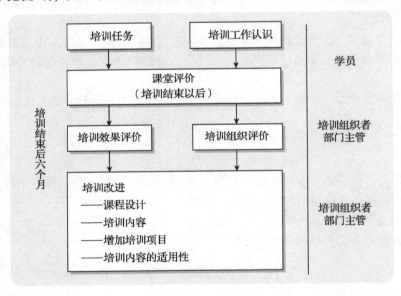

图9-6 培训流程

（五）合理化建议

1. 含义

合理化建议是为了改进和完善管理制度、工作程序、生产工艺、产品质量、用户服务、现场改善、设备维护等，向全体员工征询改进建议和意见的计划实施方案。目的是鼓励员工参与企业生产经营管理，结合工作实际提出有价值的建议。鼓励团队集体提交创新改进建议，企业对采纳的建议给予嘉奖表扬。

企业领导要广泛征询意见，认真审查计划的有效性和合理性，鼓励员工积极参与，快速反馈建议信息。

2. 实施步骤

（1）方案制订。

①领导小组。组成企业领导小组负责计划的制订与实施，定期召开会议讨论研究相关问题。

②评议小组。按照生产区域组建评议小组，由生产主管、团队领导、团队成员代表组成，其中至少包括 1 名技术工程师，1 名工业工程师，人数为 8 ~ 10 人。每个小组负责评议一定量的生产区域的合理化建议。

③合理化建议征集。一般由专职负责人员与临时抽调人员组合，定期开展征集活动。

（2）宣讲。采用多种方式鼓励员工参与，讲解相关制度，解答各类问题，鼓励他们积极参与。

（3）过程控制。

①制定跟踪检查程序，通过员工参与率、处理建议时间、待处理建议三个指标评价方案执行效果。

②评议组每月组织一次，提前向外发布日期。

③评议过程中可以向多方咨询，以对建议做出准确评价。

④评议组成员按程序对每条建议写出评审意见。

⑤鼓励团队集体讨论提出合理化建议。

⑥鼓励未参与的员工提出最初步的建议。

⑦建议箱放在员工通行的区域，如入口、走廊、餐厅和休息区。

⑧建议箱外定期放置合理化建议空白表格。

⑨定期由专职人员取出建议，在下一次评议会上讨论。

⑩选取典型案例在全厂宣传，鼓励员工积极参与。

（4）结果处理。

①生产主管鼓励员工提出合理化建议，在内容选择、文字提炼、书面表述上给予指导，并做初步评价。

②收到合理化建议后，相关人员要尽快响应，通常在 45 日内回复。

③取得的进展随时向全体员工通报。

④每年奖励第一份合理化建议。

⑤合理化建议被采纳并批准后，反馈到相关部门组织实施。

⑥根据重要性和紧迫性，安排实施的先后顺序，指定专人负责落实。

（5）效果评价。合理化建议制度的实施效果可以用员工参与率、建议反馈时间、待处理的建议数量、建议的质量、节省的生产成本等指标做评价。

（六）表彰激励

1. 含义

表彰包括感谢、赞赏和正式承认三层含义，对个人或团队的表彰是对其在生产工艺、管理制度和产品改进方面所做贡献的肯定，同时也是为了激励更多的人学习和超越。激励可以是正式表彰，也可以是非正式的表扬，表彰和表扬适用于不同的时机。

成功表彰包括以下七要素：

（1）真诚。领导发自内心认识到没有员工的付出和担当，就不可能实现目标。反映在政策制定、指导原则和领导行为上，真诚的感谢将鼓励员工的创造性、积极性，促进工作质量提高。

（2）公平、公正，始终如一。若存在不公正和不一致，表彰就失去了意义。

（3）及时。确保表彰被人们所关注，活动令人瞩目、让人牢记；人们能记住和仿效被激励者的行为或行动，事件发生后尽快激励，效果会更明显。

（4）常态。经常性的激励能督促落后者看到差距、不断追赶，包括生产率、销售、产品及服务质量、用户满意度等工作业绩。

（5）灵活。激励针对具体的个体，要灵活选择，适合被激励者的需要。

（6）适当。激励要与其所取得的成绩相符。

（7）明确。让人们明白激励的原因和价值所在，不能变成竞技、抽奖和加薪。

2. 管理目标

（1）表明企业重视"人"在实现目标中的作用，承认"人"是企业最重要的资源，对个人或团队的付出给予肯定和尊重。

（2）在安全生产、产品销售、用户服务等方面取得明显绩效。

（3）激励团队和个人更好地完成企业经营目标。

（4）形成鼓励变革和进取的企业环境氛围。

（5）引导人们改变价值观和行为习惯。

（6）提高工作质量和效率，增强员工的企业忠诚度。

3. 实施过程

（1）明确当前任务、企业经营目标和战略目标，以此作为表彰的依据。

（2）明确表彰类别，即受表彰的工作业绩或行为，如安全、质量、成本、服务等。

（3）采取恰当的表彰方式，团队或个人的正式表彰或非正式表扬。

（4）当员工表现突出时，主管领导就要用适当的方式进行表彰或表扬。

（5）对表彰进行测评、监控和改进。通过调查、研讨会、个别谈话，了解表彰是否有效合理，工作绩效提高是表彰的重要标志。

（七）岗位轮换

1. 含义

通过岗位轮换培养员工掌握多种工作技能，适应多能工小组任务职责要求。

2. 实施条件

（1）领导和相关部门制订岗位轮换管理制度。

（2）明确可供轮换的工作岗位。

（3）认识到竞争的重要性。

（4）广泛征求意见，得到认可。

3. 实施过程

（1）制订制度阶段，明确哪些岗位在精益生产实施过程中受到影响，以做统筹安排。

（2）对管理制度广泛征求意见，最终形成得到广泛认可的制度。

（3）按照制度轮换工作岗位，并加强评测，测评点是岗位轮换及相关管理制度。

（八）上岗证制度

1. 含义

岗位培训用证书证明，上岗证管理制度确保工人具备必要的知识、技能，能安全高效地操作生产设备，在不影响生产周期和产品质量的前提下进行工作轮换。

2. 管理目标

（1）保证用户需求，避免产品质量问题。

（2）在不影响生产前提下进行岗位轮换。

（3）评估工人现在的操作技能，分析培训需求。

（4）确定工人的技能水平，推动他们学习新的技能。

3. 实施条件

（1）领导小组、部门主管和培训专家一起制定工人上岗程序。

（2）部门主管制定标准作业规程，工人按作业规程操作，完成工作任务。

（3）新工人上岗，需要指定在岗人员培训指导。

（4）新工人的上岗程序用图示说明展示在公告板。

（5）生产工人的操作技能与 ISO9000 的要求相符。

4. 实施过程

（1）制订岗位工作标准。标准不是针对某一具体岗位，而是所有岗位都适用，如：

能阅读和理解标准操作规程和工作任务单。

能根据标准作业规程和工作任务单进行操作。

能根据工作任务单和产品质量标准检验产品质量。

能进行生产快速换产。

经过培训能参与持续改善活动。

能对设备实施基本的预防性维护，诸如清洁机器、为机器加润滑油、清洁/更换过滤器、更换照明灯和检查油嘴等。

（2）建立岗位工作记录。

（3）向全体员工说明岗位工作目标。由部门主管和团队领导说明，并且强调工作内容的重要性。

（4）评价结果公布在生产区信息公告板上。

①用不同色彩或其他目视标识表示达到的技术水平，以便于比较监督。

②每次评价后要更新信息板。

（5）生产主管、部门主管负责上岗证制度的实施。

｜模块小结｜

多能工小组是精益生产最基本的生产组织单位，多能工小组在组织结构和运行方式上，与传统的任务小组有很大区别，相应的工作职责和任务要求也不同。多能工小组作业需要企业在愿景与价值观、沟通交流、安全健康、员工培训、合理化建议、表彰激励、岗位轮换与上岗证制度等方面的配合支持，并结合精益生产改造和企业总体目标的完成展开。

| 练习与思考 |

一、 单选题

1. 多能工小组应与_____结合在一起实施。
   A. 机器设备   B. 生产单元   C. 生产现场   D. 生产班组

2. _____应该是精益企业的核心价值观。
   A. 追求卓越，持续改进   B. 质量是企业的生命线
   C. 客户是上帝   D. 奉献社会

3. 多能工小组与传统任务小组的最大区别在于_____。
   A. 职责范围不一样   B. 工人是多能手   C. 充分授权   D. 岗位轮换

4. 多能工小组的形成，一般经过_____个阶段。
   A. 五   B. 四   C. 三   D. 二

5. 下列几个指标中哪一项是企业安全健康测评点？ _____
   A. 生产节拍   B. 产品合格率   C. 员工病假率   D. 客户投诉率

6. 对员工合理化建议不能_____。
   A. 定期组织   B. 鼓励团队提出
   C. 专人负责收集   D. 没有采纳的不反馈

7. 表彰被人们所关注，活动令人瞩目、让人牢记，为此必须做到_____。
   A. 真诚   B. 公平   C. 适当   D. 及时

8. 企业的信仰和价值观如何产生？ _____
   A. 企业全体员工讨论确定   B. 企业高层领导提出
   C. 咨询公司帮助提炼总结   D. 政府管理部门确定

9. 企业全体员工有接受教育培训的机会，目的是_____。
   A. 提高员工素质   B. 提高企业形象
   C. 掌握工作需要的知识技能   C. 贯彻领导意图

10. 表彰的内涵是_____。
    A. 承认、感谢和正式认可   B. 物质和精神奖励
    C. 口头和正式表扬   D. 区分表扬和奖励

11. 下述哪项不是多能工小组成员的职责？ _____
    A. 生产操作活动   B. 生产现场管理   C. 技术工艺设计   D. 持续改进

12. 多能工小组领导应该是_____。
    A. 优秀的领导者   B. 潜在的优秀领导者
    C. 技术能手   D. 人际关系专家

13. 岗位轮换的目的在于_____。
    A. 完成多能工的职责   B. 裁减人员
    C. 员工掌握多种技能   D. 提高工作效率

14. 多能工上岗证应该由_____来认证。
    A. 社会专业机构   B. 主管领导   C. 企业专门组织   D. 工作成绩

15. 企业合理化建议应该由_____处理。

    A. 员工集体讨论   B. 主管领导

    C. 专职和临时抽调人员   D. 外部聘请

二、 简答题

1. 多能工小组支持要素有哪些？

2. 多能工小组承担哪些职责？传统任务小组与多能工小组有什么不同？

3. 表彰应该遵循什么原则？要达到什么目标？

4. 企业教育培训计划主要包含哪些方面？

5. 如何实施合理化建议？

6. 岗位轮换和上岗证制度的实施条件是什么？

7. 企业健康安全纲要包括哪些内容？

8. 用图表描述企业信息共享和交流的结构化方式。

模块十
精益生产评价

学习目标

- 理解精益生产评价体系的含义和构成
- 熟悉精益生产评价的实施过程
- 掌握精益生产评价分析方法

01 单元一　精益生产评价体系

一、精益生产评价体系的含义

精益生产
评价体系

　　精益生产评价体系把彻底消除一切浪费的思想贯彻到企业整体的经营管理中，注重从系统整合的高度，以最优为目标，全方位、整体地、持续地推进精益生产改造，使精益思想和方法在生产管理领域中得到应用和拓展。

　　建立评价体系并对企业开展精益生产评价的主要目的是：提出便于实施的先进管理理念和方法，规范整个经营运作过程，提高企业精益生产管理水平；作为企业领导科学、客观、全面把握企业精益管理实施状况的尺度；建立企业经营预警机制，以事前诊断、过程分析来防止由于未及时察觉问题而带来的经营风险。

　　评价体系指标内容设计要遵循先进性、实用性、适用性、过程考核与结果考核相统一的指导原则。

　　(1) 先进性，即评价体系的评价指标要体现精益管理的各项基本要素，要体现先进企业的管理做法和水平。

　　(2) 实用性，即评价体系必须适应企业自身的特点，指标体系的设计必须使评价结果能够真正说明企业竞争力的状况和管理上存在的问题。

　　(3) 适用性，即必须使用方便，尽可能降低评价的成本。

　　(4) 过程考核与结果考核相统一，即评价体系应当考核必要的经营管理结果指标，但更应当强调对于经营管理过程、方式和程序的考核，引导企业管理者从单纯注重经营结果转向注重经营过程的科学化。

二、精益生产评价体系的构成

　　任何生产方式都是由人员、物料、方法、设备和环境组成的一个系统，只是不同的生产方式侧重点不同。对精益生产方式下的各项活动，同样应该从这五个方面建立评价体系。

1. 人员

精益生产方式是充分尊重人性的一种生产方式。它假设人都愿意努力工作，发挥聪明才智，有所成就。为了实现这一假设，精益生产方式不仅为员工提供岗位培训，实施岗位轮换制度，使员工都成为多能工，还积极鼓励员工参加 QC 小组和合理化建议活动，为员工发挥聪明才智创造条件。所以人员评价方面，主要从多能工化、持续改善活动和岗位培训三个方向考虑。

2. 物料

精益生产是拉动式生产，也就是后工序在需要的时候到前工序领取所需数量的物料。记录物料相关信息的就是看板，从看板管理实施的效果可以评价物料的情况。看板不仅用来进行内部的物料控制，还用来进行对供应商的管理，这种看板叫外协看板，但供应商的管理较为复杂，需要另设指标来评价。

3. 方法

实现精益生产的目标可使用很多方法，主要包括：连续流生产、均衡生产、标准化作业、看板管理、全面质量管理、5S 管理、目视管理、快速换产、全面生产维护等，以促进精益生产目标的实现。

4. 设备

设备的合理布局，精益生产方式普遍采用以产品为中心的单元式设备布局方式，最典型的是 U 形生产线布局，这种方式布局紧凑，缩短了物流路线，解决了小批量生产和传递的物流费用问题，缩短了生产过程时间。

自働化，是精益生产采用的一种发现异常和质量缺陷的技术手段，也是一种当异常或质量缺陷发生时，能使生产线或者设备自动停止的技术装置。

5. 环境

主要考虑 5S 管理主导的工作场地改善，指的是在生产现场对材料、设备、人员等生产要素开展相应的整理、整顿、清扫、清洁、素养等活动，通过规范现场、现物，为全体员工创造干净、整洁、舒适、合理的工作场所和空间环境，养成良好的工作习惯，这也是实施精益生产的基础。

评价体系包含七部分内容，每部分又由若干个基本要素构成，对每一基本要素在进行评价时根据实际实施的情况划分为四个等级：0 级，未得到实施；1 级，得到部分实施；2 级，得到较好实施并取得一定成效；3 级，得到全面有效的实施并取得显著成效。

三、精益生产评价体系的实施

评价体系的实施，是包括分级培训、自评改进、专家评审、企业改进和标准升级这五个基本步骤的不断循环过程。

1. 通过分级培训，明确方向，提高认识

开始时，必须使各级领导和员工对评价体系的目的有充分的认识和理解。企业召开由各部门主要领导参加的精益管理大会，高层领导讲解精益管理思想，阐述实施精益生产评价的目的和任务，并结合企业的战略目标向企业全体提出管理改进目标，为在企业成功实施评价打好基础。

2. 通过企业自评，找出差距，自我改进

在认真领会评价体系各项指标要求的基础上，企业各部门以评价体系为标准，对企业的经营管理状况进行全面的自我检查评价。自评要系统地分析自己与精益管理要求的差距，落实改进的措施和计划，并根据要求向上级部门做书面总结汇报。许多企业还会在实施改进的基础上进行第二次自我评审，进一步检查改进的成效。

3．通过专家评审，进行诊断，反馈意见

在企业自评和改进的基础上，专家小组对企业进行精益管理评审。按照指标体系分组到相关部门，通过座谈、查阅有关资料和现场实地考察，形成具体、明确、有实例支持的评审意见。在评审结束的当日，专家小组实事求是地向被评价企业反馈评审情况，企业领导和相关部门负责人认真地听取评价小组的意见。在对企业进行评审的基础上，专家小组完成企业管理情况的分析报告，为企业领导了解和掌握整个企业管理及经营状况、进行战略决策提供依据。

4．通过企业整改，持续改进，迈向先进

企业在根据评价体系进行认真评审和听取专家小组咨询意见的基础上，深入理解先进的管理要求和标准，分析自己在管理理念和方法上存在的问题，从自身的生存、发展需求出发，通过持续的改进，稳步迈向国际先进的管理水平。

5．通过循环推进，优化标准，提升理念

在实施评价体系的基础上，企业根据实践的情况对评价体系进行修正。不断修订和优化标准，使体系跟上管理理论和实践发展的步伐，促进企业管理实力不断提升。

四、实施精益生产评价保障

1．成立专门组织机构，保证评价体系的实施

为了统一全员特别是企业主要负责人的思想认识，除了针对评价体系本身的培训之外，还需对企业中层以上干部进行一系列有关精益生产先进管理理念和管理能力的培训，以统一大家对实施评价体系的认识。

2．把实施评价体系与实施企业战略密切结合

在实施评价体系的同时，作为提高核心竞争力的重大举措，应该与企业在人力资源管理、财务管理、质量管理、生产管理、采购与供应链管理等方面的战略举措结合，整体提高公司管理水平。

3．在创新、交流、融合中提高

在实施评价体系时，要充分发挥自己的创造性，把先进的管理理念落实到操作方法和体系建设之中，独立或者在引进合作伙伴管理经验的基础上，创造出自己风格独特的管理模式和经验。

在实施评价体系的过程中，各企业的独特经验应该在企业内部相互交流、相互学习，通过评价系统地审视管理上的不足，并通过改进取得显著成效，解决长期困扰企业的问题。

单元二　精益生产评价实施

精益生产
评价实施

一、精益生产现场评价

精益生产评价体系提供了一套标准，用于对精益生产改造进行测量和评价。评价结果可以用于精益生产现场改造，检查预定改造目标的完成情况，用于指导现场改造。

精益生产评价专家组应该由实施团队成员组成，他们分别参与各部分改造，积累了一定的知识经验，有发言权，评价也相对客观、准确和公正。

评价过程首先由专家按照表 10-1～表 10-7 所对应的指标和标准，通过现场观察、听取汇报、查阅资料等方式，对照实际情况现场打分。各位专家的评分可根据实际情况采用汇总平均或"掐头去尾"（去掉最大值和最小值）平均法，确定最终的评价结果。

表 10-1 价值流管理评价表

评价要素		生产线（或产品）		地　点		日　期		评估人	评价人
1. 价值流管理									

评价项目			评价等级				得　分
		1	2	3	4		
价值流分析	标准	对价值和价值流有了基本认识，但还没开始做价值流分析	完成当前和未来态价值流分析，明确了产品生产周期，并找出了消除浪费的可能性	完成当前和未来态价值流分析，并制订实施计划，员工在按计划执行	价值流分析应用于指导组织生产	
	观测点		绘制出当前和未来价值流图，从图中可以对比发现明显浪费	完成价值流图并在指导工作场地布置、主要生产指标有明显改进	价值流管理措施落实在生产当中，主要生产指标明显改善，产品附加价值提高	
	备注					
工作场地布置	标准	开始布置工作场地，但没有价值流分析指导计划	工作场地按照价值流分析布置工作场地，但实施计划不够完善，正在改进中	价值流指导的具体计划已经制订，并作为工作场地布置的依据，生产现场有明显改善	工作场地按价值流管理目标布置，完全支持精益生产	
	观测点		根据未来状态价值流图指导工作场地布置，但还不够完善，计划还在修订当中	制订出完善的工作场地布置计划并在逐步落实，取得初步成效	工作场地按价值流布置，制订了明确的培训实施计划，调动起员工的积极性，数据表明生产绩效明显改善	
	备注					

（续）

评价项目			评价等级				得分
			1	2	3	4	
1. 价值流管理	精益生产组织	标准	设备按工艺专业化布置，仍采用传统的批量生产组织方式	部分生产工序尝试采用精益生产技术，多数仍延用批量生产方式	80%以上产品按价值流分析组织精益生产，全面实施精益生产计划正在制订当中	从原材料到成品生产全过程按价值流管理目标实现精益生产	
		观测点			多个生产区域实现了价值流管理目标	从原材料到价值流全过程按价值流管理目标组织精益生产	
		备注					
	价值流差距评估	标准	生产过程价值流标准已制订，但与生产实际的差距还没有比较	生产过程价值流标准已经完成，与生产实际缩小差距的改进计划已制订	生产过程价值流标准已经完成，与生产实际缩小差距的改进计划正在实施	生产实际与价值流要求完全一致	
		观测点		制订了缩小差距的行动计划	制订了缩小差距的行动计划并正在实施，精益生产工具和方法得到应用，生产绩效改善明显	生产过程按精益生产组织实施，实现价值流管理目标	
		备注					

表10-2 连续流动生产评价表

评价要素	地 点	生产线（或产品）	评估人
2. 连续流动生产		日 期	

评价项目		评价等级				得分
		1	2	3	4	
2. 连续流动拉动生产						
生产周期	标准	开始按价值流分析绘制产品生产周期图表，核定工序操作时间和库存数据，还没有采取缩短生产周期的措施	50%以上产品按价值流分析绘制生产周期图表，缩短生产周期措施部分落实	全部产品按价值流关系绘制生产周期图表，对生产组织和工艺改进做出具体规划	全体员工掌握产品生产周期，并且努力缩短生产周期；生产现场整体得到改进，包括部分非生产区域	
	观测点			主要生产工序，加工周期缩短约30%的时间	产品生产周期缩短约50%	
	备注					
生产节拍	标准	员工对生产节拍建立初步认识，但还不能用于控制生产速度	正在试验按节拍组织生产	以生产节拍为主要手段控制生产速度	完全用节拍控制生产速度	
	观测点		员工理解生产节拍的含义及其在生产组织中的作用	每天80%以上产品在品种和数量上满足用户需求	每天的产品品种和数量均满足用户需求	
	备注					

（续）

评价项目			评价等级				得分
		1	2	3	4	
2. 连续流拉动生产	连续流生产	标准	对连续流生产改进办法和工具有了基本认识，但还没有在生产中实施	部分连续流应用于生产，并在努力消除浪费	按精益生产方式组织生产，明显消除生产中的浪费	应用连续流生产方法和工具，改善流动性，消除浪费	
		观测点			绘制出生产工艺流程图，工序平衡图，标准操作规程，并在生产中应用	使用生产工艺流程图，工序平衡图和标准操作规程组织生产并形成制度，生产效率明显提高	
		备注					
	拉动式生产	标准	对拉动式生产建立初步认识	正在试验拉动式生产	普遍实施拉动式生产，向一个流连续生产努力	在满足订单的前提下，拉动看板和小型物料箱用于同步化拉动式生产	
		观测点	生产设备按工艺专业化方式布置，多数工序之间设立在制品库存	用看板管理实验性地组织生产，其他配套技术正在规划当中	制订了完整的拉动式生产实施计划，初步建立起拉动生产系统	全部产品实现连续流拉动生产，正在通过减少批量改进拉动生产系统	
		备注					

表10-3 工作场地改善评价表

评价要素	地点	生产线（或产品）	日 期	评估人
3. 工作场地改善				

评价项目			评价等级				得分
			1	2	3	4	
3. 工作场地改善	5S管理	标准	主要领导认识到5S管理与精益生产的关系，还没有制订具体行动计划，仍由专人负责现场维护	在领导支持下制订5S管理实施计划，按照生产工艺流程在部分区域试验；明确了工作场地改善目标和要求，但还没有建立相应的检查制度	制订了工作场地改善和检查制度并向全体发布，每个人的职责和任务明确	生产现场全面实现5S管理，各部门目标明确并开始实施；生产工人现场维护工作环境，并且显著消除浪费	
		观测点	现场物品摆放混乱，很少有指定位置，积存很久的碎片、污垢和泄漏的液体随处可见	对通道、设备和部分物料存放地点做出标示，想找到需用物品很困难，现场有碎片、污垢和泄漏液体，但在下班之前能精扫干净，分配给每个人的任务初步明确，但还没有形成制度并发布	现场检查情况已经公布，员工的职责和任务公开发布	现场检查情况定时发布，所有物品都有指定位置；始终保持干净整洁、碎片、污垢和液滴产生的原因已经找到并加以改进，或正在寻找改进方法，员工职责和任务明确，明确了每个阶段的改进目标	
		备注					

（续）

评价项目		评价等级				得分
		1	2	3	4	
目视管理	标准	企业认识到需要在全企业范围建立建立标识系统，目视管理在小范围实施，但没有通用性	有部分目视标识，在企业小范围实施	企业建立完善的目视管理识别系统，在80%以上生产现场得到推广	标准的目视管理识别系统在全厂有效实施；目视标识能识别该系统能及时掌握生产状况和现场需求信息，目视管理成为企业文化的一部分	
	观测点	出现异常情况不能及时发送信号或得到响应，完全由人工传递，没有指示设备运行状态的目视标识，区分不出正常和异常	出现异常情况发出信号缓慢，支持人员需要5分钟以上的时间才能做出反应；设备目视标识不能明显区分正常和异常，工人不能做出准确判断	全企业建立目视管理识别系统，对异常情况发出信号还比较慢，信号还才得到响应，在5分钟内才得到响应；工人借助目视标识能判断设备运行状态	异常情况能迅速发出指示信号并快速响应，控制在生产节拍内；任何人都能快速辨别设备正常和异常；全车间实施目视管理	
	备注					
3.工作地址	标准	认识到需要建立全企业范围的地址系统，但还没有制订讨论计划	企业制订了相关计划并开始实施；80%的区域已标识地址，未完成部分规定了最后期限	地址系统在80%以上工作场地指定地址坐标，全部完成在3个月以内	全企业建立地址系统，员工普遍理解，能借助地址系统指示或寻找物品位置	

场地改善	子项	观测点	备注	标准		
	系统	物品没有指定位置的地址标注，没有建立分区网格地址系统		初步建立起地址系统，指定了物料存放位置	建立起较完善的地址系统	建立起完善的地址系统、部门、工序、存储货架、缓冲超市、零件存放等都有指定的地址
	物料呈递	操作工人取用工具、零件和其他物料，动作幅度大、反复次数多，这个过程消耗了工人的体力且不增加价值，企业认识到需要改进呈递过程以消除浪费		对零件呈递有了基本认识，开始在小范围围试验，改进物料呈递方式，消除浪费的计划正在制订	只有小部分生产区域存在物料呈递动作浪费，改进呈递动作浪费，进计划正在制订和实施	生产区域所有物料以限定数量呈递，经过动作分析，改进呈递方式，动作浪费大大减少，并且在持续改进
		物料呈递装置笨拙，不合理		工程师在观察和征询意见后设计了最佳的呈递装置并在生产中试验	工人对物料呈递装置提出改进意见，部分环节还有动作浪费	多能工小组积极参与物料呈递装置的设计和改进，鼓励他们提出合理化建议，物料呈递动作浪费明显减少
	车间信息中心	车间认识到需要建立信息中心，但没有划出固定位置		建起车间信息中心，但信息发布更新不及时，不能及时反映员工关注的信息	能及时发布员工感兴趣的信息，信息中心的作用得到体现	专人负责信息中心的管理，环境清洁明亮，及时发布员工感兴趣的信息，信息中心，经常更新生产信息，新设备和产品也在这里展示

（续）

评价项目		1	2	3	4	得分
				评价等级		
车间信息中心	观测点	车间没有明显标志的信息中心	信息中心对员工没有吸引力，信息发布板上落满灰尘	信息中心及时反馈员工关心的信息，更新速度快	信息中心发布来宾欢迎词、车间概况、产品样品、车间获得荣誉，生产指标完成情况、安全健康、员工表彰奖励，宣传等信息，宣传内容简洁明了，成为目视管理一部分	
	备注					
生产现场信息发布	标准	认识到现场工作人员需要及时了解信息，但没有固定发布位置	建立起生产现场信息发布区，并确定了信息发布内容	建立起生产现场信息发布区，但发布信息对生产人不能起到指导作用，有些信息甚至是过时的，车间信息基至影响制订改善计划	生产现场主要位置建起信息发布区域，信息发布位置有明确规划，信息内容随时更新，能及时反馈领导意见，帮助解决生产当中出现的问题	
	观测点			领导重视，员工积极响应	上级指示及时发布，信息区域不断维护，成为目视管理一部分	
	备注					

3. 工作场地改善

表10-4 精益质量管理评价表

评价要素	地 点	生产线（或产品）	评估人	日 期
4. 精益质量管理				

评价项目			评价等级				得分
		1	2	3	4		
4. 精益质量管理	质量领导	标准	领导只关注生产，对质量没有足够的重视	对质量问题有了一定认识，但还是把产品质量放在第一位；工人以检验产品质量为主，而不是改进生产过程、消除质量问题根源	领导支持基层质量管理活动，工作组有解决质量问题的资源保障；生产线上采用自动防错装置，生产中发现质量问题是靠检验	车间上下重视质量并积极参与质量改善，领导重视和督促质量改善，持续改进的效果显著	
		观测点			采用自动防错装置控制质量，生产质量明显提高，每个团队成员重视质量改善	产品质量评价指标比以往有显著改进	
		备注					
	质量体系（ISO9000）	标准	企业制订了ISO9000实施计划	企业初步通过ISO9000认证	企业在ISO9000认证过程中暴露出的大部分问题得以解决	企业通过ISO9000认证，并在生产中贯彻落实，对控制生产质量发挥实效，并持续改进	
		观测点			对认证反馈问题制订解决计划，每个问题点在逐一落实	企业质量管理纳入常规活动，不断进行检查、督促、改进	
		备注					
	用户保护	标准	用户反馈的质量问题被重视，相似问题重复出现，产品不达标	用户反馈的质量问题引起关注，但采取措施不力，质量要求目标仍达不到，但有改进趋势	用户反馈的质量问题引起高度重视并得到迅速响应，采取自动防错措施改进质量，产品基本达标	质量问题不会重复出现，完全达到质量要求目标	

（续）

评价项目		评价等级				得分
		1	2	3	4	
用户保护	观测点			现场公布质量目标和实际对比，出现质量问题及时响应		
	备注					
测量系统分析	标准	测量分析系统达不到使用要求	测量系统基本达到使用要求	产生测量系统误差的原因已找到	测量系统误差得到控制，并不断减少	
	观测点			测量系统稳定且有足够测量精度	测量误差控制在最小范围，有相关书面说明	
	备注					
工序能力指数	标准	没有测定工序能力指数，工序加工稳定性不高	测定工序能力指数，但有些工序能力指数小于1	工序能力指数大于1.33，稳定性比较好	工序能力指数大于1.67，稳定性好	
	观测点			工序能力通过计算获得，数据比较稳定	工序能力在管理信息系统中有明确的说明，在管理信息系统中可以随时查询	
	备注					
质量检验	标准	质量检验与加工过程分离	质量检验在生产线或工位上完成	经过工艺设计改进，质量检验在生产当中完成，不需要专门环节	使用自动错系统，出现质量问题整条生产线停产，有效预防加工质量问题	
	观测点			采用自动防错装置防错	用户对产品质量满意，质量问题降至最低	
	备注					

4. 精益

质量管理						
检测、解决和防止质量问题	标准	工人没有对解决问题技能的培训指导	工人经过解决问题技能培训，但还没有形成习惯，仅能解决暴露出来的问题	工人经过解决问题技能训练，能在工作中体现；工人积极发现问题，不再是被应急救火式管理	解决问题的方法和技能在工作中自然体现，自动防错有效应用在生产当中	
	观测点			信息交流区经常报道遇到的问题和取得的成效		
	备注					
持续改进	标准	车间对持续改进的职责不明确，没有认识到持续改进的意义	车间要求找出解决质量问题的途径和方法	车间认识到持续改进生产质量的重要性，支持开展质量改善活动；质量问题不断被控制和解决	主动发现并消除潜在质量问题，不再出厂不合格产品	
	观测点			工人能准确分析质量数据，解决主要的质量问题，认识到质量对用户的重要性	产品不再出现质量问题是持续改进的重要成效	
	备注					
测量与反馈	标准	对质量跟踪检查，但数据不够完整，质量趋势不变或变差；质量检测数据不定期评估，经验成果不能车间共享	质量数据相对完整，质量趋势时有好趋势，生产周期延长，经验成果不在车间共享	质量数据完整，向改进趋势变化，生产质量周期不变，经验成果能在车间共享	质量数据完整；向同行最高水平靠近；生产周期不断缩短，经验成果也在全企业共享	
	观测点			质量不断改善，经验成果在车间共享	质量不断改善，生产周期缩短，经验成果在全企业共享	
	备注					

表 10-5 综合提高运行效率评价表

评价要素	地点	生产线（或产品）	日期	评估人
5. 综合提高运行效率				

评价项目		评价等级				得分
		1	2	3	4	
认识和改进	标准	对运行效率没有认识，对运行时间和停机时间不加区别	对运行效率建立初步认识，开始区分损失时间和停机时间	对运行效率概念的理解延伸到了整个部门；制订缩短停机时间的方案，该方案与TPM相结合；多能工小组制订减少损失时间的计划	部门对运行效率有深刻理解，生产报表数据有效利用，重点集中在提高运行效率和消除浪费	
	观测点				持续改进当中	
	备注					
生产报表制度	标准	建立生产报表制度，但没有或很少遵照执行	生产报表在车间部分使用，但仅限于生产人员	生产报表制度完善，即时获取相关数据，管理人员、多能工小组自觉维护执行	生产报表数据用于改进，推动多能工小组的改进	
	观测点			生产报表制度得到认真执行，并作为管理和交流的工具，报表和公告板得到维护并作为行动依据	生产报表和公告板管理规范，按先后顺序推动改进，改进是持续性的	
	备注					

5. 综合提高

运行效率	快速响应	标准	对快速响应有了基本认识，但还没有实施	积极改进或建立快速响应应系统，并开始尝试应用	快速响应系统在车间应用，但还需要进一步优化	跟踪紧急故障维修响应时间，并采取措施不断改进
		观测点	没有或很少通过视觉或声音系统显示生产线状态，对紧急情况反应缓慢	开发或改进视觉系统，以及时显示生产线状态，并传递紧急情况信号，但维修人员距离现场比较近	视觉控制显示生产线状态、声音系统用来传递紧急维修信号，维修工与服务区相距较近，对响应时间做记录，但没有改进措施	视觉系统显示生产线状态、声音系统用来传递紧急维修信号，维修工与服务区相距较近；紧急故障响应时间不断缩短，并且数据支持
		备注				
	全员生产维护	标准	对全员生产维护建立基本认识，但还没有开始实施	正在推动全员生产维护的实施	全面实施全员生产维护，60%以上维护工作是主动进行，并且计划提高到70%以上	全面实施全员生产维护，70%以上维护工作是主动进行
		观测点	维修是反应对性的，没有预先计划；没有设备管理也没有跟踪；没有设备和机器设备历史记录，只有在出现故障时才维修	建立关键设备维修记录，记录设备计划维修任务75%能准时完成，25%的维护是主动的，通过数据对可能的失效情况做预测	记录显示设备计划维修任务90%以上能准时完成，并跟踪非计划维护	记录显示设备计划维修任务100%能准时完成，并对非计划维护工作进行跟踪；数据表明非计划维修时间和费用在减少，能够有效预防设备故障
		备注				

（续）

评价项目		评价等级				得分
		1	2	3	4	
主人翁意识	标准	员工对主人翁精神有所认识，但没有在行动中体现	主人翁思想认识提高，并在行动中体现	50%以上员工树立主人翁思想	员工100%树立主人翁思想	
	观测点	工人很少主动对设备进行清洁维护	至少有一个生产区域工人对设备进行监控，并主动检查、维护和清洁，建立初步的设备检查表	在主要生产区域工人主动监控设备运转情况，并做基本的检查和维护；认真填写设备检查表，并有效用于设备管理，主动交流设备维护需求；生产工人完成或预先完成设备基本维修、维护工作在非工作时间完成	工人主动监控设备运转情况，并做基本的检查和维护；认真填写设备检查表，并有效用于设备管理，主动交流设备维护需求；生产工人完成或预先完成设备基本维修、维护工作在非工作时间完成	
	备注					
备件管理	标准	对备件管理有基本认识，但库存过多，部分短缺情况经常发生，备件存放地点不固定	为了提高运行效率，正在实施和改进备件管理制度	备件管理制度较为合理，但个别处需要修改	备件管理制度合理，能有效提高设备运行效率	
	观测点	经常出现部分备件库存过多，部分短缺情况；备件放置位置不固定，远离使用地点；没有备件库存使用记录，寻找困难	根据以往使用情况，做出备件表单，确定离使用地点较近的存放位置，初步制订常用件采购计划	合格和适当数量的备件有明确的存放处，有还有改进余地，至少75%的常用备件制订了采购计划	合格和适当数量的备件有明确的存放处，并订了采购计划，常用备件制订供货厂家的其他部门或厂家的获取方法	
	备注					

5. 综合提高

快速换产					备注
标准	对快速换产有了基本认识，但还没有开始实施	在个别生产区域试验快速换产	快速换产方法应用在关键工序，实施效果明显，工人有效执行	快速换产方法应用在生产的所有区域，对换产时间跟踪记录，并持续改进	
观测点	没有收集生产切换的时间数据，切换时间按小时计；使用的工具没有条理，远离工作地点	快速换产时间区分为内部和外部调整，正在将内部调整转移到外部调整，切换时间用分钟计；使用工具有条理地放在临近处	数据显示快速换产效果明显，并向既定目标持续改进；内部调整时间大幅度减少，用分钟或秒计；使用工具和用品放置在离用地最近的地方	数据显示快速换产效果明显，并向既定目标持续改进；内部调整时间用分钟或秒计；固定时间周期，使用色彩编码放置在距离使用地点最近处；引进部分快速换产设备	
备注					

运 行 效 率

表10-6 精益生产物流评价表

评价要素	地点	生产线（或产品）	日　期	评估人
6. 精益生产物流				

评价项目		1	2	3	4	得分
成品发送	标准	延期或提前发运经常发生，10%以下货物不能按计划发货	正在建立计划发运可视控制，超期或提前发运货物情况大幅度降低，5%以下货物不能按计划发运	计划发运窗口已经建立，发布发货计划；发运符合用户需求，1%以下货物不能按计划发运	发运符合用户需求，计划发运达到100%	
	观测点	没有摆放发运公告板	设立发运公告板，还没得到有效使用和及时更新	发运公告板有不正常发运的红色标识	发运公告板全是正常发运的绿色标识	
	备注					
均衡生产	标准	车间按计划组织生产，没有实施均衡生产	车间认识到均衡生产的意义并着手在部分生产区域实施	均衡生产在部分生产区域开始实施，生产控制与物流中心在把握用户需求转化为均衡生产计划	生产控制与物流中心将用户需求变成均衡生产计划；看板指示拉动生产，有一定的库存缓冲市场需求波动	
	观测点	没有成品库存计划，生产计划每天做调整	正在开发均衡生产方法，并按计划执行	建立成品库存目标，大部分零件每天按计划加工	全部零件按拉动看板生产；在制品库存大量减少，成品库存也在减少，但能保证用户需求均衡生产	
	备注					
零件计划	标准	没有制订零件计划，没有建立数据数据人工记录的零件信息	80%的零件建立了数据库，制订了零件计划，支持部分生产按价值流移动物料	零件计划数据库已经实施，维护和使用，支持车间按价值流移动大部分物料	全部零件计划数据库建立，并有效实施，维护和使用，支持车间按价值流移动全部物料	

6. 精益

类别	项目	评价项				
生产物流	（PFEP）	观测点		大部分零件计划数据库已经建立	全部零件计划数据库已经健全，能供多能工小组查询，至少80%的数据是当前信息	零件计划数据库包含全部零件数据，能供多能工小组查询，全部数据是当前信息
		备注				
	指定存储位置	标准	外购件、在制品和空物料箱在车间随意摆放	外购件、在制品和空物料箱正在由随意摆放向指定缓冲超市和集中存放地过渡	外购件、在制品和空物料箱存放在指定缓冲超市或集中存放地	外购件直接运送到生产区，生产现场在制品和空物料箱控制在最低，但不会影响生产正常进行
		观测点			存储地指定了合理的最大、最小数量	
		备注				
	物料箱管理	标准	物料放在滑道或支架上，工人走动从容器中捡到物料，加工前自己拆开包装并处理包装再包装材料	认识到减少库存的必要性，规定标准包装，着手组织再包装	75%的零件用可回收便携标准容器盛放；内部开始实施再包装，委托供应商完成	90%的零件用可回收便携标准容器盛放；物料箱放在工人随手可触范围内
		观测点				
		备注				
	拉动系统	标准	没有实施拉动式生产，库存根据生产现场存放空间和数量决定	拉动式生产开始实施，但还没有达到预期效果	各工序间按节拍生产，过程稳定，能定期评价价值流存状况并改进拉动系统，偶尔会出现失误	全面采用拉动系统并严格遵守，按照生产节拍送料，看板数量持续减少，库存有效控制

（续）

评价项目		评价等级				得分
		1	2	3	4	
6. 精益生产物流	拉动系统					
	观测点	没有任何拉动式生产的痕迹	出现看板丢失或错拉动情况，看板附着在敞开的容器上，到处可以看到散落的看板，按计划生产是主要方法	看板放置在规定处，清楚区分取料和生产看板，没有任何计划表形式的指令，工人在各自工位操作	库存数量不断减少，存储面积也在减少	
	备注					
	内部配送					
	标准	物料用叉车搬运，工人经常走动离开工位取用物料	在目视标识指引下，物料用叉车或其他方式向生产现场供应；仍然存在工人走动离开工位取用物料的情况	在拉动信号指示下，经过预定路线，按一定的时间间隔，用柔性供应装置或传送装置供应物料；工人不必走动取物料	在拉动信号指示下，按一定的频率经过固定路线，直接向各工位供应物料（外购件、在制品和成品），回收空物料箱，配送过程不影响工人操作	
	观测点			内部配送标准作业规程（路线图和配送时间）		
	备注					
	物料接收					
	标准	经常发生供应商零部件随机到达情况，运送车辆需要等待卸货，没有实行供应商拉动供应	正在建立物料接收公告板，按计划接收货物情况达到80%	按计划接收货物，公告板显示物料接收信息，准确率达到80%以上；对一些长期需要大量供应数量的零部件建立外部拉动系统	能100%按计划接收货物，对数量庞大和频繁供应的物料实施外部拉动	
	观测点	没有货物接收公告板	货物接收计划公告板正在建立当中	计划公告板的红色标识	计划公告板上均为正常接收的绿色标识，没有接收错误	
	备注					

表 10-7　多能工小组与组织支持环境评价表

评价要素	地点	生产线（或产品）	日　期	评估人
7. 多能工小组与组织支持环境				

评价项目		评价等级 1	2	3	4	得　分
信仰与价值观	标准	企业全体认识到有必要明确企业信仰和价值观，而且应该广为宣传	明确企业信仰和价值观，已经开始在全企业宣传	信仰和价值观体现在制度中，对信仰和价值观落实情况进行检查，获取反馈信息并开始改进	信仰和价值观在各项制度中落实，成效显著；追求卓越和用户至上是核心	
	观测点				全体员工理解企业信仰和价值观，建立起反馈机制，名片、文本上都能体现；重视用户反馈信息	
	备注					
企业内部沟通交流	标准	对内部沟通交流的作用有一定认识，但没有制订实施计划；没有评估内部交流的必要性，员工不理解工作目标	开始制订内部沟通交流计划，并与企业或部门目标结合在一起	建立内部沟通交流制度并在企业开始实施，但还没有产生明显效果	已采取措施改进沟通交流方法，明确与企业、部门和班组的目标结合	
	观测点	没有评测内部沟通交流的作用	采用有效方法评测员工对企业和部门工作目标的理解	用有效方法评测沟通交流的效果，出现的问题正在改进	建立自上而下的沟通交流体系，定期评价和改进；采取多种方式定期发布信息；反馈信息表明每个员工明确自己的工作目标；根据反馈信息，不断改进不足	
	备注					

7. 多能工小组与组织支持环境

（续）

评价项目		评价等级				得分
		1	2	3	4	
安全健康	标准	企业重视安全健康，但还没有改进计划	企业把安全健康放在重要位置，已经着手制定改进措施	企业把安全健康放在首要位置	企业长期抓安全健康工作的成效在显现，系列指标可以说明这方面取得的成效	
	观测点	很少发布相关信息，也没有制度性约束；多数安全健康措施是应对性的，没有衡量标准	用图表表示安全生产状况，但相关制度还没有严格执行；监督时间浪费和发生事故	安全文化已经形成，主要体现在安全公告板、安全说明、事故预防与调查、安全作业说明	各级组织注意强调安全与健康，没有违规情况，评测指标良好	
	备注					
员工培训	标准	企业认识到员工培训对持续改善的重要性	部门主管提出培训需求，初期计划已经明确	企业建立一套系统的培训体系，由员工或多能工小组提出培训需求	培训部门和多能工小组共同分析培训需求。培训跟踪评价培训效果，培训按计划执行，培训有记录，培训与企业目标关联	
	观测点		部门主管推荐参加培训的人员，但还没有借助培训机构和跟踪培训效果	用调查数据和需求分析制订正式培训计划	定期公布培训进展和完成情况，培训对消除浪费、持续改进发挥作用	
	备注					

7. 多能工小组与

组织支持环境						
多能工	标准	不鼓励多能工,岗位轮换制度没有建立	部分管理人员鼓励岗位培养多能工,但还没有形成制度	明确多能工要求,制订相应培训计划实现这一目标;上岗证和技能要求图表张贴在生产区信息公告板	多能工小组全体接受培训,员工能操作所在生产区域的各种设备,经过上岗资格认证;每个成员要求胜任其岗位职责要求,定期进行岗位轮换
	观测点	停工浪费经常出现,有工人脱岗,由于缺乏多能工而经常停产	没有定期的岗位轮换,当进行岗位轮换时会造成时间浪费;已开始培养部分多能工和岗位轮换	按计划进行岗位轮换,但不是所有工人,人为原因造成的停工或时间浪费在减少,技能掌握情况发布在信息公告板,还没有对所有工人进行积极板改进	岗位轮换定期进行,停滞浪费现象在减少,现场张贴上岗资格证和工人技能掌握情况
	备注				
表彰激励	标准	没有正式的表彰制度,不能掌握员工是否努力工作和取得的成绩,领导层认识到需要制订表彰制度	经常在生产现场非正式表彰,相关制度已经制订,正式表彰制度正在制订	制订了正式的表彰制度,只是对个人和团队完成目标的奖励,正激励员工向企业目标看齐;正式表彰还没有全部展开	制订了正式表彰制度,组织各个层面已经充分学习并实施,表彰与企业目标紧密结合

（续）

评价项目		评价等级				得分
		1	2	3	4	
表彰激励	观测点		一线部门主管进行非正式奖励，这种奖励不能保持连贯性，也没有书面文件	一些员工和团队得到表彰，但没有正式发布	建立表彰制度，已有团队和个人受到表彰并在全企业发布；广泛征询意见，不断完善和改进制度	
	备注					
合理化建议	标准	没有人提建议或不鼓励提建议，管理人员已认识到需要建议，以推动生产持续改进	合理化建议制度正在实施，部分员工参与	合理化建议制度产生效果，鼓励团队和个人参与建议，但主要是事务性的改进	合理化建议书面化，团队和个人积极参与；跟踪改进效果，与企业整体部署保持一致	
	观测点	合理化建议参与率低于20%，提出的一些建议12个月没有反馈	合理化建议参与率在20%~50%，对浪费已经有所认识	被采纳的建议平均90%得到回应，参与率在55%~90%	建议响应时间小于45天，日常会议或交流过程鼓励大家参与，按月和类别发布合理化建议数，取得一定成效	
	备注					
多能工	标准	认识到多能工小组的重要，但还没有形成正式的组织，初步制订实施计划	非正式的多能工小组，验证性运转，任务和职责还没有明确	多能工小组正式实施，明确任务和职责，但还处于过渡阶段	多能工小组得到组织的认可，并且已经取得明显成效，多能工小组成为持续改进的主体，目标集中在满足用户需求和企业经营目标的实现	

7. 多能工小组与多能工

组织支持环境	小组	观测点	没有真正意义上的团队协作	在小范围内能看到多能工小组活动情况	团队目标明确和正式，认同企业目标，小组定期开会提出改进措施并得到落实	团队定期召开会议，明确工作任务和性质，内部管理制度明确，各项活动围绕用户需求和企业经营生产目标实现	
		备注					
	标准操作规程制订	标准	工作方法没有标准化，还没有制订标准操作规程，但已认识其重要性，正计划制订	初步制订标准操作规程，部分工作主管注意到最佳工作法；很少有人理解工作负荷，增值和非增值时间，等待时间	标准操作规程张贴在所有工作岗位，开始采用最佳工作法，由此确定工作负荷，按生产节拍供应物料	标准操作规程成为改进的有效工具，不断优化操作方法，灵活调整生产工作任务，适应生产节拍要求，满足用户需求	
		观测点	没有文件化的最佳工作方法，经常由于操作不当出现质量问题，没有对问题采取措施和从源头上解决	通过工业工程（IE）分析找出最佳工作方法，跟踪检查工人是否在执行；产品质量有明显改进，多能工小组成员没有参与制定或修改标准操作规程	最佳操作方法得到遵守，质量指标在不同班组之间有所差异，多能工小组成员没有参与制定或修改标准操作规程	多能工小组参与制订或修改标准操作规程；持续改进以满足用户需求；各个班次按标准操作规程作业，没有明显作业差异	
		备注					

二、精益生产评价分析

在完成精益生产现场评价后，可按下列步骤分析精益生产的实施情况，总结比较精益生产改造取得的成效和存在差距，以指导后期的持续改进。

1. 填写精益生产评价汇总表（见表10-8）

表10-8　精益生产评分汇总表

项　目				评　分
Ⅰ. 价值流管理	平均分：	权重：	小计：	
1. 价值流分析				
2. 工作场地布置				
3. 精益生产组织				
4. 价值流差距评估				
Ⅱ. 连续流拉动生产	平均分：	权重：	小计：	
1. 生产周期				
2. 生产节拍				
3. 连续流生产				
4. 拉动式生产				
Ⅲ. 工作场地改善	平均分：	权重：	小计：	
1. 5S 管理				
2. 目视管理				
3. 地址系统				
4. 物料呈递				
5. 车间信息中心				
6. 生产现场信息发布				
Ⅳ. 精益质量管理	平均分：	权重：	小计：	
1. 质量领导				
2. 质量体系				
3. 用户保护				
4. 测量系统分析				
5. 工序能力指数				
6. 质量检验				
7. 检测、解决和防止质量问题				

（续）

项　目				评　分
8. 持续改进				
9. 测量与反馈				
V. 综合提高运行效率	平均分：	权重：	小计：	
1. 认识和改进				
2. 生产报表制度				
3. 快速响应				
4. 全员生产维护				
5. 主人翁意识				
6. 备件管理				
7. 快速换产				
VI. 精益生产物流	平均分：	权重：	小计：	
1. 成品发送				
2. 均衡生产				
3. 零件计划				
4. 指定存储位置				
5. 物料箱管理				
6. 拉动系统				
7. 内部配送				
8. 物料接收				
VII. 多能工小组与组织支持环境	平均分：	权重：	小计：	
1. 信仰与价值观				
2. 企业内部沟通交流				
3. 安全健康				
4. 员工培训				
5. 多能工				
6. 表彰激励				
7. 合理化建议				
8. 多能工小组				
9. 标准操作规程制定				
总计				

2. 绘制直方图（如图10-1所示）

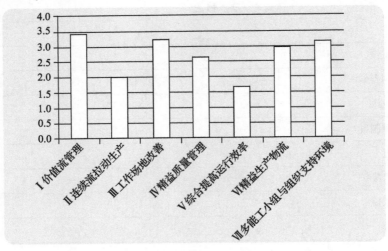

图10-1 精益生产改造评价直方图

3. 绘制雷达图（如图10-2所示）

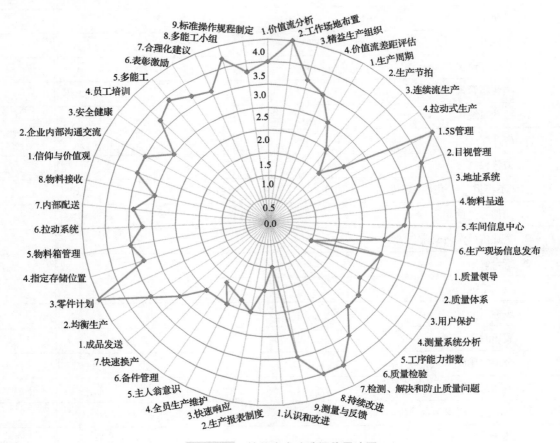

图10-2 精益生产改造评价雷达图

精益生产支持职业能力标准

职业功能	工作内容	能力单元要素	实作指标
7. 精益生产支持	7.1 愿景与价值观	7.1.1 熟悉企业愿景与价值观，能在车间宣传落实，增强员工的凝聚力	7.1.1 能通过信息传播渠道宣传企业愿景与价值观
		7.1.2 掌握信息传播方式，使信息在企业内稳定传播	7.1.2 能建立企业内正式和非正式的信息传递通道
	7.2 多能工培养	7.2.1 掌握岗位轮换管理方法	7.2.1 能组织实施岗位轮换
		7.2.2 熟悉多能工评价标准，能制订多能工考评制度	7.2.2 能用多能工矩阵组织考评
		7.2.3 熟悉员工培训方法与步骤	7.2.3 能规划组织员工培训
	7.3 多能工小组作业	7.3.1 掌握团队组建与管理方法	7.3.1 能组建多能工小组并指导运行
		7.3.2 熟悉多能工小组考评办法	7.3.2 能制订多能工小组考评制度
	7.4 精益生产评价	7.4.1 掌握精益生产评价方法和指标体系	7.4.1 能组织评价车间精益生产改造状况
		7.4.2 掌握精益生产改进方法	7.4.2 能提出精益生产综合改进方案

培训后达到水平	
水平综述	熟悉企业愿景与价值观，掌握信息传递方式，能通过信息传播渠道宣传落实；掌握员工培训方法与步骤，熟悉岗位轮换方法，能组织岗位轮换作业，制订多能工考评制度；掌握团队组建与管理方法，能组建、指导、考评多能工小组运行；掌握精益生产评价方法和指标体系，能组织评价车间精益生产状况并持续改进

学习水平（培训对象获得学习成果）	能力水平（培训对象展示能力）
熟悉企业愿景与价值观，掌握信息传播方式；掌握员工培训方法与步骤，熟悉岗位轮换及考评方法；掌握团队组建与管理方法，学会多能工小组考评办法；掌握精益生产指标体系与评价方法	能建立车间信息传递通道，宣传落实企业愿景与价值观；能规划组织员工培训，实施岗位轮换，制订多能工考评制度；能组建多能工小组，指导和考评运行情况；能组织评价精益生产改造现状并持续改进

| 模块小结 |

本模块介绍了精益生产评价的含义、构成、实施及保障；精益生产评价可以促进企业整体、全方位地推进精益生产改造，更好地满足用户需求，提高市场竞争力；精益生产评价指标体系由价值流管理、连续流拉动生产、工作场地改善、精益质量管理、综合提高运行效率、精益生产物流、多能工小组作业七个部分构成，每部分包含各自的构成要素，每个要素分四个等级评价，能比较全面地评价企业精益生产实施状况；评价结果用汇总表、直方图、雷达图表示，可以比较直观地掌握企业精益生产实施状况，发现存在问题和需要改进之处。

| 练习与思考 |

一、简答题

1. 精益生产评价对企业有什么实际意义？如何提高企业精益管理水平？
2. 精益生产评价该如何实施？需要注意哪些问题？

二、综合练习

试按照指标体系收集一组数据做分析，根据数据分析结果给出改进建议。

要求：

1. 在评分汇总表中对应四个等级按 0 ~ 4 打分，一级最高分为 1，二级最高分为 2，三级最高分为 3，四级最高分为 4，小数点保留 1 位。
2. 计算每个大项的平均分并绘制直方图，绘制每个小项的雷达图。
3. 根据图表做分析，并提出改进建议。

精益生产
常用词汇表

参考文献

[1] 沃麦克, 琼斯, 鲁斯. 改变世界的机器 [M]. 余锋, 等译. 北京: 商务印书馆, 1999.

[2] 沃麦克, 琼斯. 精益思想 [M]. 沈希瑾, 等译. 北京: 机械工业出版社, 2009.

[3] 大野耐一. 现场管理 [M]. 崔柳, 等译. 北京: 机械工业出版社, 2006.

[4] 泰平, 刘易斯特. 价值流管理 [M]. 张群, 等译. 大连: 东北财经大学出版社, 2005.

[5] 格士柏. 精益六西格玛物流 [M]. 王华, 译. 北京: 机械工业出版社, 2008.

[6] 陈进华. 现场效率改善实战手册 [M]. 深圳: 海天出版社, 2006.

[7] 史长银. 工厂现场物流改善 [M]. 深圳: 海天出版社, 2008.

[8] 石清城. 丰田式制造管理实践之道 [M]. 北京: 机械工业出版社, 2012.

[9] 李庆远. 如何做好精益生产 [M]. 广州: 广东经济出版社, 2012.

[10] 刘胜军. 精益管理与现代 IE [M]. 深圳: 海天出版社, 2013.

[11] 田中正知. 丰田现场的人才培育 [M]. 赵城立, 译. 北京: 东方出版社, 2012.

[12] 马世华, 林勇. 企业生产与物流管理 [M]. 北京: 清华大学出版社, 2009.

[13] 莱克. 丰田模式: 精益制造的 14 项管理原则 [M]. 李芳龄, 译. 北京: 机械工业出版社, 2012.

[14] 刘树华. 精益生产 [M]. 北京: 机械工业出版社, 2011.

[15] 拉佛. 走向精益 [M]. 王占波, 译. 北京: 机械工业出版社, 2010.

[16] 高举红. 基于精益设计的生产能力分析与现场物流改善 [J]. 工业工程, 2010 (1): 90 – 96.

[17] 乔毅. 精益生产物流系统应用研究 [J]. 科技管理研究, 2012 (21): 257 – 262.

[18] 史安明. 面向精益生产的库存管理关键技术研究 [J]. 中国机械工程, 2006 (17): 285 – 287.

[19] 赵永杰. 组织与环境的共同演化——以丰田汽车公司为例 [J]. 技术经济与管理研究, 2011 (5): 64 – 67.

[20] 蔡建华. LP 的企业文化建设及其当前面临的问题 [J]. 商业研究, 2006 (10): 169 – 172.

[21] 祖林. 从多能工培养到班组人才任用 [J]. 现代班组, 2009 (2): 24 – 25.

[22] 张启东. 一种新型生产组织方式——小组作业法 [J]. 工业工程与管理, 1999 (4): 56 – 58.

[23] 杨关. 精益文化的价值定位 [J]. 航空工业经济研究, 2008 (6): 29 – 32.

[24] 徐学军. 基于组织变革理论的精益生产实施内涵研究 [J]. 华东经济管理, 2010 (9): 89 – 91.

[25] 齐二石. 企业精益文化建设 [J]. 科学学与科学技术管理, 2008 (12): 133 – 136.

[26] 周圣伟. 精益生产方式下的工作团队——基于激励理论的分析 [J]. 现代企业, 2004 (7): 56 – 57.

[27] 李永俊. 精益生产打造知识型员工团队 [J]. 企业管理, 2009 (6): 83 – 85.

[28] 任海松, 赵相华, 王玮. 论精益生产方式下业绩评价指标体系的构建 [J]. 研究与探索, 2009 (7): 16 – 19.

[29] 魏鹏飞, 精益生产实施关键因素及评价体系研究 [J]. 组合机床与自动化加工技术, 2013 (4): 4 – 8.